何帆 著

變量

Ⅱ

推演中國經濟基本盤

開明書店

目　錄

前　言

這是我的 30 年報告系列叢書的第二本。

2018 年，我啟動了一項長達 30 年的研究項目。每一年，我會用一本書，記錄我實地調研的所見所感，記錄中國從 2019 年到 2049 年這 30 年的變化。這 30 本書的主書名都叫《變量》，只是每一年的副書名不一樣。按照我的寫作構想，這 30 本書的體例應該都是一樣的。在每一本書裏，我會回答一個中心問題，提出自己研究這個問題的方法論，並按照我的方法論找到最重要的 5 個變量。

《變量：推演中國經濟基本盤》記錄了我在 2019 年的調研和思考。我要回答的中心問題是：什麼是中國經濟的基本盤？我的方法論是：從演化算法解讀中國經濟的基本盤。這個方法論是我在去年提出的小趨勢概念的延伸，在這本書裏，我更清晰地講到，小趨勢就是基因出現的突變。我們只有了解中國經濟的外部環境以及這種環境提供的選擇機制，才能理解小趨勢是如何變成

大趨勢的。只有那些最能適應中國國情的小趨勢,才會被選擇機制放大,迅速地成長起來。

　　從小趨勢和演化算法入手,能找到一種觀察中國經濟的新視角:我們過去講中國的優勢,都說是規模優勢,能夠集中精力辦大事。我看到的另一個角度是:在中國的規模達到一定程度之後,就會出現「複雜紅利」,而複雜紅利會驅動演化算法。

　　那麼,從演化算法的角度來看,什麼是中國經濟的基本盤呢?

　　一個國家不可能什麼時候都有好運氣。我們會遇到經濟低迷、保護主義、技術變革、貧富差距等挑戰。當我們去審視中國經濟的基本盤時,就要去問,假如失去了曾經擁有的東西,那些我們覺得是優勢的東西,或是覺得很熟悉的東西,會怎麼樣呢?

　　在這種情況下,演化算法的作用就是以不變應萬變。演化算法中的 5 個重要招數是:試錯、突變、適應、協作和混搭。我會從 5 個變量入手,為你解讀這 5 個招數是如何發揮作用的。

　　我會講到教育。在教育領域出現了很多不為人知的「微創新」,這些微創新並不一定是完美的,很可能會有這樣那樣的失誤,但這些五花八門的創新避免了整個教育體制變得更加僵化。我也會講到,這一代父母在子女教育問題上變得無比焦慮,而這種軍備競賽式的教育投資很可能是得不償失的。由於這種「軍備競賽」,久被詬病的應試教育很可能在未來較長的一段時間還很難徹底改變,而且帶來的問題會越來越嚴重。但是,凡是不可持

續的東西都不會持續。危機是改革最好的動力。未來應試教育改革的真正動力來自全社會終有一天會認識到教育出現了巨大的危機。所謂不撞南牆不回頭，這就是「南牆效應」在發揮作用：今天我們遇到的教育問題，會在未來改變教育的模式。教育，是演化算法中的一個「試錯」案例。

我會講到代溝。90 後和 00 後的年輕人，在很多想法上迥異於 60 後、70 後和 80 後。從 60 後到 80 後，大體上都是一代人，這是經歷了高速經濟增長的一代。這一代人的驅動力是「貧窮動力」。而 90 後和 00 後已經感受不到生存的壓力，他們的驅動力是「嗨動力」。我會講到，這種變化會帶來一場代際革命。我們的員工、顧客和子女，越來越多的人都會站到代溝的另一邊懸崖上。這會對組織管理帶來嚴峻的挑戰。代溝，是演化算法中的一個「突變」案例。

我會講到市場。中國經濟面臨一個巨大的斷裂帶：強大的生產能力和旺盛的消費能力之間缺少一個橋樑。我們在 2019 年調研了中國的很多小鎮，它們往往是某個產品或者某個產業在全國甚至全球的生產基地。在這些小鎮，我們也能看到普通百姓對美好生活的嚮往。誰來滿足他們的需求呢？不是現在的「苟且者」，而是能夠消滅苟且者的新生力量。我會講到，中國經濟的最大紅利是「苟且紅利」，也就是說，只要你比別人多付出一點努力，就會輕鬆地淘汰掉數不清的苟且者，從而贏得屬於自己的市場機會。想要獲得苟且紅利，你不僅要認真，而且得是有信仰的認

真：你要相信這個時代的進步，你要相信藏在自己心裏的創造力，你要充分地理解和信任你的用戶。苟且紅利，是演化算法中的一個「適應」案例。

我會講到全球供應鏈。中國在全球供應鏈中的地位不僅沒有下降，反而在提高。中國的製造業不是對外遷移，而是對外擴張。但未來的全球供應鏈會出現變形，也會受到全球貿易保護主義等地緣政治因素的影響。我也會講到，其實全球供應鏈已經從鏈變成了一張網，這張網將越來越依賴於各國彼此之間的信任。面對這種全球政治經濟格局的變化，一個國家要更多地關注國內的社會政策，維護一國內部的和諧與穩定，而企業和個人需要更多地加強國際經濟聯繫。在貿易保護主義和民粹主義的沙漠裏面，仍然存在着全球化的綠洲，這些綠洲連成一條線，就是新的「絲綢之路」。全球供應鏈，是演化算法中的一個「協作」案例。

我會講到技術創新。新技術革命還沒有到來，我們仍然處在兩次技術革命中間的高原區。混搭是這個時代技術創新的主題。混搭也是中國最擅長的技術創新方式。我們會看到，中國原有的工業和技術基礎慢慢出現了溢出效應，曾經引進的國外先進技術已經內化到中國市場的血脈之中，而龐大、快速變化的市場不斷刺激着技術進步。中國的很多企業會像當年日本豐田重新定義了美國發明的流水線一樣，重新定義製造業，重新定義互聯網，甚至重新定義新技術革命。技術創新，是演化算法中的一個「混搭」案例。

　　我們的教育會絕地逢生，我們的年輕人會登上歷史舞台，我們龐大的生產能力和不斷提高的消費能力會引爆商業創新，我們的企業會進一步地融入全球供應網絡，我們已經並將繼續重新定義很多從別人那裏學到的東西。這就是我們在失去了之後還能擁有的東西，這就是中國經濟的基本盤。

第一章

演化算法

什麼是 一個國家
不可能什
基本盤 麼時候才
有好運
從中國經濟的基本盤時就要 會遇到
假如我們失去了曾經擁有的東西時
試錯 那些我們覺得是 濟低
護主
突變 優勢的東西或是 術變
我們覺得很熟悉 富扔
的東西會怎麼樣
呢在這種情況下
化算法的作用就是以不變

演化算
算法的角度來看什麼
國經濟的基本
法審視中國經濟的基本盤時
假如我們失去了曾經擁有的東
那些我們覺
錯 優勢的東西或是
變 我們覺得很熟悉
適應 的東西會怎麼樣
呢在這種情況下
協作 演化算法的作用
混搭 演化

生於 2019 年

　　起初，她就像汪洋大海中的一條小魚，但她是唯一游到彼岸的小魚。30 年後，到了 2049 年，當初夏的一陣細細的風吹來，當她在忙碌生活的間隙，在大街上來來往往的人群中，突然有一刻走神，回想起當初這段經歷，她會感到得意，也會暗覺僥倖。那一天，天空非常晴朗，但也和其他晴朗的日子一樣索然無味。當然，那是 30 年之後的事情了。現在，她面臨更急迫的挑戰。她需要一次轉型。她在成長速度最快的時候，大部分時間其實都在一塊溫暖的水域裏自由漂浮，體會着一點點膨脹起來的樂趣。如今，她的個頭大了，開始感覺到來自外界的各種刺激。她所在的生存空間太狹窄了，她時常會感到一種壓迫。她隱約能感受到來自外界的光亮，也能聽到高高低低的聲響。她對外面世界的渴望猶如浪潮襲來，一浪高過一浪。關於這次轉型，她猶豫了很久。雖然轉型不過就是一次轉身，但一旦選擇了方向，就不能逆轉 —— 據說，人生總是如此。終於，她下定決心，把身體翻轉

過來，頭下腳上。這個姿勢確實有點彆扭，她有點不安地活動了一下身體。更讓她感到不安的是未來的命運，一想到這個她就躁動不已。她要像朝日一樣噴薄而出，她要像航船一樣露出桅杆。為了安撫自己的焦慮，她學會了吃手。安靜下來，安靜下來。她一邊吮着自己的大拇指，一邊告訴自己，要耐心等待。那一刻很快就會到來。

她是一個在母腹裏待了 7 個月的胎兒。爸爸媽媽給她取名叫「登登」。古人云：「從善如登。」毛主席說：「世上無難事，只要肯登攀。」[1] 其實，她最早的名字叫「燈燈」，電燈泡的燈。最初，爸爸媽媽還沒有做好迎接她的準備，她就像夾在人家小兩口中間的電燈泡。

登登的媽媽叫孫立婉。立婉生於 1993 年。那一年，中國取消了糧票。立婉的老公闈數生於 1992 年，是她的大學同學。2018 年，立婉剛剛考上清華大學公共管理學院的博士生，闈數進了一家外企做碼農。二人世界的生活剛剛開始，登登不期而至。

立婉老公的同事們都很吃驚：你這麼年輕就結婚生孩子了？他的主管已經 30 多歲了，在北京混了十來年，收入比他高，有房有車，可還是沒有生孩子。立婉在北京有一群小姐妹，她們的大姐大是許扣扣。扣扣本科讀中文，碩士讀國際新聞，博士讀經濟學，博士後研究社會學。扣扣至今未婚，也沒有考慮過生孩子，她每天快樂地「擼貓」。當然，扣扣並非拒絕結婚生子，她只是覺得，結婚生子並非人生旅途中必須首先打卡的景點。有的

人一輩子都沒有到過這個景點，但他們可能去了很多其他的地方。立婉為了貼補家用，還在一家網上英語教學機構教孩子們英語。那裏有個跟她年齡相仿的姑娘，辛辛苦苦做銷售，一個月賺8 000 元。她的老公也是碼農，賺的似乎比立婉老公還多，當然也更辛苦。那個姑娘最近也懷孕了。老闆一聽，二話不說，就把她解僱了。

立婉和老公原來打算生個龍年寶寶，那意味着他們要等到2024 年才生孩子。剛剛測出懷孕結果時，空氣凝重，立婉和閆數很緊張，不知道該怎麼辦。扣扣姐拿了一張 A4 紙，咔嚓在中間畫了一條線，讓立婉在左邊寫好處，右邊寫壞處。壞處寫了密密麻麻一大片，好處只有一個：年輕時生娃身強力壯。

為什麼最後決定留下這個孩子呢？

立婉說：「我怕疼啊，不敢去做人工流產手術。要是懷孕的是他，我肯定讓他做掉了。」立婉臉龐圓圓的，說話很快，微微帶點挑釁。

其實，真正讓立婉下定決心的是她媽媽的一句話。她媽媽說，如果你們都養不起娃，那誰還能養得起啊。

是啊，如果他們都養不起娃，誰能養得起呢？立婉和閆數從小就是學霸，一路上的都是實驗班。大學畢業之後，倆人一個到英國留學，一個到美國留學。立婉讀的是倫敦政治經濟學院，閆數讀的是喬治·華盛頓大學。立婉夫婦的故事並不僅僅是兩個年輕人的奮鬥。在他們的背後，是兩家父母的支持。兩個家族，

如同兩條河流，匯合在一起，出高峽、入平原、星垂平野、月上東山。立婉來自福建建甌，一個曾經偏僻貧瘠但在最近三四十年繁榮起來的小鎮。閏數來自包頭，一個原本輝煌風光但在最近三四十年逐漸沒落的城市。立婉的父母白手起家，閏數的父母來自國企。無論經歷的是起還是落，他們兩家都抓住了機會，都是被擠上車的人。

或許，像立婉夫婦這樣的年輕人，是最後一批被擠上車的人了。這是中國最富庶、祥和的一代。如果這一代人都養不起孩子，那誰還能養得起啊。

這一代人，理論上樂觀，現實中焦慮，內心深處揮之不去的是一種無力感。

立婉夫婦在上海有一套房，首付是閏數父母付的。他們還想在北京再買一套房，立婉說：「那肯定還要父母扒層皮啦。」兩家父母都盼望着登登的到來。產檢和生產的錢，父母包了。立婉嫌在公立醫院建檔麻煩，直接選的是美中宜和，一家私立的高端婦幼醫院。產檢和生產的費用算下來，估計總共要 7 萬多元，還能接受。月子中心住 48 天要十幾萬元，太貴了。立婉和閏數現在租的是一套四五十平方米的一居室，孩子出生之後，他們就會換到一套更大的房子裏，房租肯定要漲。立婉的媽媽早已答應，會過來照顧她。生一個娃，就像是一次戰爭總動員，全家的人力物力都搭上了。

我問立婉：「假如有個算命師，知道未來的一切。假如你只

能問這個算命師一個問題，一個關於登登的前途與命運的問題，你會問什麼呢？」

立婉想了想説：「我會問，登登有沒有過上一種跟自己的興趣一致的生活？」

登登長大後會是什麼樣呢？立婉也不是沒有想過這個問題。她內心裏希望登登長大了做個科學家。閆數馬上正色跟她説：「你可不能把自己的想法強加給孩子。」

有一天，立婉和閆數一起上樓，電梯裏只有他們兩個。他們互相望了一眼。閆數突然若有所思地説：「你知道我希望登登長大了是什麼樣嗎？」

他説：「我希望她能像扣扣姐一樣。」

調查過失業的失業者

在 2009 年之前，中國只有一個關於失業的統計數字：登記失業率。顧名思義，這意味着失業者必須自己到勞動保障部門登記。可想而知，沒有到勞動保障部門登記的失業者就被官方統計忽略了。多年以來，不管中國經濟漲落，登記失業率這個數字一直停留在 4.2% 左右。從 2009 年開始，統計部門開始嘗試採用一種更為準確的失業統計，即調查失業。調查失業率和登記失業率的不同在於，調查人員要走進失業者的家裏，一家一戶地去問。

統計部門從 2009 年 3 月開始調查失業狀況。李增永當年 9 月考入北京市統計局。他是第一批參與調查失業者的統計人員。

我問增永：「第一次見到失業者，是什麼感受？」

增永說：「會感到很開心。」

怎麼會感到開心呢？

原來，剛開始做失業調查的時候，統計局總是怕數據有遺漏。如果每次去登門調查都能發現一兩個失業者，恰恰說明統計工作做得很認真，那統計局就能放心了。增永說，他們見到一個活生生的失業者，就像獅子見到了獵物。

增永發現，失業者大多是北京本地人，外地人裏失業者反而很少。外地人要是沒了工作，會立刻找一份新的，而北京人就沒有那麼迫切。政府給的活兒，比如看大門、在公交站維持秩序，他們都不願意幹，就在家待着，讓家裏的女人出去找活兒。增永還記得，有一次遇見一位中年北京男人在家抽煙看電視，客廳煙霧繚繞。他自稱在一家公司上班，薪水高、工作時間靈活，所以想待在家裏就待在家裏。增永問他幹什麼工作，他支支吾吾答不出來。陪着來的居委會大媽都看不過去了，一出門就悄悄跟增永說，這肯定是沒工作，要不然誰會上班時間在家看電視！

李增永出生於山東淄博高青縣陳南村。一個山東農村的孩子，憑着自己的努力考上了京城的公務員，這是一件很有面子的事情。

在統計局工作的日子很快樂，也很惆悵。公務員的收入太

低了。剛進單位的時候，增永都不知道自己的工資有多少，他也不好意思問。第一次看到工資條上的數字，他倒抽了一口涼氣。他剛入職的時候一個月 1 800 元，後來升了主任科員，每個月 6 000 元，再加 1 500 元公積金，一年的收入不到 10 萬元。

增永離婚了。女方也是山東人，在北京的日子越過越灰暗，堅持要回老家。他們原來買過一套房，離婚後房子歸女方，房貸增永還要繼續還，還要付孩子的撫養費。增永的經濟負擔陡然增加，沒辦法，換工作吧。

2015 年 7 月，增永離開北京市統計局，進了一家互聯網金融企業。這家企業給增永開出的待遇是年薪 30 萬元。增永進了這家公司的數據中心，辦公地點在北京長安街延長線上的金地中心。這是一個高端寫字樓，周圍都是賣各種奢侈品的購物中心。這家公司的數據中心在金地中心佔了整整一層樓。這裏一眼望去都是密密麻麻的辦公桌，不像統計局那樣有一間間辦公室，人們來去匆匆。同事之間不說話，大家埋頭各幹各的事。增永的工作是用大數據做精準營銷。

這家公司叫 e 租寶。

在進公司之前，跟增永一起來應聘的一個小夥子說：「這個公司靠譜不靠譜啊？說是做融資租賃，怎麼查不到項目呢？」增永還勸他說：「這麼大的企業，不會有事的。」

這家企業很快就出事了。12 月初，媒體上就開始出現關於 e 租寶的各種負面新聞。按照公司領導的說法，這是競爭對手在

造謠。

12 月 9 日，增永還和往常一樣上班，和往常一樣下班。剛剛到家，他就收到公司微信群裏的通知：明天不用上班了，後天上不上班另行通知。事發蹊蹺，第二天，增永還是去了公司。往日熱鬧緊張的辦公室，如今空空蕩蕩。主管早已不知去向，只剩下保安。還有幾個員工跟增永一樣來了，來了也沒用。增永拿走了自己的筆記本電腦。幾位同事就在金地中心地下一層的漢堡王吃了一頓最後的午餐。大家互相安慰：應該沒事吧，過一段時間就能回去了。

增永再也沒有回去。e 租寶的 24 名高管集體入獄，被罰款 19 億元。e 租寶從 2014 年 6 月起步，上線 505 天，吸金高達 747 億元，投資用戶超過 90 萬人，無數投資者的血汗錢灰飛煙滅。從 7 月到 12 月，增永在 e 租寶工作了不到半年。朋友打趣說：「你剛入職就搞垮了一個公司。」

原來這就是失業啊。這樣的念頭只在增永心頭一閃而過。憐憫自己是一件很奢侈的事情，他需要的是儘快找到另一份工作。當天晚上，增永就在獵聘和智聯招聘上投出了自己的簡歷。很快，他又去了一家號稱要做智慧城市的企業，但沒待多久，增永就主動辭職了。有了 e 租寶的教訓，他不敢在一家看起來不靠譜的公司長待下去。他想要找一個更傳統、更可靠的行業。

2017 年 6 月 19 日，增永進了一家房地產龍頭企業：華夏幸福。華夏幸福給他開出的年薪是 53 萬元。增永上班的地點在三

元橋南銀大廈。整棟樓都是華夏幸福的辦公室，而且華夏幸福在北京可不止這一棟樓。在增永的眼裏，華夏幸福是一個「高大上」的企業：裝修富麗堂皇，有自己的餐廳、咖啡廳和洗衣房，咖啡免費供應，據說還有自己的農場。職員大多畢業於名校，北大清華出來的一大把。華夏幸福的薪酬也很高。就拿增永所在的部門來說吧，頭兒的年薪 300 萬元，副頭兒的年薪 150 萬元，增永是他們部門裏薪酬最低的。

當時，華夏幸福正處在擴張期。增永所在部門的任務是建一個關於產業新城的大數據平台。人人摩拳擦掌，想大幹一場：招人，加班，買華為的服務器。可好景不長。增永剛剛入職，華夏幸福的資金鏈就出了問題。大數據平台項目被砍掉了，增永他們着急想找到新的事情做。沒事情做，一定會被裁員。但決定命運的不是你努力不努力，而是公司的錢夠不夠。增永是部門裏第三個被裁的。2018 年 11 月 25 日他被叫去談話，30 日離職。

增永又失業了。

在華夏幸福的那段時間，增永收入最高，但也最迷茫。同事們大多是搞房地產的，跟增永這樣的「理工男」風格迥異。增永發現自己常常聽不懂別人在說什麼。雖然收入不菲，但增永心裏很清楚，這個工作並不能提升自我。50 多萬元的年薪會讓人產生一種錯覺，以為自己已經拿到了中產階級的資格證。其實，自己依然無力而脆弱，就像一根迎風招展的蘆葦稈。增永的一個朋友跟他說：「增永，你就是在為錢工作。」是啊，朋友說的一點

沒錯。增永自己也知道，一個人只有找到真正感興趣的事情，才能做得更投入，最終才能有更大的成就。成就感是增永最渴望的東西，但金錢是他最需要的東西。

接下來怎麼辦呢？

繼續找唄。增永已經向幾十家企業投了簡歷，但這一次找工作比上一次更困難。增永對自己收入的預期更高了，但很多互聯網企業不景氣，能開出的工資反而沒有以前高。增永已經去了十幾家企業面試，都不理想。

我問增永：「你想過退路嗎？」

增永說：「我哪裏有什麼退路。要是錢用完了，人就全崩了。」

我又問：「那你有沒有給自己定一個時間，比如說多長時間之內一定要找到下一份工作？」

增永說：「最多一個月。」

好消息，壞消息

登登憧憬着未來。未來似乎注定輝煌，但仍看不到一點微光。

增永回味着過去。過去原本像是到期就能兌付的匯票，到頭來卻發現是一張找不到借款人的欠條。

他們都一樣迷茫。

如果用一個關鍵詞描述 2018 年，那應該是：恐慌。

在 2018 年，中美貿易摩擦愈演愈烈，超過了人們的想像。壞消息接踵而至：美國對中國進口的 600 億美元產品加徵關稅；美國下令禁止向中興通訊出售產品；美國又宣佈對 500 億美元中國進口商品加徵 25% 的關稅；特朗普再度加碼，宣佈對 2 000 億美元中國產品加徵 10% 的關稅，隨後又上調為 25%。不僅如此，中美關係急轉直下，反對中國成了在美國的新「政治正確」，幾乎沒有人敢為中國說話。中美會脫鈎嗎？會有一場新的冷戰嗎？沒有人知道。

經濟增長下滑。2018 年中國的經濟增長率為 6.6%，這是過去 10 年來的最低紀錄。資金鏈條斷裂、經營成本上漲、政策前景不明朗，這讓很多民營企業感到悲觀。

事實證明，這都是過度恐慌。我去年講過，不能低估特朗普打贏一場貿易戰的決心和能量，但不能高估他的戰略判斷力和執行力。我也講過，影響中國經濟發展的三個慢變量是工業化、城市化和技術進步，循着這三個慢變量，我們看到中國經濟這棵大樹仍然在抽枝發芽，不斷湧現出新的變化。換一個角度思考，即使中國經濟增速下降到 6%，但由於基數擴大了，保守估計，如今 6% 的增速創造出來的 GDP 也大大超過 2009 年 10% 的增速。[2] 我講過，慢變量是一旦打開就沒有辦法合上的趨勢。中國還會退回到計劃體制嗎？那是不可想像的。

如果用一個關鍵詞描述 2019 年，那應該是：迷茫。

2019 年，我們已經分不清什麼是好消息，什麼是壞消息。

雖然 2019 年發生了很多事情，但選出其中的兩件事，就能大致把握這一年的脈絡。這兩件事，一件是華為制裁，另一件是香港事件。

2019 年，貿易摩擦仍然硝煙未散，美國瞄上了華為。2018 年 12 月 1 日，華為首席財務官、華為創始人任正非的女兒孟晚舟在加拿大溫哥華機場轉機的時候被捕。美國向加拿大提出引渡孟晚舟的要求。2019 年 5 月，華為被美國商務部列入限制進口的「實體清單」，理由是可能造成國家安全問題，華為則否認自己的通信設備有任何後門。但是，3 個月後，華為推出了鴻蒙操作系統，作為安卓系統一旦斷供的備胎。事後來看，會不會恰恰是美國的貿易封鎖，反過來加速了中國的技術升級呢？

華為事件之後，很多專家指出要加強自主研發，大量資金湧入芯片行業。但是，這會不會造成重複建設呢？會不會出現騙取國家資金支持的醜聞呢？如果芯片技術不再是未來主導產業發展的核心技術呢？如果技術本身構建不出整個產業的生態系統呢？華為董事長任正非接受美聯社採訪時講道：「從 5G 到核心網一系列產品，華為完全不依賴美國也能生存得很好。」[3] 這句話講得非常硬氣。的確，中國的發展已經不再受制於某一個國外的企業，某一個國外的政府，但是，離開了全球供應鏈，中國還能做得優秀嗎？在全球供應鏈未來的變化之中，中國的地位是會上

升，還是會下降呢？

2019 年夏天，香港出現了示威遊行，然後，示威遊行演變成街頭暴力。為什麼在中國的實力日益壯大、國際地位空前提高、人民自信心逐步上升的時候，反而會出現離心離德的暴力亂港事件呢？香港人到底覺得缺少了什麼？香港機場和地鐵多次被迫關閉，零售業和旅遊業受到的衝擊比 2003 年遭遇 SARS（非典型肺炎）疫情時還要嚴重，有人甚至擔心香港的國際金融中心地位一去不復返了。香港人最終會失去什麼？

中央政府一直保持了極為克制的態度，絕大部分中國人對囂張狂妄的暴徒都感到無比反感。身穿黑衣，戴着頭盔，蒙着臉，拿着雨傘，揮舞着美國和英國國旗的所謂「勇武派」，還有一批號稱跟他們「永不割席」的支持者，阻斷交通、佔領機場、破壞公共設施。越來越多的人看清楚了他們的立場 —— 這哪裏是在追求民主和自由？沒有願景、沒有綱領、對政治無知、對歷史無感、沒有更高的道德追求，甚至不懂得克制人性中隱藏的惡，這一代示威者的水平，刷新了新的底線。但是，我們也能夠看到，香港局勢至今還在可控範圍之內。隨着問題的暴露，我們逐漸能清楚地看到各方的身份、背後的博弈、事實的真相。就像一位網友所説的：「香港事件必定載入歷史，它還能幫助我們從更立體的、橫縱向結合的維度看待我們國家的發展，甚至人類社會這樣更宏觀的主題。」[4]

於是，華為不倒，香港不亂，會成為理解中國命運的兩個切

入點。你會發現，這就是歷史的辯證法：好消息有時候可能是壞消息，壞消息有時候可能是好消息。

我再舉兩個例子。第一個例子還是要提到貿易摩擦。細心的觀察者發現，中美貿易摩擦到了今日，形成了一種奇特的節奏：凡是美國提出出人意料的新的要挾，市場上一片恐慌的時候，反而是建倉的時候，因為要不了多久，特朗普就會把口氣放緩；凡是中美之間似乎要達成協議，市場上鬆了一口氣的時候，反而是出倉的時候，因為要不了多久，美國一定會在另外的地方找碴兒，帶來新的恐慌。

另一個例子和 2019 年最熱門的另一個話題有關，那就是消費下沉。據說中國有十幾億人沒有坐過飛機，五億人還沒用過馬桶。這是個好消息嗎？這是否意味着未來市場潛力巨大？如果真是這樣，那麼你同樣可以講，中國有十幾億人沒有買過 LV（路易‧威登）的包，沒有買過私人飛機——這又有什麼意義呢？或者，這是個壞消息？這是不是意味着我們高估了中國的市場潛力？居民收入增速還在下降，沉重的房貸壓力讓很多年輕人無力承受，收入差距仍然不斷拉大，在這種情況下，怎麼能期待中國居民的消費能力迅速提高？但是環顧世界，到哪裏能找到一個像中國這樣規模巨大、增長迅猛的消費市場呢？

到了 2019 年，歷史的河流突然變得湍急，繞過一個彎，忽然飛流直下，跌落山崖。在看似平靜的水面下，暗流湧動，礁石嶙峋。那些對歷史缺乏敬畏的人，可能會撞上暗礁，粉身碎骨。

有些站在岸邊看熱鬧的人，也可能被捲入浪濤，再也回不來了。歷史從來不分對錯，如果你把視野拉得足夠長，歷史也不分善惡。歷史是我們每一個人的情感、行為形成的合力，這種合力反過來又會作用於我們每一個人。[5]

你其實知道這些，但你並不在意。你有更重要的事情要做：上班、帶孩子、照顧老人。你覺得歷史就像一團野火，只要不靠近，它就不會燒到自己。你錯了。除了極少數與世隔絕的人，我們都無法逃避歷史的洪流。你在意不在意歷史並不重要，歷史不會豁免你的命運，也不會豁免你的伴侶、你的孩子的命運。就像城裏突然停電了，除非你是那個在山頂的茅屋裏看星星的隱士，否則，你住在東城還是西城，你住在別墅區還是棚戶區，都不重要。黑暗會在一瞬間吞噬整個城市。

你說，這不公平。

歷史什麼時候說過要公平？

為什麼過去看起來熟悉而溫順的歷史，如今突然變得不可捉摸？

歷史還是歷史，但我們的認知模式出了問題。我們進入了一個「新盲人摸象時代」。舊的盲人摸象故事告訴我們，一群盲人想知道大象長什麼樣子，他們有的摸大象的鼻子，有的摸大象的腿，有的摸大象的尾巴，每個人都沒有辦法感知真實的大象。我一直覺得，這個寓言故事是對盲人的侮辱。一個盲人，正是因為知道自己看不見，才一定會懂得謙卑，不敢妄自尊大。他雖然看

不見大象，但會虛心地問明眼人。那麼，如果是一群明眼人呢？他們自恃有眼，可能會變得非常傲慢。我所說的「新盲人摸象時代」，講的就是明眼人反而不如盲人看得更清楚的故事。

明眼人為什麼看不清楚大象呢？第一個原因可能是：大象變大了。想像一下，如果大象突然變大了，大得高入雲端，超出了一個普通人的視野，這個普通人可能還會自負地認為，自己能夠看得清的那 4 條腿就是大象的全貌。再假如，由於這頭大象變得太大，繞着它走一圈需要很長時間，很多懶惰的人就會只從自己所在的位置去看。那麼，站在大象面前的人和站在大象背後的人都會以為自己看到的才是真相。

我在去年的《變量》中講到圈層社會的出現。今年，我們更為明顯地感受到圈層對認知固化的負面影響。隔着一條河，我們的認知可能就不一樣。那麼，如果隔着一道海峽，甚至隔着太平洋呢？我們越來越清楚地看到，不同的階層、不同的族群、不同的年齡，彼此間的認知差異越來越大。我們在 2019 年發現的另一個有趣的現象是，底層的人比高層的人看得更准，錢少的人比錢多的人看得更准，讀書少的人比讀書多的人看得更准，牆裏的人比牆外的人看得更准。為什麼會這樣呢？或許，就是因為底層的人、錢少的人、讀書少的人、牆裏的人更知道自己的局限性，他們就像盲人一樣更為謙卑，而高層的人、錢多的人、讀書多的人、牆外的人，更容易有一種與生俱來的傲慢和偏見，更容易被蒙蔽雙眼。

　　明眼人之所以看不清楚大象，第二個原因可能是：大象變化了。或許，大象到了海裏；或許，大象到了樹上；或許，大象學會飛了；或許，大象已經演化成一種全新的物種，但我們對這種新的物種一無所知。你的眼光決定了你能看到的事物。我們現在面對的挑戰不是天氣的變化，而是氣候的變化。

　　環境的巨變會帶來物種的變化。比如，在距今約 3.65 億年的晚泥盆紀至早石炭紀之際，出現了一次物種大滅絕，80% 以上的海洋物種滅絕。那麼，如果你回到當時的現場，你會看到什麼？你會看到一群一群死掉的魚的屍體，還是會看到第一條上岸的魚？

　　近些年來，我的很多博學的朋友、成功的朋友都在感慨，這個世界錯了。我們過去熟悉的那個世界不復存在了。2008 年金融危機動搖了我們對市場經濟的理解；2016 年特朗普當選美國總統改變了我們對西方民主制度的理解；互聯網重新定義了新聞；人工智能將重新定義工作。我們原本接受的教育，無法幫我們認識這個世界出現的新動向。其實，這個世界不是錯了，而是變了。據說，丘吉爾曾經嘲笑凱恩斯，説他總是改變自己的觀點。凱恩斯反脣相譏説：「是的，事實改變之後，我的觀點也會改變。那麼，您呢！先生！」

　　事實改變之後，我們的觀點必須改變。

　　文學史上最著名的開頭當屬馬爾克斯《百年孤獨》的開篇。《百年孤獨》的第一句話是：「許多年以後，奧雷良諾·布恩迪亞

上校面對着行刑隊時，准會想起他爹帶他去看冰塊的那個多年前的下午。」其實，更「牛」的是其後的一句話：「那時，世界太新，很多東西都還沒有名字，要提到時得用手指來指指點點。」[6]

這個世界太新，我們還在用手指來指指點點，而且，我們還在用別人的手指去指指點點。

歡迎來到一個萬物需要重新命名的新世界。

烏鎮模式

2019 年，網上一篇非常流行的文章講到烏鎮，這篇文章說，烏鎮是假的。[7]用作者阿甘叔的話講，烏鎮的西柵，就是一個收門票的大酒店。西柵是把原住民都遷出去，然後重新修了一座「古鎮」。但烏鎮的「假」，反而可能是其成功的祕訣。

西柵的酒店檔次很高，從門外看不顯山不露水，一進去，豪華的程度令人震撼。除了豪華酒店，西柵還有很多民宿。這些民宿的格局大體一樣，比如，每一家民宿都是一棟小樓，二樓住人，一樓吃飯。所有的民宿樓，一樓都只有兩張飯桌，同樣的菜，在整個景區價格一樣。經當地朋友推薦，我們到 19 號民宿吃飯。經營這家民宿的夫妻原本就住在西柵，現在成了烏鎮旅遊公司的員工。我問他們：「既然都是統一管理，客人怎麼知道你們做得更好呢？」他們憨厚地一笑：「用心做就好。」如果仔細

看，你能看到牆上貼着各種考核和評比的證書。西柵的生意，遵循的是一種精心設計、理念超前的戰略：基礎設施力求超配，服務標準嚴格統一，細節打磨精益求精，大的項目追求「爆品」。

阿甘叔說，唯其如此，才能做到服務質量可控，滿足遊客的真正訴求。遊客當然想到古鎮懷舊思古，但他們也要乾淨的牀單、快捷的 Wi-Fi（無線上網）。唯其如此，烏鎮才能爭取到戲劇節、世界互聯網大會等超級 IP（知識產權）落戶。世界互聯網大會選址的時候，要求地理位置距離上海、杭州要近，同時要能體現中國文化特色，要是個古鎮。按說，具備這兩個條件的江南古鎮並不少，但只有烏鎮能夠滿足世界互聯網大會的其他要求：封閉區域，實現絕對的安保；大型國際會議，要有容納數千人的高規格會議場所；群賢畢至，要有容納數千人的高級別住宿條件。

理解中國，需要一個「玩具模型」，去掉細節，只看本質。烏鎮就是理解中國的玩具模型。或許，中國也是「假的」，而這可能就是中國的成功祕訣。中國也是一個幾乎重新建起的「古鎮」，中國同樣強調頂層設計、宏大戰略、超配的基礎設施、嚴格的管理、整齊劃一的標準。

但是，這樣的理解仍然是片面的。烏鎮不是假的，它是複雜的。

烏鎮分為東柵、西柵、南柵、北柵。東柵和西柵在景區內，南柵和北柵在景區外。即使只看景區內，東柵和西柵也不一樣。

東柵很小。遊人如織。一條東市河連通京杭運河，兩條古街

沿河舒展。北邊的舊街，還住着當地的百姓，整條街上還居住着350多戶人家，有近千口人。房子都是木結構的，依水而建，樓在水上。臨街的門面，仍是那種早上一扇扇卸掉，晚上再一扇扇拼裝的木門。很多人家開了門，支個小攤賣貨。賣什麼呢？隨便賣賣好啦：有賣藍印花布、三白酒、杭白菊、三珍齋醬鴨的，有賣奶酪包、奶茶的，也有賣礦泉水、扇子、雨傘、方便面的。問一聲能住宿嗎？房東遲疑一下，有點警惕：住是可以住，但要先預約。有的遊客住在景區，就能逃掉門票。東柵的生意是市場經濟的原生態：散亂、隨意、左右逢源、生機勃勃。

你恍然大悟：哦，我明白了，這就是政府和市場的寓言。西柵很像政府，能夠集中力量，快速發展，但看得久了，你會覺得缺少了一些嘈雜、喧囂的市場氣息。東柵更像市場，能夠因地制宜，靈活變化，但一眼看去，你也能看出市場經濟特有的速生速死、忽高忽低，也能體會到各種不均衡、不規範。

不，這不是一個你熟悉的政府和市場的寓言。雖然西柵的風格很像政府，但它其實是一家企業；雖然東柵的風格很像市場，但它最開始也是政府開發的。東柵原來的管線都被埋進了地下，家家要裝抽水馬桶，河流要清理淤泥，禁止排污，這都動用了大量的人力物力。烏鎮最早的開發主體是鎮政府，等改造工程告一段落之後，又轉由烏鎮旅遊股份有限公司經營。東柵、西柵其實不過是一個企業的兩個產品。

除了東柵和西柵，不要忘了，還有南柵和北柵。

　　南柵只有一條街，也就是原來鎮上最繁華的南大街。和東柵、西柵不一樣，這裏的房子是原汁原味的老宅子，牆面斑駁，門窗破舊，電線雜亂。有的房子已經人去樓空，變成了危樓。有的房子依稀可見舊時的大家氣派。沿街走過去，一樣是臨水構屋，一樣是粉牆黛瓦，一樣是老店舖、老作坊：釀酒坊、染布坊、榨油坊……河邊偶有幾棵古樹，樹下慵懶地躺着幾條狗。開店人家意態悠然，買也好，不買進來看看也好。我問一個賣藍印花布的阿姨：「你們想不想拆遷？」阿姨説：「當然想了，政府沒錢，拆不動了。」再問她：「年輕人還在嗎？」她説：「年輕人都出去了。」

　　知道北柵的人最少。我已經到了北柵，仍不知身在何處。我問幾個當地人：「這是北柵嗎？」他們正忙着從一輛貨車上裝卸東西，不耐煩地説：「是，是。」我好奇地看看他們的身後，那是一家老舊的工廠：烏鎮篷帆廠。跟南柵相比，北柵的道路更寬，路上的人更少，房子更新，應該是近一二十年蓋的，但看起來更敗落。但是一拐彎，走進社區深處，就能瞥見昔日繁華的遺蹟：一池碧水，映照藍天。石階延伸到池塘裏。一座舊宅，重簷高翹，雕樑畫棟。遠處能看到吊車的身影，那是隆源路在改造。雖然一街之隔，卻顯得格外遙遠。

　　我們不妨復盤一下烏鎮的故事。首先是東柵的改造。東柵是一個突變，而這個突變是因為東柵受到一次意外的衝擊。1999年的大年初一，烏鎮有個村民做飯的時候，不慎引起火災。時任

桐鄉市政府辦公室主任的陳向宏被派去善後。陳向宏並沒有僅僅停留在安置災民這件事上，他想得更遠，他想徹底改變烏鎮的面貌。東柵的舊城改造方案是陳向宏親手一筆一筆畫出來的。東柵的改造非常艱難，難就難在這是一件新鮮事。當地的居民對各種改造工程頗有怨言。為什麼東柵的規模很小呢？因為作為一個試點，它不可能一上來就鋪開攤子。

東柵的改造初見成效，這時，西柵的開發才能提上議事日程。為什麼西柵的規模可以擴張？當然是因為東柵的成功贏得了各方更積極的支持。資金多了，自然可以甩開膀子大幹。為什麼西柵的模式不同於東柵？因為東柵的嘗試也帶來了一些缺憾，與其修修補補，不如從頭再建。東柵試點的成功經驗和失敗教訓，都有助於西柵的擴大和升級。

為什麼不把南柵和北柵都納入西柵？因為開發資金總是有限的。開發的成本，尤其是拆遷的成本已經大大提高。想要一錘定音地「大推進」式開發是不現實的。但這就帶來一個問題，如果只有東柵和西柵重新改造了，那它們就會變成「飛地」。過去，烏鎮人也不是沒有抱怨過，他們說，景區裏面是「歐洲」，景區外面是「非洲」。

怎麼辦？這一方面靠政府把景區外的基礎設施也加以改善，另一方面則靠景區外面的百姓自己尋找發展機會。景區的繁榮，逐漸帶動了鎮區。比如，現在最紅的民宿，其實不在景區裏面，而在景區外邊。最早，在西柵景區牆外的慈雲路，有很多利用居

民的回遷房搞起來的民宿。一傳十，十傳百，景區外邊的民宿就紅火起來。新建的民宿更有格調，比如有一家民宿叫「那年晚村」，游泳池、草坪、可以燒烤的露台，一應俱全，還有一家民宿叫「半望山‧問心」，居然是摩洛哥建築風格，如果來這裏拍照，可以假裝是在國外度假。

　　那麼，是不是未來的南柵和北柵會變成現在的東柵和西柵呢？那也未必。一個城市就是一個生態系統，就像一片森林。森林中有高大的喬木，有低矮的灌木，有纏繞在樹上的藤蔓，有苔蘚和地衣，還有很多死掉的樹。你能不能説，只要高大的喬木，其他的那些都不要呢？不能。如果你不接受生態系統中的多樣性，這個生態系統就會死掉。即使是森林中那些看起來又髒又亂的枯枝敗葉，那些橫七豎八的死掉的樹，也是有用的：它們為小動物提供了容身之地，為土壤增加了肥力。

　　東柵、西柵、南柵、北柵，就像是一場戲劇中先後出場、互相呼應的 4 位角色。東柵像是一個出去探路的人，而西柵很像是一個修路的人。南柵在路邊開了一個飯館，方便過往的行人，它像是一個利用了公路的人。北柵輕易不到公路上走，但它在山上護林。護林就是護路。山上不發洪水，道路就不會被沖垮，北柵實際上像是一個保護公路的人，也可以成為一個潛在的探路者，或是利用公路的人。在烏鎮模式裏，探路者、修路者、用路者、護路者，缺一不可，而且相互協作，不斷轉化。

　　理解了烏鎮模式，你才能理解中國。正如烏鎮的成功不是

規模的擴張就能解釋的，中國的成功也不能僅僅用規模優勢來解釋。

從烏鎮這個「玩具模型」回到對中國經濟的解釋，我們能夠看到：先要有一個探路者。這個探路者去做試點，可能成功，也可能失敗。這個探路者有時候是地方政府，有時候是某個職能部門，也有時候是企業。然後，要有提供基礎設施的修路者。在大多數時候，基礎設施的提供要依靠政府和企業的合作，有時候政府的分量更重，有時候企業的分量更重。接着，要有利用這些基礎設施的人。無論是在路上跑汽車的，還是在路邊做買賣的，都在利用修好的道路。政府、企業、個人都可以在已有的基礎設施的平台上，嘗試各種新生事物。最後，還要有護路的、護山的。雖說探路和修路都很重要，但生態系統更重要，總要有人守候，總要留有餘地。允許存在適當的空餘，才能保證整個體系更有韌性，更能抵抗猝然降臨的風險。

烏鎮模式告訴我們：規模效應很重要，而規模效應背後的「複雜紅利」更重要。環境越複雜，變化速度越快。烏鎮模式告訴我們：中國的經濟發展，靠的不是一個標準的公式，而是一個共生共榮的生態系統。正是由於中國的經濟環境變化太快，所以新物種形成的速度也隨之加快。

在複雜紅利背後，隱藏着一種演化算法。這是中國經濟發展的底層邏輯。

演化算法

我在去年的《變量》裏講到了一個概念：小趨勢。去年的《變量》，副書名就是：看見中國社會小趨勢。

宏大敍事的感染力逐漸消退，小趨勢的感染力逐漸提升。平凡的人物在時代的加持下，能夠創造出比他們自己更偉大的作品。渺小的個體彼此互動，能夠「湧現」出比個體行為更為精妙的複雜秩序。今天的小趨勢，明天就可能變成大趨勢。

那麼，我們該怎樣理解這背後的機制呢？

從小趨勢變成大趨勢，背後的機制就是演化算法。我所觀察到的中國經濟的演化算法是這樣的：在中國的經濟發展到一定階段之後，規模效應首先彰顯，複雜紅利隨之發力，多種多樣的小趨勢紛至遝來，如同基因出現的突變。中國的市場遼闊縱深，為不同類型的小趨勢提供了生存的機遇，同時，這又是一個急劇變化的市場，給各種小趨勢提供了競爭的舞台。於是，那些最能適應中國國情的小趨勢，會被選擇機制放大，迅速地成長起來。最終，在中國的市場環境中，各種不同的物種形成了一個經濟生態圈，它們互相協作、互相混搭，也互相競爭、互相抗衡。這使得中國經濟變得更有活力、更具韌性。

借鑒生物學的思路，我們能辨認出，在演化算法中存在兩種重要的機制。第一種機制是微觀的抗爭。每一個經濟主體都要設

法保持一定的穩態，試圖把環境帶來的擾動降到最低，就如同大自然中的每一個物種都要面對各種挑戰：天氣冷暖、季節輪迴、氣候變遷、食物豐歉……它們依靠各種小的負反饋機制應對周遭的變化。活着，才能啟動演化算法。第二種機制則是宏觀的擴散。每一個微觀的突變都會忐忑不安地面對宏觀環境變化的檢閱。那些能夠適應宏觀變化的突變，優勢會被放大。於是，突變帶來繼續突變，適者生存，而且適者會更加適應。這種正反饋的變化會決定演化的路徑，直到未來又出現一次前所未有的巨大挑戰。[8]

在這套演化算法中，有 5 個最重要的絕招。

第一是「試錯」。不是每一個嘗試都能成功，我們曾經犯過的錯都是寶貴的財富。試錯的意義在於：小的錯誤能夠讓我們更快地逼近成功，大的錯誤會改變歷史進程的方向。想要避免鑄成大錯，最好的辦法就是用最快的速度、最小的代價先把小錯犯一遍，這樣才能儘快地排除錯誤的選項。為了防範森林火災，最好的辦法不是看見火星就撲滅，而是先放一把火，燒出隔離帶。[9]當然，錯誤是避免不了的，有些錯誤可能會持續很長時間，甚至會變得越來越嚴重。那就會帶來一種「南牆效應」：不撞南牆不回頭，危機往往會變成改革的最強大動力。重大的錯誤有助於明辨方向，形成共識，這是一種最為有效的糾錯機制。從長期來看，凡是不可持續的，都不能持續。

第二是「突變」。我們所說的小趨勢，其實就是突變。突變

是沒有方向的，也是沒有計劃的。突變可能只是一種偏離，一個人走着走着就離開了大路，結果在無人問津的地方無意間發現了一處世外桃源。突變也可能只是對現狀的突圍，不安於現狀的人們想要做些改變，不管是朝着哪個方向的改變。如果從一個更高的視野望過去，你會發現，在邊緣地帶、底層社群、年輕人部落中，最容易出現突變。突變為演化算法提供了豐富的素材。一個擁有複雜紅利的大國，必然會出現更多的方方面面的突變。不一樣的東西時時發生在我們的身邊。

第三是「適應」。適者生存，更準確地說，是更適者生存。這就像一個笑話裏講的：當熊追上來的時候，你雖然跑不贏熊，但得跑贏你的同伴。這又像《愛麗絲鏡中世界奇遇記》裏說的，為了保持在原地不動，你都要拚命地朝前跑。中國經濟的複雜紅利再次發揮作用：在這裏，一切的變化如此之快，以至「機會窗口」會變得無比重要。

第四是「協作」。演化不是獨舞，而是廣場舞。你不可能獨樂，而不與眾樂。花與蜜蜂，羚羊與獅子，都是共同演化的範例：有合作、有競爭。中國經濟發展到一定階段，突然出現了多樣性爆發，而多樣性會帶來更多的多樣性：消費升級帶來生產升級、生產擴大帶來流通革命、線上銷售改變線下銷售、國際貿易刺激國內製造。未來，中國經濟這個生態圈將面臨一種獨特的挑戰：一方面，要更好地保護本土物種，因為只有保護好本土物種，才能保證本地經濟生態的多樣性；另一方面，要確保已經存

在的全球生產網絡，這個縱橫交織的全球生產網絡已經是很多中國企業賴以生存和發展的生態網絡，未來，中國企業將會在這個生態網絡中發揮更為核心的作用。要讓我們的經濟物種不僅活躍在國內的經濟生態圈中，也能參與其他經濟生態圈的競爭與合作。

第五是「混搭」。從來就沒有什麼新技術，新技術不過是已有的舊技術的新組合，但只有大膽跨界、別出心裁的組合，才是真正的創新。這就是混搭的力量。我們正處於兩次技術革命中間的高原區，在新一輪技術革命到來之前，技術創新的主要推動力仍然是混搭。在觀察中國的技術創新時，我們發現其實有「東西南北」四個流派。「東派」的技術創新來自我們過去沉澱的工業基礎、技術基礎、人才基礎和體制基礎的逐漸對外溢出，比如航天業最近加快了商業化進程；「西派」的技術創新來自首先吸收國外先進技術，然後把這些先進技術迅速融化在中國經濟的血脈之中，並激發了本土創新和中國獨有的工程優勢，最有代表性的例子就是高鐵；「南派」的技術創新來自用廣闊的市場應用場景、密集的生產網絡吸引國內外的最先進技術，先讓技術落地應用，然後在應用的過程中倒逼核心技術的發展；「北派」的技術創新會充分利用中國式教育培養出的大規模技術人才，再通過海外留學和國際合作，快速逼近技術前沿，然後把實驗室裏的技術萌芽移植到肥沃的市場當中。這本書會重點介紹東、西、南三個流派。據我們觀察，中國最優秀的企業往往會兼用東、西、南、北

四個流派，讓它們在一個系統內部互相混搭，這進一步加速了中國技術創新的速度。

從小趨勢和演化算法入手，能找到一種觀察中國經濟的新視角。我們過去講中國的優勢，都說是規模優勢，能夠集中精力辦大事。我看到的另一個角度是：在中國的規模達到一定程度之後，就會出現複雜紅利。仔細觀察，我們發現，中國的優勢並不單純是規模大，而是規模複雜。複雜中蘊含着突變，突變就是小趨勢。那些能夠適應環境變化的小趨勢，就會演化為未來的新物種。

理解了演化算法，有助於我們理解中國經濟的成功祕訣。中國的成功，不在於出現了天才人物，而在於有無數平凡但不平庸的人不斷嘗試、不斷創新。這是什麼？這就是人民群眾創造歷史。這不是精英算法，而是演化算法。大自然的進化早就告訴我們，演化算法是完勝精英算法的。

中國經濟的基本盤

2019 年初，在得到大學春季開學典禮上，我發佈了本年度的調研主題：尋找中國經濟的基本盤。

這個基本盤是匯集了我們的傳統優勢、制度基礎、資源稟賦，同時又能前瞻性地把握未來格局的一個集成系統，是中國

經濟的操作系統，更是一個複雜而又生機勃勃的生態系統。如果這個基本盤還在成長，那中國經濟就會繼續成長；如果這個基本盤已經顯出頹勢，那中國經濟就很可能會失去未來的增長前景。

按照我的理解，基本盤，就是失去了之後還能擁有的東西。

這看起來有點令人費解。我先來講另一個道理。德國物理學家海森伯曾經說過，教育中真正有用的東西是你忘記了之後還能記得的東西。為什麼這麼說呢？請你想一想當年上學的時候，語文老師會要求你把課文都背下來，比如《荷塘月色》《海燕》。那麼，你現在還能把這些課文背出來嗎？估計不能。但是，為什麼你現在讀書寫字，一點障礙都沒有呢？因為你不需要把所有東西都永遠記住，你只需要記住最有用、最常用的東西。

一個國家不可能什麼時候都有好運氣。我們會遇到經濟低迷、保護主義、技術變革、貧富差距等挑戰。當我們去審視中國經濟的基本盤時，就要去問，假如我們失去了曾經擁有的東西，失去了那些我們覺得是優勢的東西，或是我們覺得很熟悉的東西，會怎麼樣呢？

比如，如果我們的教育失敗了，會怎麼樣呢？我在 2019 年調研的第一個題目就是：教育。我會在第二章《南牆效應》中報告我的觀察。你會看到，這一代父母在子女教育問題上變得無比焦慮，而這種軍備競賽式的教育投資很可能是得不償失的。如果你不是把教育的目標放在考上哪個大學，而是放在如何幫助孩子

過好自己的一生，甚至如果你曾經考慮過，自己的孩子長大之後會怎麼教育他們的孩子，那麼你就會發現，很多我們應該重視的東西並沒有受到重視，而有一些東西被過分看重了。一旦形成社會風氣，這就成了一種很難走出來的囚徒困境。但是，凡是不可持續的東西都不會持續。我對教育的預言是，在未來20年會爆發一場教育革命：下一代父母會拋棄這一代父母的育兒理念。這是南牆效應在發揮作用：今天我們遇到的層出不窮、看似無解的教育問題，會在未來改變教育的模式。今天的應試教育，會像我在本書中講到的一個小姑娘熹熹那樣：你越是不讓她打遊戲，她就越要打遊戲；如果你敞開了讓她打遊戲，她反而會戒掉打遊戲的癮。在第二章裏，我也會介紹在邊緣地帶發生的教育變革：成都的先鋒學校、公益性的百年職校，以及湯敏老師的支教工作。或許這些不走寬門、只走窄門的教育實踐，能夠給你帶來啟發。我在第二章講的是演化算法中的一個「試錯」案例。

比如，如果我們的年輕人想法變了，會怎麼樣呢？我在2019年調研的第二個題目是：組織。我會在第三章《代際革命》中報告我的觀察。你會看到，90後和00後的年輕人，在很多想法上迥異於60後、70後和80後。60後到80後大體上是一代人，這是經歷了經濟高速增長的一代。這一代人的驅動力是「貧窮動力」，也就是說，如果你不努力工作，就賺不到錢，家人就過不上體面的生活。90後和00後已經感受不到生存的壓力。年青一代的驅動力是「嗨動力」，也就是說，什麼東西很「嗨」，我才

會有興趣去做。貧窮動力的燃點很低，但嗨動力的燃點很高。我會在第三章帶你去看，為什麼碼農不願意接受互聯網公司的「996工作制」（從早上 9 點工作到晚上 9 點，一周工作 6 天），卻會投入莫大的激情去搞一個楊超越編程大賽；為什麼年輕人討厭科層制、KPI（關鍵績效指標）、打卡，他們自己的「飯圈」卻有着嚴格的科層制和 KPI 考核，不僅要每天打卡，還沒人發錢。我也會講到，這種變化會帶來一場代際革命。我們的員工、顧客和子女，越來越多的人都會站到代溝的另一邊懸崖上。這會對組織管理帶來嚴峻的挑戰。我在第三章講的是演化算法中的一個「突變」案例。

比如，如果我們過去熟悉的市場沒有了，會怎麼樣呢？我在 2019 年調研的第三個題目是：市場。我會在第四章《苟且紅利》中報告我的觀察。你會看到，中國經濟面臨着一個巨大的斷裂帶：一方面是強大的生產能力，另一方面是旺盛的消費能力，但這兩種力量之間缺少一座橋樑。我們在 2019 年調研了中國的很多小鎮，這些其貌不揚的小鎮往往是某個產品或者某個產業在全國甚至全球的生產基地。在這些小鎮，我們也能看到普通的百姓對美好生活的嚮往。或許人民群眾還沒有做好準備去享受 90 分的奢侈品，但是人民群眾已經嚴重不滿足於消費 50 分的不及格產品。他們強烈要求消費至少能打 80 分的高性價比產品。為什麼在生產和消費之間會出現這道鴻溝？我在第四章為你分析了流通環節的問題，也為你指出了解決問題的一個思路。我講到了

「苟且紅利」，也就是說，只要你比別人多付出一點努力，把產品做得更精益求精，少想一些花招，少走一些捷徑，「紮硬寨，打呆仗」，就會輕鬆地淘汰掉數不清的「苟且者」。誰能消滅掉的苟且者越多，誰的市場機會就會越大。這個機會窗口會很短暫，或許在 5 年之內，大部分苟且者就會被消滅掉。我在第四章講的是演化算法中的一個「適應」案例。

比如，如果我們的外部環境惡化了，會怎麼樣呢？我在 2019 年調研的第四個題目是：生產。我會在第五章《互信網》中報告我的觀察。你會看到，雖然中國企業遇到了貿易保護主義的圍追堵截，但只要它們能夠維持自己在全球供應鏈中的地位，就不會被市場拋棄。我們的研究表明，在技術水平處於中等甚至中等偏上的產品類別中，中國在全球供應鏈中的優勢跟其他新興市場 —— 比如越南、印度、墨西哥等相比，不僅沒有縮減，反而進一步擴大了。這說明，中國的製造業不是對外遷移，而是對外擴張。這就是全球供應鏈的力量。我也會講到，其實全球供應鏈不是一條鏈，它已經變成了一張網，這張網將越來越依賴於彼此之間的信任。全球化的發展，從「互聯網」到「互利網」，又要從「互利網」演變為「互信網」。對國家而言，這意味着要更好地保護本國的經濟生態系統，但對企業來講，中國必須誕生一批真正的跨國公司。在我看來，這個變化已經到來，未來已經發生。我在第五章講的是演化算法中的一個「協作」案例。

比如，如果我們技術進步的後發優勢沒有了，會怎麼樣呢？

我在 2019 年調研的第五個題目是：技術。我會在第六章《混搭時代》中報告我的觀察。我在去年的《變量》中講到了流水線的故事。我講到，導致美國汽車工業興起的最關鍵的技術不是發動機，而是流水線這樣的「應用技術」；我也講到，流水線只能出現在美國，它是被美國的市場性格塑造的。[10] 在本書中，我會接着講豐田重新定義流水線的故事。中國的很多企業也將像豐田當年做的一樣，重新定義製造業，重新定義互聯網，甚至重新定義新技術革命。為了了解未來，我們反而需要請歷史站在前面。回顧中國的技術進步，你會看到原有的工業和技術基礎發生了溢出效應，曾經引進的國外技術已經融入中國市場的血脈，而龐大、快速變化的市場不斷刺激着技術進步。我們能看到：規模決定觸角，觸角決定反應速度。這是包括華為在內的很多中國企業的成功祕訣。我會在第六章為你講述從軍用走向民用的航天業，從引進到自主開發的航空業，來中國研發機器人的日本科學家，以及華為的員工如何理解企業的狼性文化。我在第六章講的是演化算法中的一個「混搭」案例。

　　教育、組織、市場、生產和技術，分別講的是小趨勢背後的5 種人 —— 年輕人、接班人、沉默的大多數、隱形冠軍和技術探路者，也分別對應着演化算法中的 5 個案例 —— 試錯、突變、適應、協作和混搭。理解了演化算法，你仍然無法預知未來，你無法提前知道未來的技術演進、產業演進路徑。你想先知道答案，然後選邊站隊，這是不可能的。那該怎麼辦？你只能邊走邊

看，適應外部環境的變化。海裏的水多，我們就當魚，待在水裏；海水退潮了，我們就上岸去，把自己進化成兩棲動物。

所以你要問自己的問題，不是我怎麼樣才能成為森林中最高的那棵樹。你要問自己的問題應該是：我怎麼才能在森林中找到最適合自己的「生態位」？一個生物在生態系統中能夠利用的各種資源的總和，我們把它叫作「生態位的寬度」。那麼，你在中國經濟這個生態系統中的生態位有多寬呢？

潮水退後，真正的價值才會浮出水面。中國經濟需要審視什麼是自己的基本盤，每個企業，每個人，同樣要審視什麼是自己的基本盤。你的未來，不取決於你長得多快，而取決於你的根有多深。

註 釋

1　源自毛澤東創作的《水調歌頭‧重上井岡山》一詞。轉引自《毛澤東年譜（1949—1976）》第五卷，中央文獻出版社 2013 年版，第 531 頁。

2　估算方法大致如下：假設 2019 年 GDP 增長率為 6%，當然很可能不止 6%。6% 的 GDP 增長率是實際增速，假設 GDP 平減指數為 2%，那麼名義增長率為 8%。同理，2018 年實際 GDP 增速是 6.6%，估算出的名義 GDP 增速是 9.7%。再根據 2018 年的名義 GDP 可得 2019 年的名義 GDP 是 97.2 萬億，當年的增量是 7.2 萬億。用 7.2 萬億去倒推過去歷年對應的增速，也就是過去每年要增長多少，增量部分才能是 7.2 萬億。對應到 2009 年，當年的名義增速應該達到 25%，事實上，2009 年真實的名義增速是 9.2%。

3　AP News, In his words: Huawei CEO says company will not be crushed, https://www.apnews.com/143d9f0e99e14e41b74587093c0618cf.

4　兔主席：《人民的歷史選擇》，https://mp.weixin.qq.com/s/09ZcsODihI96wY32173f6A。

5　這一段觀點受到以色列歷史學家尤瓦爾‧赫拉利（《人類簡史》的作者）的啟發。參見 Yuval Noah Harari, *21 Lessons for the 21st Century,* Jonathan Cape, 2018.

6　〔哥倫比亞〕加西亞‧馬爾克斯：《百年孤獨》，黃錦炎譯，上海譯文出版社 1989 年版。

7　阿甘叔：《烏鎮是假的》，https://mp.weixin.qq.com/s/q-H4GcKm4btLScwTQoyiYQ。

8　感謝浙江大學王立銘教授提供的觀點。

9　何帆：《先放一把火》，中信出版社 2015 年版。

10　何帆：《變量：看見中國社會小趨勢》，中信出版社 2019 年版。

第二章

南牆效應

一所可以通宵打遊戲的學校

熹熹第一次來到先鋒學校的時候，好像籠中的小鳥初見茂密的原始森林 —— 新奇，困惑，激動。

這哪裏像一所學校啊。有的孩子忙着接待來訪的客人，有的孩子還在宿舍裏蒙頭睡大覺，有的孩子在上課，但上課的孩子想吃零食就吃零食，想玩手機就玩手機，更過分的是，居然有一群孩子在老師的眼皮底下打遊戲。老師也不管！熹熹心裏嘀咕：怎麼會有這樣的學校，這就是個遊樂園嘛！

熹熹生於 2004 年。她的小學是在成都一所公立學校上的。熹熹在原來的學校很不快樂，每天都是按部就班地上課、寫作業，放了學是一個接一個的補習班，一點兒玩的時間都沒有。熹熹在學校的成績不算很好，老師們不會多看她一眼。考卷發下來，七八十分。熹熹覺得自己很努力了，老師卻鄙夷地說：「這算不及格，重考。」熹熹一開始偷偷地反抗，比如，她告訴父母學校沒有佈置作業，藉機在家裏瘋玩，到了學校，又告訴老師自

己感冒了。當然，這樣的小伎倆肯定瞞不過老師。老師找到了熹熹的父母。熹熹經常聽到父母為了她的事情吵架，這讓她更不快樂。熹熹在學校有沒有朋友呢？很少。同學之間的關係也很緊張。有個同學專門搞惡作劇，把熹熹的書和作業本藏在小花園、食堂和池塘。調出監控記錄，明明能看出就是他幹的，他還是不承認。熹熹的心情糟糕透了，有時候，她會控制不住自己，跟老師和同學大吵一頓。

到了小學五年級，老師忙着催促孩子們做卷子，準備小升初。空氣顯得更加沉悶，生活令人窒息。熹熹已經忍無可忍，她拒絕做題，變成了學校裏的另類，和周圍的世界格格不入。

假如你發現自己跟周圍的人都不一樣，你會怎麼辦呢？

大部分孩子會留在原地，把自己保護起來。在那些最硬的保護殼裏面，躲藏着最脆弱的心。這些保護殼，可能一輩子都不會打開。少數孩子會堅定地選擇離開。熹熹想要離開。她的爸爸媽媽拗不過她，開始四處打聽有沒有適合她的學校。他們問來問去，問到了一位先鋒學校的學生家長。於是，熹熹就來到了這所與眾不同的學校。

先鋒學校其實不叫學校，他們自稱先鋒學習社區，這是一個所有人跟所有人學習的社群。先鋒學校是由劉曉偉老師在 2002 年創辦的，一開始只是以私塾形式輔導幾個朋友家的孩子，到了 2013 年才變成現在這樣的學校。先鋒學校的在校學生只有 40 多個，學生自選課程，獨立學習。大小事務都由學生自治，老師

只是通過導師制提供輔導。這些老師會跟學生同吃同住，平等交流。

　　先鋒學校的孩子們大多和熹熹一樣，在原來的學校裏都感到壓抑。他們中有學習成績好的，但越是成績好，越害怕考砸了丟人。他們中有學習成績差的，在公立學校，哪怕你有一萬種優點，只要成績差，那一定會被打入「冷宮」。先鋒學校曾經有個孩子，他原來的老師跟他說：「孩子，你什麼都好，就是成績太差了。」他們中有眾人眼裏的好孩子，對老師彬彬有禮，對同學樂於幫助，是公認的「老好人」，其實，他們只是特別想討好別人。他們中也有總是跟別人鬧矛盾的孩子，吃了別人叫的外賣，還理直氣壯地不肯道歉，其實，他們只是根本不知道別人是怎麼想的，沒有人教過他們該如何與別人相處。他們中有很多人曾經在原來的學校裏受過羞辱。有個學生僅僅因為一頁英文作業沒有寫完，英語老師就在課堂上公然要求他把作業紙吃掉。提起過去的學校，這個孩子到現在還會感到胃部痙攣。他們中間有不少人被貼上「多動症」「阿斯伯格綜合征」「學習障礙症」等標籤。一言以蔽之，他們都是人們眼裏的問題兒童。

　　被稱為問題兒童，只是因為他們跟別人不一樣。意識到自己跟別人不一樣，會讓孩子們感到非常焦慮。然而在先鋒學校，這些孩子突然發現，跟別人不一樣並不是一件丟人的事情，相反，你可以坦然地、盡情地跟別人不一樣。

　　先鋒學校確實是很多孩子夢寐以求的樂園。想打遊戲？可

以，老師還會陪着你打，而且打遊戲可以算一門課。想玩手機？可以，沒有人管。那要是想通宵打遊戲呢？也可以，只要你不打擾其他同學就行。想談戀愛呢？好啊，愛情是美好的，但老師會跟你講怎樣去愛一個人，什麼才是真正的愛。

那要是不想學習呢？也沒有關係。老師不會逼你，他們會等，等有一天，你自己想要學習。

真的是這樣？熹熹將信將疑。那就試試吧。於是，她昏天黑地地打了半年遊戲。

這就是先鋒學校最有爭議的地方。很多人會質疑：這種看起來無為而治的教育方式，真的能夠幫助孩子們成長嗎？打遊戲上癮怎麼辦呢？荒廢了學業怎麼辦？

先鋒學校的桔子老師告訴我，如果你換一個角度，就會發現孩子們會通過打遊戲成長和學習。他跟我講了一個故事。他指導的一個 11 歲的男孩，想用打《星際爭霸》遊戲完成自己的學分要求。

桔子老師說：「可以啊，你要申請多少個小時的學時呢？」

那個男孩說：「先來 1 600 個小時吧。」這 1 600 個小時，他是怎麼算出來的呢？很簡單，這個男孩覺得自己一天可以打 14 個小時遊戲，每周 7 天，一個學期差不多 4 個月，那就是 1 600 個小時了唄。

桔子老師說：「把你的手機拿給我。」

那個男孩雖然很困惑，但還是把手機遞給了桔子老師。桔子

老師打開他的「嗶哩嗶哩」App（手機軟件），他知道這個孩子每天都要看很長時間的視頻。果不其然，那天他一共看了五六個小時，共 104 個視頻。

桔子説：「你這 104 個視頻裏，只有 42 個是跟《星際爭霸》有關的。我大概算了一下，你有 4 個小時是在網上瞎逛。」

男孩馬上明白了桔子老師的意思。他原來説的每天 14 個小時，其實只是每天不睡覺的時間。吃飯、上廁所、玩手機，都是要佔時間的。那麼，怎麼根據自己的目標管理時間呢？小男孩回去認真地做了個計劃。這次他提的學習計劃是：每天花 3 個小時練習打《星際爭霸》遊戲，再花 3 個小時看網上的視頻資料和攻略，一周 5 天，周六、周日休息，堅持 18 周，一共 540 個小時。

這是什麼？這是時間管理，也是嚴謹的態度，還是學習方法。一個認真打遊戲的孩子，自然也會認真學習、認真生活。

那麼，要是讓孩子們完成這樣的蜕變，我們需要多長時間的耐心呢？

讓我們再回到熹熹的故事。

半年之後，熹熹就對打遊戲感到膩味了。她像一隻在洞裏待煩了的小獸，悄悄地走出洞口，四顧張望。她開始自己選課、上課，當然，她時不時還會退回到自己的洞裏，繼續打遊戲。一年以後，熹熹已經不再沉迷於遊戲了。她發現這個世界上有比遊戲更能讓人感到充實的東西。

現在，熹熹在先鋒學校的一天是這樣度過的。9 點起牀。

上午，看書練字，或是在網上聽課。12點出去吃飯。下午，2點到4點上課，下課後看書、玩遊戲。晚上，7點到9點，繼續上課。先鋒學校的課大多是討論課，老師講課的時間還沒有學生討論發言的時間長。熹熹選的課有桌遊、歷史學、電影藝術，她還選了一門數學課，這門課的名字叫「萬物皆數」。她最喜歡的課是桌遊和歷史學。別的孩子選什麼課呢？他們有的選體育課，有的選社會學；有的學柏拉圖，有的學孔子；有的選戲劇，有的選邏輯和批判性思維。先鋒學校的專職老師不多，但吸引了社會各界的人才來為孩子們當老師。先鋒學校稱他們是「社會圖書館」，每一個老師都幫孩子們打開了了解社會的一扇門。

　　上課之餘，熹熹也找到了自己最感興趣的東西。雖然小時候爸爸媽媽給她報過很多興趣班，畫畫、跳舞，她全都學過，但她並不感興趣。有一天，在放學回家的路上，從小區裏傳來一陣鋼琴聲，好似淙淙流水，沁人心肺。熹熹停下了腳步。她也想學。不過，學鋼琴的過程並不是一帆風順的。熹熹換過四五個鋼琴老師。最早的那幾位鋼琴老師都很傳統，只會告訴學生，你必須按照我的要求如何如何，熹熹覺得他們真的好煩。她現在的鋼琴老師和先鋒學校的風格非常一致。熹熹會和老師說，她想學哪首曲子，然後就自己去網上找譜子。鋼琴老師從不會說這首曲子不好或是不讓熹熹學，她會讓熹熹自己先練，等熹熹遇到問題的時候才出手指導，順便又教了她基礎的指法。練琴成了最讓熹熹快樂的事情，她每周都要練10次以上，不僅在學校裏練，周末和假

期回家也練。

　　除了上課、練琴，熹熹也在琢磨再幹點什麼。2018 年，熹熹突發奇想，想在學校裏開一家奶茶店。老師説：「好啊，但你得先寫個商業計劃書。」從 2018 年 10 月到我們去調研的時候，半年的時間裏，熹熹的商業計劃書迭代了三版，PPT（演示文稿）改了四次，終於通過了答辯。那麼，我們下次再來，能見到熹熹的奶茶店嗎？不能。因為熹熹做完了這個商業計劃書，才發現自己感興趣的不是做奶茶，而是做烘焙。

　　假如你發現自己跟周圍的人都不一樣，你首先要問自己的是：我為什麼跟別人不一樣？美國作家亨利・梭羅在《瓦爾登湖》裏寫道：「如果一個人跟不上他的同伴，也許是因為他聽到的是不同的鼓聲。讓他踏着他所聽到的音樂拍子走吧，不管節奏如何，或是能走多遠。」[1]

　　先讓周圍的世界安靜下來，你才能聽到自己內心的鼓聲。

劉校長

那些剛到先鋒學校只會打遊戲的少年，後來都怎麼樣了？

　　一般來説，孩子們到了這裏，猝不及防地感受到自由的空氣，會報復性地瘋玩，但過了半年或一年，他們會對自己有更清醒的認識。有一個孩子剛到這裏的時候，也是沒日沒夜地打遊

戲，他玩《英雄聯盟》。來先鋒學校之前，他就已經打了 2 000 多局《英雄聯盟》，但水平還是最低的青銅。到了先鋒學校，他好不容易打到黃金和鉑金之間的水平，但再也升不上去了。這大概就像一個圍棋愛好者練習了 1 000 多個小時，還是業餘初段水平。為什麼他打了這麼多局卻進步不大？或者，再換個角度來想，為什麼他進步不大卻打得樂此不疲？這個孩子最終意識到，他跟別的孩子不一樣，不會花時間去琢磨遊戲中的戰術，他只關心組隊，組隊就能交朋友，所以，他其實是利用遊戲在社交。可是，除了遊戲，還有很多可以跟人社交的方式啊。這個孩子終於頓悟了。他現在在幹什麼呢？他在美國匹茲堡的勞洛施大學讀心理學。他知道自己最關心的是如何了解人的內心。

大部分孩子都是這樣找到了自己的歸宿。少數對遊戲特別癡迷的孩子會選擇當職業電競選手。還有很多孩子申請到了美國其他學校，有的學藝術，有的學金融，有的學社會學，有的學計算機。這些孩子不是遵從父母的安排到國外「鍍金」的，他們都有自己獨特而成熟的想法。他們中有的拿到了美國大學的 offer（錄取通知），但沒有走，還想留在國內追求自己的夢想。他們中有的已經留學回來，回到了當初養育自己的地方創業。一位叫孟傑多傑的藏族青年，是劉曉偉校長去藏區支教的時候收養的藏族孩子之一，在國外讀書之後，回到了藏區，幫助鄉親們建設家鄉。孟傑多傑創建了一個叫「拉雅克」的高原犛牛品牌，「拉雅克」在藏語裏就是領頭牛的意思。

先鋒學校的校長劉曉偉面色白皙、溫良謙讓，他說話的時候聲音不高，面帶微笑。他不動聲色地告訴我，先鋒學校的孩子不「刷題」、不熬夜，但可以順利地拿到常青藤學校的錄取通知書。

我很好奇，到底是哪些常青藤學校？劉校長笑着搖搖頭，就是不告訴我。他說：「我們不希望講出去，我們不希望家長衝着申請國外名校，才把孩子送到先鋒學校。」

很多人把先鋒學校稱作中國的夏山學校。夏山學校是由英國教育家 A. S. 尼爾創辦的一所實驗學校，風格和先鋒學校非常像。[2] 尼爾也相信要遵循孩子的天性，讓孩子依照自己的才能和志趣發展。如果孩子願意當清道夫，那讓他當個快樂的清道夫好了，這肯定比讓他當個不快樂的學者更好。出乎我意料的是，在創辦先鋒學校的時候，劉校長並不知道夏山學校。

那他的教育理念是從哪裏來的？劉校長原來是四川大學的英語講師，他也曾經到美國留學，在弗吉尼亞大學學過美學教育。但是，當我問他這個問題的時候，他坦然地說：「我受的是毛澤東思想的影響。」

什麼？先鋒學校的教育理念脫胎於毛澤東思想？

劉校長出生於 1962 年，他 1969 年上小學，1979 年考入大學。那個時候，學校逐漸恢復了正常的秩序，但還沒有變得死板僵化。劉校長說：「我算是趕上了好時候。」

毛主席是怎麼看教育的？他主張開門辦學，重視再教育，「與工農兵結合」，要讓學生參加勞動，半工半讀，「從實踐中

來，到實踐中去」。他反對師道尊嚴，反對「分數掛帥」，毫不掩飾他對學校課業重、教學枯燥的厭惡。他提倡群眾集體辦學，允許私人辦學，不讓搞各種貴族學校，學校要下到農村去，孩子都就近入學。他的理想是，學生要變成多面手，而工農群眾和知識分子互相學習，要使我國工農群眾知識化，同時使我國知識分子勞動化。[3]

劉校長狡黠地看着我：「先鋒學校不就是這樣辦學的嗎？」

甚至，毛主席曾經說過的一些聽起來很「偏激」的話，都像是先鋒學校的老師們說的。毛主席說：「教員應該把講稿印發給你們。怕什麼？應該讓學生自己去研究講稿。」[4] 他甚至說：「我主張題目公開，由學生研究、看書去做……考試可以交頭接耳，無非自己不懂，問了別人懂了。懂了就有收穫，為什麼要死記硬背呢？人家做了，我抄一遍也好。」[5] 先鋒學校的課堂，不就是這樣熱熱鬧鬧、上下平等嗎？這不就是「官教兵，兵教兵，兵教官」[6] 嗎？

一所創新學校，思想啟蒙卻來自毛澤東思想，這會讓人覺得有點「違和感」。其實，這一點都不奇怪。據劉校長的說法，美國哲學家杜威的教育觀對青年毛澤東有很大的影響。

讓我們把時間拉回到 100 年前。1919 年初，杜威正在日本東京帝國大學講學，他收到了一封來自中國的邀請信。他的學生胡適、蔣夢麟等邀請杜威夫婦來華講學。1919 年 4 月 28 日，杜威和夫人一起乘坐「熊野號」離開日本，30 日抵達上海。杜威來

華的第 5 天，中國就爆發了五四運動。活躍的中國社會引起他極大的興趣，他一再更改回國計劃，直到 1921 年 8 月 2 日離華，在中國一共逗留了兩年三個多月。杜威在中國的足跡遍及 10 多個省市，他結交了當時的大批精英，做了 200 多次演講，還在中國度過了他的 60 歲生日。美國學者施瓦茨說：「在 20 世紀中國的學術史上，約翰·杜威與現代中國之間的交往是最吸引人的事件之一。」[7]

毛澤東是從他的老師楊昌濟那裏知道杜威的。他聽過兩次杜威的演講，一次是在長沙，一次是在上海。杜威在長沙做演講是在 1920 年 10 月 29 日，長沙《大公報》特邀毛澤東作為現場記錄員。[8] 毛澤東跟杜威的學生胡適先生也有過交往。在「北漂」的時候，毛澤東上過胡適的課，還去過胡適的家裏，讓胡適幫忙修改自己想要籌建的「湖南第一自修大學」的章程。[9] 1921 年 7 月，毛澤東在長沙潮宗街湘雅醫學校舊址租了三間房，創辦文化書社。[10] 書社賣的書裏，有胡適的《嘗試集》，也有杜威的《杜威五大講演》等。[11] 毛澤東躬逢風起雲湧的五四運動，在那個思想解放的年代成長起來，眼底格局，胸中丘壑，自然與眾不同。

這就能夠解釋很多看似令人費解的東西。毛澤東寫出《實踐論》之後，哲學家馬爾庫塞甚至認為，毛澤東的《實踐論》裏「杜威的東西多於馬克思的」。[12] 其實，這更多的是古老的中國文化和新鮮的西方文化撞擊之後產生的創新。

青年毛澤東之所以服膺杜威，是因為杜威講的和他心中朦朦

朧朧的想法形成了共鳴。[13] 杜威的氣質和中國的氣質非常契合。杜威在中國遇見了孫中山。他在家書中寫道，孫中山是個哲學家。孫中山是個更重視實踐的哲學家。他跟杜威講起，中國的傳統文化講究「知易行難」，所謂「非知之艱，行之惟艱」。孫中山覺得這會讓中國人空談心性，不敢做事，所以他告訴杜威，自己想寫本書，證明「知難行易」。[14]

　　找到這條思想創新的線索，你會發現，這是中國革命實踐的一個核心方法論：幹起來再說。如果你去看中國的體制，一方面，你會發現有強調計劃、自上而下的傳統；另一方面，你又能發現強調實幹、基層創新的傳統。如果看不到這一點，就無法理解中國歷史中的辯證法：有的時候，我們看起來非常成功，但在成功之中蘊含着危機；有的時候，我們看起來經歷了慘痛的失敗，但這些慘痛的失敗可能蘊含着創新的基因，為未來的變革掃清障礙。

　　人的世界觀都是在他年輕的時候逐漸成形的，到了中年，他早年的思想往往會以一種難以察覺的方式滲透出來。毛澤東在早年的理想，到了中年和晚年也未能忘懷。毛澤東在新中國成立之後對教育問題一直非常關心，1958 年，毛主席曾發動過一次教育革命 [15]，但當時更多的還是在既有的體制內變革。到了 20 世紀 60 年代，又搞了一次教育革命，這一次的爭議性更大。一些簡單粗暴的做法，比如取消學校考試制度，尤其是取消高考制度，使得一代年輕人彷徨迷茫、無所適從。但是，在這段時期，

中國的教育普及、掃盲做得非常好，在發展中國家裏堪稱典範。甚至，事後來看，一些極端的措施中，也含有某些合理的價值內核，而我們本來應該對這些斑駁陸離的實踐和思想多一些總結和深思的。

到了 20 世紀 70 年代，社會秩序逐漸恢復正常。就在那個混沌初開的時代，劉曉偉校長留下了自己的青春記憶。多年之後，當他再來辦教育的時候，早年的親身體驗破土而出，成了他敢於放手幹的動力。

忘記了之後還能記得的東西才是更重要的，它會成為創新的源泉。過去的偏激和錯誤被歲月的長河洗刷掉了，曾經的理想卻如一粒種子，在另一塊更適宜的土壤裏悄然發芽。

教育是一個人的成長。去問一下先鋒學校的孩子們，他們會告訴你，來到先鋒學校之後，他們才真切地體會到，成長原來是一件又痛苦又快樂的事情。先鋒學校的理念是：百分之百地信任每一個孩子。你要相信，他們每個人都會通過自己選擇的路徑，探索、嘗試，或漸或頓，但最終一定能「自識本心，自見本性」。

教育體制的變化則是一個社會的成長。鐵打的營盤流水的兵，鐵打的學校流水的學生。在某些學校，學生來的時候是待耕耘的土地，到走的時候仍然是荒蕪一片。青春澎湃而來，黯然而退，所謂的教育卻對這一切視若無睹。只有好的教育才能激發孩子們心靈中積極向上的東西，壞的教育比沒有教育更糟糕。

我還記得兒子上小學的時候，我給他推薦過一本書，是意大

利作家德‧亞米契斯的《愛的教育》。他瞥了一眼封面，立刻把書扔到一邊。我問他為什麼。他不屑地跟我說：「老爸，你看看這本書的名字，《愛的教育》。教育啊，哪個孩子會喜歡讀一本關於教育的書！」我急忙跟他解釋，這本書的原名叫《心》，就是一個小學生的日記。「不行！」他堅定地搖搖頭，絕不翻開這本書。

從什麼時候開始，我們的教育變得如此讓孩子們厭惡了？

黃宗羲教育改革定律

為什麼中國的學校不能都變成先鋒學校呢？

當然，這個問題本身就是錯誤的。每一個孩子都是不同的，教育從本質上講是不能複製的。先鋒學校並非做得盡善盡美，也不是適合所有的孩子。桔子告訴我，在十個來試讀的孩子中，只會有六七個留下來。讓他印象深刻的有兩個孩子。一個是公立學校的「學霸」，這個女生在先鋒學校待了兩周，實在受不了了，她說：「我白白浪費了兩周時間。」另一個孩子在家上學，非常有個性。他說：「我很欣賞先鋒的嘗試，但還不確定你們是不是最適合我的學校，我要再看看。」

我們在先鋒學校還見了一位學生，叫蟲蟲，他是在先鋒學校半工半讀的。蟲蟲原來上的也是公立學校，後來上了創新學校，

現在他大部分時間待在大理的一所創新學校。在他看來，大理的學校比先鋒學校更注重學生自治。大理有好幾家創新學校，學生更少，一所學校可能只有七八個學生，能開設的課程反而更多。大理有各種各樣的奇人異士。想找個心理學老師，有專業的心理醫生。想找個人類學老師呢？也有。木工老師呢？當然也有。於是，這七八個孩子想上什麼課，學校就會給他們找什麼老師。學生們想做什麼項目，也可以自己提出來：出去旅遊、開咖啡廳、組建樂隊，都沒問題。蟲蟲告訴我們，他在大理上的學校，對電子產品的管理要比先鋒學校嚴格得多。這就對了：創新學校和創新學校的觀點也是不一樣的，任何創新都是有爭議的。

但是，這些創新學校有一個共同的特點：讓孩子們不再討厭上學。他們把上學當作一件很開心的事，他們把學習當成自己的事，他們不僅學習各個學科的知識，也要學習怎麼和同齡人打交道。

那為什麼我們的孩子上的學校就不一樣呢？為什麼現在的教育會讓孩子們不快樂，讓家長緊張，讓全社會焦慮？

有人會説，這都是體制的問題。跟教育有關的每一項改革都會牽動社會的關心，而跟教育有關的幾乎每一項政策都會引起爭議。

取消奧數班，家長不滿。2019 年 2 月 25 日，第 11 屆羅馬尼亞數學大師賽閉幕，中國隊無一人獲得金牌，取得最好成績的是拿到銀牌的第 15 名，總成績排第 6 名。這讓很多人幸災樂禍：

看吧，這就是取消奧數班的下場。

改革高考制度，家長不滿。從 2014 年開始，新一輪高考改革啟動，最早在上海和浙江試行，採取了「3 + 3」的模式，也就是三門必考科目加上三門選考科目。結果，在物理、化學、生物、歷史、地理、政治這六門選考科目中，選擇物理的浙江考生比例最低，偏科現象嚴重。

學區房制度改革，家長不滿。近幾年來被社會熱議的學區房其實歷史很短。學區房元年應為 2014 年，這一年，19 個城市推出了中小學就近入學政策。這一政策的初衷是促進教育資源分配均等化，結果卻導致學區房的房價越炒越高。2019 年，北京海淀區實行學區房新政，不再是一個樓盤對應一所學校，而是多校劃片。這一政策被海淀家長戲稱為「海淀 9‧11」，透出一股無奈和苦澀。深圳、廣州等地的學區房新政，也讓很多家長亂了手腳。

就連 2019 年的高考題都會成為社會熱點新聞。為什麼呢？因為全國卷一數學考了斷臂維納斯，全國卷二數學考了物理題，驚現拉格朗日點，全國卷三數學考了一朵雲。仔細看，這些考題都沒有超綱，但換了一種出題的方法，就足以讓原先那種只會「刷題」的考生措手不及。

其實，你一眼就能看出，這些政策之所以引起關注，都是因為它們跟升學有關。家長們唯一關心的就是考分和學校。對我們的教育制度中真正隱藏的問題，公眾的關注反而少。比如，學生在學校鍛煉的時間少，近視眼的人數增加，閱讀量少。這些現象

雖然普遍，但沒有受到足夠的重視。只有當某些問題逐漸積壓，並以一種激烈的方式表現出來時，家長們才會猛然醒悟、群情激憤。比如，學校伙食問題、校園霸凌問題。

雖然教育體制有它的問題，但是把所有的問題都歸咎於教育體制，是一種過於膚淺的解釋。

之所以會有這麼多人批評教育體制，是因為人們把體制當作一個總開關。如果你按一下這個開關，啪的一聲，燈就亮了，光明照亮了每一個角落。如果這個開關有問題，那整個房間就是漆黑一團。這是一種非常流行的體制決定論。

體制當然很重要，但慢慢地，你會發現，對我們大多數人的日常生活來說，體制很多時候不是總開關，反而更像背景音樂。有人會覺得背景音樂過於嘈雜，讓人心煩意亂；有人會覺得聽着熟悉的背景音樂才更安心。當背景音樂換了，會有很多人不適應——但是，背景音樂只是背景音樂。

你可能會覺得不服氣。那讓我們從兩個方面來看看，為什麼教育體制不是影響教育的終極因素。

一方面，教育體制並不是鐵板一塊。複雜紅利也會影響到體制。對同樣一種教育體制，各地的具體實踐就不一樣。教育學家楊東平告訴我，課業負擔過重、擇校壓力很大，這是中國大多數地方面臨的老大難問題，但有的地方風平浪靜。比如山西的晉中市下面有 11 個區縣，每個區縣都有一到兩所優質高中，而且能做到優質高中指標到校 100%。[16] 這意味着，無論你在哪裏讀初

中，只要成績好，都有均等的機會考入優質高中。在晉中，學校不分重點班，也沒有亂收費現象，不擇校、不擇班成了教育新常態。楊東平教授告訴我，一個地區的教育狀況，在很大程度上取決於當地政府的重視程度和決策思路。也就是說，雖然屬於同一體制，但各地的教育政策會有很大的差異。

這是演化算法導致的必然結果。同一物種會根據不同的環境演化出不同的形態，這是達爾文從加拉帕戈斯群島悟出來的道理。他在當地發現了很多看似差異很大的鳥，一開始，他以為這是不同的鳥——芬雀、鶇鶓和鵐，後來才知道自己看錯了。原來，這些鳥都是芬雀，它們只是由於生長的環境不同，才變得體態各異。

另一方面，坦率地說，現有的教育體制其實是有騰挪空間的，如果不喜歡、不認同，你可以選擇退出。

如果對課堂教學不滿，你可以選擇校外培訓。近幾年，校外培訓班遍地開花。當然，補習功課的居多，有奧數，也有英語，有作文，也有編程、繪畫。各種你能夠想到的才藝班都有：籃球、游泳、擊劍、馬術、圍棋、滑雪、壁球、高爾夫球……除了這些，也有一些培養孩子情商、財商的，教孩子說話的，糾正孩子壞習慣的，專門針對男孩子培養男子漢氣概的。

如果對公立學校不滿，你可以選擇民辦學校。民辦教育發展速度很快，如果以辦學經費來計，按照中商產業研究院的數據，2007 年民辦學校辦學經費為 80.93 億元，預計 2020 年將突

破 400 億元。在民辦學校裏，最引人注目的是國際學校，在北京、上海和深圳居多。你可能會説：這都是貴族學校，工薪階層哪裏高攀得起？但是，也有很多民辦學校是平民學校。比如，民辦學校裏有 50% 左右是學前教育學校。送孩子上民辦幼兒園的家庭，收入水平並不算高。值得注意的是，在民辦學校中普通本科、專科也很多。比較遺憾的是，民辦的高中不多，民辦的職業學校更少。

如果你不想在國內讀書，可以把孩子送到國外留學。根據教育部的數據，2018 年我國出國留學人員總數達到 66.21 萬，相比前一年增長 8.83%。出國留學的孩子，出去得越來越早，在國外讀書的時間越來越長。除了傳統的出國讀本科、碩士、博士，如今，高中生、初中生，甚至小學生去國外接受教育的也越來越多。與此同時，更多學生計劃出國一直讀到碩士階段，這一比例從 2016 年的 57% 增長到 2019 年的 70%。送孩子出國留學的家庭，已經從原來的富裕家庭，擴散到工薪家庭。傳統的留學國家主要是美國、英國、澳大利亞和加拿大，最近幾年，到德國、法國等歐洲國家，以及日本、新加坡、馬來西亞等亞洲國家留學的人數持續攀升。

但是，結果怎樣呢？

把孩子們的課外時間佔得滿滿的各種補習班，大部分都是跟升學有關的。一種情況是家長們熱衷於讓孩子「搶跑」，小學該學的東西在幼兒園就學，中學該學的東西小學就學，最後，形成

了一種「劇場效應」：所有台下觀眾都想站起來看得更清楚，但所有人都看不清楚。另一種情況是增加升學時的加分項。對升學有幫助的競賽項目備受追捧，對升學沒有幫助的競賽項目門可羅雀。不讓考試，那就拚簡歷。所有課外活動，甚至假期的旅遊，都是為了把簡歷裝點得更漂亮。每一個孩子的簡歷都光彩照人，遺憾的是，你很難分清楚他們誰是誰：所有簡歷都好像是一個模子刻出來的。

大多數民辦學校的教學風格和公立學校相差無幾。民辦學校為了贏利，要求招生好、出成績、有名聲。在資本驅動下，民辦學校甚至會比公立學校更注重升學率。比如石家莊精英中學，幾年之內從管理混亂的學校變成了高考狀元的母校。但進去的學生抱怨，這裏就是完全封閉和高強度管理的模式。在上海，按高考考入北大、清華、復旦、上海交大等名校的升學率，排名最靠前的重點高中是「四大名校」（上海中學、華師大二附中、復旦附中和交大附中）和「八大金剛」（南洋模範中學、格致中學、大同中學、控江中學等）。這些學校基本都是公辦高中，但考入這些頂尖高中的主力生源來自民辦初中。一位家長說，上海的民辦小學面試學生，一上來就問出國的經歷。在上海，去過日本不叫出國，去過歐美才是標配。學校還會問父母的背景，最喜歡的是高學歷的全職媽媽。

即使把孩子送到海外留學，大部分家庭仍然保留着國內升學競賽的思路。像哈佛、耶魯這樣的常青藤名校當然是首選，那如

果考不進這些名校呢？中國家長會按照所謂的大學排行榜從上往下選。排名第 20 和排名第 30 的學校到底差別多大呢？那不管，排名越高越好，這是很多家長擇校時的唯一準繩。2019 年，美國名校斯坦福大學爆出招生醜聞。一名中國億萬富翁為了讓自己的女兒順利進入斯坦福，不惜行賄 650 萬美元，買通斯坦福大學帆船隊教練，為其女兒偽造帆船運動員身份，從而特招進校。不料東窗事發，學校發現其涉嫌申請材料造假，最終開除該生。我在調研中還聽到家長們議論所謂的「順義幫」。這是一群畢業於北京順義區貴族國際學校的中國學生。他們到了歐美國家，融不進當地社會，又不屑跟中國學生交流，只好自己人跟自己人玩。

真相總是扎心的。所謂的教育體制缺陷，其實是全社會合力挖的一個大坑。教育被社會裹挾着前行。這一代的家長之中，「直升機父母」越來越多：他們天天在孩子頭上盤旋，對孩子的每一步選擇都要親自過問。這一代家長還在進一步升級，他們已經從「直升機父母」變成了「推土機父母」：不僅要關心和過問，還要親自上陣，掃平孩子成長過程中可能存在的一切障礙。

於是，教育變成了一場軍備競賽，教育陷入了一個怪圈。

明清之交的著名學者黃宗羲曾經在《明夷待訪錄》中談到中國歷史上的賦稅制度。他說：「斯民之苦暴稅久矣，有積累莫返之害。」[17] 黃宗羲觀察指出，歷代稅賦改革，每改革一次，稅負就重一次，而且一次比一次重。有一位中國學者在他的論文《併稅式改革與「黃宗羲定律」》中，將這一觀點稱為「黃宗

義定律」。[18]

套用「黃宗羲定律」，我們可以提出一個新的「黃宗羲教改定律」。「黃宗羲教改定律」告訴我們：這麼多年來，每一次教育改革，本意是希望減少教育負擔，但改革的結果，莫不是教育負擔更重，而且一次比一次重。

那麼，癥結何在呢？

癥結在於，這一代家長的目的只有一個，那就是：讓孩子考上大學，讓孩子考上最好的大學。

中國的高考錄取率幾乎逐年都在攀升。1977 年恢復高考，錄取率只有 5%。我參加高考那一年是 1989 年，錄取率為 23%。1999 年，這個數字突破了 50%。2019 年參加高考的考生有 1 031 萬人，錄取人數為 820 萬，錄取率為 79.53%。

看起來好像所有的人都在高考的賽道上奔跑，看起來好像不論成績好壞，大部分選手都能跑到終點。你可能不了解的一個事實是，這只是中國社會的一半，還有我們不熟悉的另一半 —— 對那裏的孩子而言，高考是一件跟他們毫無關係的事情。中國有大約一半的學生，從來就沒有獲得參加高考的資格。我們姑且不算那些在讀完初中之前就輟學的孩子，只說要參加中考，從初中升到高中的學生吧。2017 年，中國有 1 397 萬名初中畢業生，高中招生人數為 800 萬，高中升學率為 57%。

你可能以為這是因為中國太大，落後地區拖了後腿，那讓我們只看北京、上海和深圳這樣的一線城市吧。2017 年，北京的高

中升學率為 65%，上海是 59%。2019 年，深圳有 8.5 萬名學生參加中考，但全市公辦普通高中僅能提供 3.5 萬個學位。也就是說，深圳的高中升學率還不到 50%。有至少一半深圳學生連高中都上不了，更談不上考大學。

我們生活在這邊，他們生活在那邊。在我們這一邊，高考猶如懸在頭頂、從不落山的烈日，照得每一個人睜不開眼。在他們那一邊，太陽從來就沒有升起。

那個世界是永遠黯淡無光的嗎？

百年職校

我們來晚了。

我們到達成都百年職校的時候，正好趕上「五一」假期放假前一天的中午，學生們已經開始紛紛離校了。校門口有個傳達室，學生們排着隊，一個一個登記，然後才能出校門。我在旁邊觀察，努力尋找他們身上貧困窘迫的影子，因為我知道，這些學生都是窮人家的孩子。他們有的穿着 T 恤衫，有的穿着格子襯衫，各式各樣的牛仔褲、運動鞋，耳朵裏塞着耳機，手裏拖着拉杆箱。沒有肥胖的，沒有染髮的。從他們的着裝，我實在看不出誰的家境更不好。青春就像是陽光，只要不被遮蔽，不被阻擋，就是最絢麗的時尚。

　　百年職校是一所公益性的職業技術學校，2005 年由姚莉等一批各界愛心人士在北京發起創辦。他們的總部在北京，其在成都、鄭州、銀川、武漢、麗江、三亞、梅州、雷山等 10 個國內市縣，甚至在非洲安哥拉的首都羅安達，都有分校。成都的百年職校在當地另一所職業技術學校志翔職業技術學校的校內，佔了一個教學樓 5 樓的 4 間教室。志翔職業技術學校的學生也是以低收入家庭的孩子為主，但大多數百年職校的學生家裏更窮。成都百年職校的學生大多來自四川省，也有來自甘肅、雲南的。所有孩子都來自貧困家庭。在百年職校上學，不僅免學費，而且不用交生活費。

　　什麼樣的孩子在百年職校讀書呢？北京百年職校的文博校長告訴我，大部分孩子是初中畢業，也有個別孩子高中畢業。學生的文化程度普遍很低。入學考試，數學就一道題：1/2 + 1/3 = ？能做出來就算數學好的。入學的時候，學校還會讓學生寫自我介紹，有的孩子連字都不會寫，只會畫畫，畫了一個人，一群羊，羊吃草。

　　每一個孩子都有自己的故事。大部分孩子在原來的公立學校都曾受過歧視。成都百年職校的學生跟我聊天的時候說，他們在初中的時候成績不好，就被老師完全冷落。老師說，只要你們不打擾成績好的學生，想幹嘛幹嘛。這還算好的。鄭州百年職校的劉長香副校長說，有個女孩子在初中的時候被老師打耳光，而且不止一次。很多孩子有原生家庭的問題。鄭州百年職校有個很陽

光的男孩叫馬帥，他講起自己的故事：7月中考，3月底他的父親因為酒駕，被關進看守所三個月。他的母親患有癲癇，馬帥還要照顧母親。他說：「我的人生一下子跌到了谷底。」

百年職校在挑選學生的時候，首先要看他們是不是真的來自貧困家庭，因為曾經發生過村支書想把自家孩子送來的先例。在那麼多貧困孩子裏再怎麼挑選呢？文博校長告訴我，主要不看成績，而是看哪些孩子內心還有火焰。劉長香老師還記得她到信陽新縣面試，有個學生坐下後，劉老師讓他介紹一下自己的家庭。他說：「老師，我家裏兩口人，我跟我爸爸。」劉老師隨口又問：「那其他人呢？」孩子說：「我家這幾年死了四口人。」然後這個孩子說：「老師，我心中充滿了力量，我不怕苦，也不怕累，我成績不好，但我參加過信陽的足球比賽。」劉老師說：「我一定要把這個孩子帶走。」

百年職校挑選學生的時候是很嚴格的：有犯罪記錄的一概不招，男生打耳洞的一概不招，燙煙花頭的一概不招。馬帥還記得面試結束的時候，老師說：「握個手吧。」他把手伸過去，老師一下子翻過他的胳膊——這是看他有沒有文身。百年職校承諾百分之百就業，在招生的時候就要想好怎麼幫學生找工作。文博校長告訴我，有個女生只有一米三，服務業很難要這樣的員工，怎麼辦？文校長注意到這孩子伶牙俐齒，而百年職校和中國電信合作搞了一門呼叫中心課程，這孩子做個接線員一點問題都沒有。於是，這才收下她。

這樣一群孩子，該怎麼教他們呢？

鄭州百年職校的皇甫靜校長有個理論，叫「蘿蔔洗泥」。她說，來到百年職校的學生就像帶着泥巴的剛拔出來的蘿蔔，只有洗乾淨了，蘿蔔的光亮才能透出來。這是什麼意思呢？很多農村孩子從來沒有進過城，他們沒有用過馬桶，不知道沖水，家裏沒有窗簾，他們要慢慢適應城市生活。人們常說，窮人的孩子早當家。這是一種誤解。城裏的孩子往往更早適應社會。農村孩子身上帶着更多的原始狀態：懶散、麻木、迷茫、衝動。進入百年職校，首先要參加軍訓。每年都有孩子受不了這個苦，沒等軍訓結束就退學了。留下來的孩子，就像洗乾淨的蘿蔔，很快就能適應百年職校的教學。

很多看似「高大上」的高等院校，其實骨子裏做的不過是職業培訓。而提供職業培訓的百年職校，卻在育人方面遠遠超越了絕大多數高等院校。百年職校尤其對通識教育、社群建設和終身學習這三個方面非常重視。

百年職校的教育分人生技能教育和職業技能教育兩部分。人生技能教育包括寫作、藝術、歷史等課程。學生第一年主要接受人生技能教育。馬帥學的是電工，第一學年結束回家，親戚們問他學了啥，他說還沒碰過電呢。寫作教什麼？百年職校的孩子和著名的貴族學校伊頓公學的孩子合出了一本詩集，但寫作課不是為了讓他們學會文學創作，而是為了讓他們學會寫請假條，組織活動時自己能寫策劃書。舞蹈教什麼？女生想學芭蕾，男生喜歡

街舞。不喜歡跳舞也行，但要學會基本的平衡練習。藝術課也不是為了讓孩子成為畫家，而是為了讓他們能把教室和宿舍佈置得漂亮。以後自己有了家，他們能把家佈置得漂亮，有個好的生活環境。百年職校的孩子都會學習關於健康護理的知識，以後照顧自己家裏的老人用得着。職業學校為什麼還要教歷史？文博校長笑了笑，說：「我們有學生在護理院工作，那裏的工作人員反饋說，你們的學生什麼都好，就是歷史不行。」為什麼呢？護理人員都是年輕人，但他們照顧的是老人，得跟老人聊天啊！如果連長征、解放戰爭、抗美援朝、粉碎「四人幫」都不知道，那怎麼聊啊！於是，百年職校想了個辦法，他們把一組紅歌串起來教給學生，學生就對一部中國現代史有了大致感覺。會唱那幾首歌，他們就能迅速和老人拉近距離。

看起來沒有用的通識教育，其實特別有用。我們在鄭州百年職校還看到了茶藝課。為什麼要讓學生學茶藝呢？陪同我們的邵智增老師說：「我們的孩子當了老師，要去學生家裏。現在人們不就是喝個茶嗎？我們的孩子會發現自己懂的比那些家長還多，就會有自信心。」我們在鄭州百年職校看到，學生宿舍裏的被子都被疊得整整齊齊，跟部隊裏一樣。為什麼這麼注重疊被子？邵老師說，保潔就是要養成生活習慣。掃地疊被，俱是修行。百年職校的生活模式也是他們的育人模式。學生去餐廳吃飯的時候在接受教育，保潔的時候也在接受教育。我很好奇地問：「你們怎麼能夠把被子都疊得跟豆腐塊一樣方方正正呢？」邵老師說：「我

們試過，從軍訓開始，只要你堅持疊被子，大概一個月，被子就會成形。」被子會記住自己的形狀？邵老師説：「對的，被子也有『肌肉記憶』。只要堅持，被子也能夠被重新塑造。」

職業技能重要不重要呢？當然重要，這關係到學生能不能找到工作，但是僅僅有一技之長就能一生受用的時代已經過去了。百年職校非常強調讓孩子們多修一門技能，也會根據學生的天賦為他們定製課程。北京百年職校的文校長説：「諾基亞曾經跟我們合作，開過手機維修課程，學生們學的是塞班系統。但學完就沒用了，塞班系統停用了。不過沒有關係，我們的學生都有高低壓電工證，有空調本，他們可以做智能樓宇的工作。我們有個電工班，學生去保齡球館做維修，無意中了解到保齡球館特別缺教練，我們馬上就讓這些孩子學打保齡球。這批孩子畢業了，能當保齡球教練，能做推銷賣卡，設備壞了還能維修，人家怎麼會不要呢！」

文校長説，每個孩子都有自己的長處。百年職校和愛慕內衣合作，有個男孩拿起剪刀就變成了天才，咔嚓咔嚓，行雲流水。百年職校還有美容美髮課。最後那個孩子琢磨了很久：我到底是剪頭髮還是剪衣服？他想來想去，覺得自己喜歡跟人交流，不想天天踩着縫紉機，沒人説話。文校長跟他開玩笑説：「再過幾年，你理個髮收 800 塊，我就找不起你了。」

社會化是教育中最重要的環節之一。我們在各地的百年職校都看到了學生們的自治。在北京百年職校，孩子們的宿舍門上寫

着自己的「幫派」名稱：晨馨緣、繪生閣、璃幽寨、創新源……學生自己設計標誌，自己設計組織框架。文校長説：「我都不知道他們是怎麼弄的，據説還有閣老、長老、六部制，很複雜的。」各個「幫派」輪流主政。喜歡藝術的「幫派」要搞藝術節，換到喜歡公益的「幫派」，就會出主意讓大家搞公益。除此之外，主政的「幫派」還要負責監督學生的行為規範、檢查內務。

社群建設對百年職校的孩子來説更為重要。這可能是他們走進社會，唯一能夠藉助的資源。文校長説，典型的留守兒童的特點就是害怕被拋棄。一個女孩跟他説，自己小時候會拿着手電筒照村口的那條路，等着爸爸媽媽回來。媽媽跟她説：「等我給你生一個弟弟，我們就回來了。」弟弟生下來了，但爸爸媽媽帶着弟弟到城裏打工了，所以這個姑娘誰都不信任。從她臉上的表情都看得出來，就三個字：我不信。

在百年職校，孩子們要學會面對真實的自我。每個孩子都要講自己的故事，大家互相分享。這些故事讓孩子們長出了一口氣：原來並不是只有我才這樣。百年職校的學生之間會有一種強烈的認同感，師兄師姐們非常樂意幫助師弟師妹。百年職校每年會在國家大劇院組織一次義演，有唱歌、舞蹈等各種節目，300元一張校友票。這是學校的募捐活動。文校長説，他的電話都被打爆了，全是畢業生要買票的。百年職校的捐款很有特色，他們的校友捐款大多是50元、100元的小額捐贈。滴水成河，這些捐款已經超過了200萬元。

　　按道理說，學校把學生送出校門，就算完成了自己的工作。百年職校的每一個畢業生，都有六七個職位等着。就業是他們最不用擔心的事情。文校長曾經遇到過一個做養老社區的，這個人拎着一個箱子來到百年職校，啪的一聲把箱子拍在文校長的面前，說：「裏面全是人民幣，只要你給我人，這些錢都是你們的。」但是，百年職校關心的並不僅僅是給學生找一份工作，而是要把他們培養成真正有用的人。文校長還記得第一次到鄭州百年職校時的情況。鄭州百年職校是跟河南省團校合作的，而富士康當時在河南的招工點就在河南省團校。文校長看到，一批一批的孩子從農村出來，背着大包，上了富士康的車。同時，還會有一輛一輛的車過來，那是一批從富士康出來的人，下車離開。這一幕對他觸動特別深：這些孩子上了車，去了富士康，再坐着車回來，在上車和下車之間，他們可曾有技能的提升、人生的跨越？做職業培訓不難，到富士康培訓幾天，孩子馬上就可以上崗。百年職校想的是如何把最普適的價值和做人的道理教給學生。

　　這就意味着，不能把學生送出去了就算完事。百年職校還會跟蹤畢業的學生，關心他們的成長。在各地百年職校的樓梯牆壁上，都掛着他們的傑出校友，這是師弟師妹們的榜樣。其中有個最早的學生叫王林。百年職校剛剛開辦時，想要招生卻沒有人信，人們覺得這個事是傳銷，是假的，所以百年職校在北京電視台做了廣告。節目一播出，王林是第一個打電話報名的。他雖

然已經考上了河北省的重點高中，但媽媽得了癌症，哥哥要上大學，他原本已經做好了出去打工的準備。從百年職校畢業之後，王林一步步升任公司項目經理，入了黨，在北京買了房子，娶了一個百年職校的師妹，回學校辦了婚禮。反而是他哥哥大學畢業之後找不到工作，還要託他幫忙。王林繼續學習，已經拿到了本科學歷，還準備考研究生。

其實，讀不讀研究生並不重要，重要的是教育有沒有觸達人心。百年職校的老師都有被感動的時刻。劉校長記得，有一天，一個姑娘來找她，坐在那裏，先是好一頓哭，根本停不下來。她哭完了，跟劉校長說：「老師，我今天特別想跟你談談。你知道我是一個什麼樣的女孩嗎？我在初中的時候，打架、喝酒、抽煙。」劉老師說：「我根本看不出來你是這樣一個孩子。」那個女孩說：「老師，我今天想告訴你，第一，我覺得你值得我信任，我願意把我的過去告訴你。第二，現在這些毛病我都沒有了，我想跟你報喜了。」文校長記得最清楚的是一個畢業生代表在他的辦公室裏寫發言稿，一邊寫一邊跟他聊。女孩問文校長：「最近有個電影您看了嗎？《那些年，我們一起追的女孩》，我一邊看一邊哭。」文校長說：「是啊，愛情總是那麼淒美動人。」女孩說：「我哭不是因為這個，是因為我看到台灣私立中學裏發生的事情，我在百年職校也經歷過。」最後，她在發言稿裏寫道：我沒有因為家庭貧困失去青春。

教育這件事情，說複雜複雜，說簡單簡單。百年職校的英文

名是 BN，不是百年的拼音縮寫，而是 beacon（燈塔）的縮寫。百年職校的校訓是：教育照亮人生（Education lights the journey of life）。2018 年，百年職校送了 4 個學生去印度，他們的英語都很差。印度教育部部長問他們：「What's your education？（你受過什麼教育？）」只有一個孩子聽懂了 education（教育）這個詞，他靈機一動，大聲地說：「Education lights the journey of life.」教育部部長説，好，你們通過了！

鄭州百年職校的校門口長了一排香樟樹。這是同一年栽下的樹，有兩棵香樟樹蔫蔫的，但有一棵枝葉格外挺拔。同樣都是香樟樹，同樣的土壤，那棵能努力紮根的，就會生機勃勃。

這時，恰好是下午時分。本來陽光燦爛，但一片烏雲飄過，就能把太陽擋住。雖然烏雲能夠遮擋太陽，但太陽遠比烏雲強大，在雲層的縫隙裏，還有光芒努力地射出來。果然，不一會兒，烏雲就飄走了，一片明媚的陽光。

為什麼這一代父母如此焦慮

回過頭來，再來看看我們自己孩子的教育。

這一代父母是最焦慮的：孩子尚在腹中，就開始準備胎教；孩子呱呱墜地，就要四處託人帶進口奶粉；孩子牙牙學語，就要託關係找進幼兒園的名額；孩子上了學，要跟在他們的後面收拾

書包和作業；孩子放了學，要送他們去上各種各樣的補習班。這樣的生活是我們每個家庭的常態，漫無邊際、細如流沙的陷阱讓我們每個人都身陷其中。你是這樣，我也如此。是的，當你在學而思的課堂回頭望去，那個坐在教室後面的角落裏，戴着耳機、開着電腦，一會兒工作、一會兒望望老師和孩子，神情凝重、眉頭緊鎖、憂心忡忡的中年男子，就是我。

我們小的時候不是這樣的，上一代的父母不是這樣的。小時候，我們脖子上掛着鑰匙，回到家裏自己做作業，做完了作業就出去瘋玩兒。滿院子大大小小的孩子，玩得昏天黑地。吃飯的時候不回家，爸爸媽媽也不會着急，反正我們不是在東家，就是在西家蹭飯。沒有課外補習班，沒有家長接送，成長不過是一件水到渠成的事情。

什麼時候，教育變成了我們現在這個樣子？

我們這一代父母，從 60 後到 80 後，都是被擠上車的人。60 後最早趕上恢復高考的歷史機遇，70 後已經習慣了迎接高考的生活節奏，80 後又遇到了大學擴招的新機會，或多或少，我們都會受到「拜高考教」的洗腦。教育對人生命運的影響是刻骨銘心的，不，高考對人生命運的影響是刻骨銘心的。當年，你還是一個農村孩子，你還能記得自己接到錄取通知書時心中的狂喜。對農村學生來說，拿到一張大學錄取通知書，曾經是改變他們命運的唯一機會。又或者，你是個城裏的孩子，你還記得自己接到錄取通知書時，全家人對你的殷切期待。對中產階級家庭而

言，教育是鞏固上一代努力拚搏的成果，再接着把下一代送到更高社會階層的人間正道。

不知道從什麼時候開始，各種課外班、補習班像雨後的蘑菇一樣紛紛冒出頭來，而你也已經為人父母。你還能記得，自己曾經暗暗下定決心，要把最好的東西都給孩子。初為父母的時候，你的心情是激動的，你有一種不斷對子女教育投資加倉的衝動。那麼多琳琅滿目的培訓，好多都是你曾經渴望但小時候無緣接觸的。想像一下，如果只能把錢存在銀行裏，那你是不會有投資理財理念的，你根本不需要動這個腦筋。如果有了股市，有了理財產品，有了分紅型保險，有了越來越多的投資機會，你不去考慮投資，自己都會發慌。於是，你會把更多的時間和金錢用於投資，而且你很可能會有強烈的加倉衝動：賺了還想賺得更多，賠了還想翻本。教育也是一樣。教育投資組合的擴大，給家長帶來了一種教育可以定製的幻覺。你會覺得自己是孩子的「經紀人」，孩子的前途，取決於你今天給不給他報班、給他報什麼班。[19] 教育投資組合的擴大，也會給你一種能獲得巨大收益的幻覺，總是讓你覺得，投入越多，回報越大。

或許最初，你心裏有一種隱隱的牴觸，不希望讓自己的孩子天天泡在課堂和課外補習班裏。你希望他能夠活得快樂、自在，有一個無憂無慮的童年。但是很快，你也會像別人一樣，陷入霧霾一般濃烈的焦慮。這是一種羊群效應：如果別人都在做一件事情，你也會不由自主地跟着大家做同樣的事情。這也是一個因

徒困境：我們每個人都想追求最好的，但總是陷於不好的結局，而且不可自拔。人是一種群居動物，孩子要成長就要學會融入社會，首先要融入他所在的孩子社群。假如別人的孩子都在上補習班，你的孩子不上，就會變得非常另類，非常落寞。不是每個孩子都能忍受特立獨行帶來的那種孤絕。最終，你也不得不屈服。

有的時候，你會困惑。這樣的軍備競賽式的教育投資，到底能有多大的收益呢？其實，你的疑慮已經告訴了你殘酷的真相。無論從你的角度，還是從孩子的角度來看，這一代父母的教育投資都不可能有豐厚的回報。它是一個泡沫，終有一天會破滅。我們這一代父母在子女教育上投入最多、收益最低。看看你的身邊吧！一般的城市中產階級家庭，花在每個孩子教育上的投資，怎麼說也有上百萬元，甚至數百萬元。中國的奢侈品，既不是 LV 的包，也不是奔馳、寶馬轎車，而是我們每個家庭的孩子。那麼，一個應屆畢業生的工資又有多少呢？根據上海財經大學公共政策研究中心的調查數據，一個學生償還從小學到大學的教育投入需 7.2～8.8 年，一個人平均要 32 歲才能償還完自己的教育費用。[20] 隨便選一個二線城市為例吧。智聯招聘公佈的數據顯示，杭州平均月薪是 9 430 元，年薪 10 萬元左右，但孩子的生養成本高達 183 萬元，這還不算學區房的買房成本。[21] 換言之，如果沒有父母的支持，孩子們憑着自己的收入，根本無力支付這些年來的教育投入。

你還是不甘心，覺得如果再努把力，比如把孩子送到海外留

學，給他「鍍金」，他說不定能更有出息。你想多了。2019 年，普林斯頓大學博士候選人陳明宇做了一項調查研究。他向中國用人單位發出 2.7 萬份申請商業和計算機專業初級職位的虛擬求職信，這些虛擬求職信來自美國 111 所大學，覆蓋了大約 72% 的中國留美學生就讀院校。結果發現：美國大學「海歸」在求職時獲得的回覆比中國本土大學畢業生還低，甚至從美國名校畢業的求職者得到的回覆都沒有中國一般大學的求職者多。[22] 獵聘發佈的《2018 年海外留學生歸國趨勢報告》同樣指出，六成以上的「海歸」平均年薪在 10 萬元以下，而八成留學生期望的年薪平均在 20 萬元。七成「海歸」表示學非所用。[23]

　　你有沒有這樣的時候？真的想要退出，太累了。我們被折磨得精疲力竭，就像阿瑟‧米勒所說的那樣，「一個小人物是可以和大人物一樣精疲力竭的」。可是，你退不出來了。教育總是鑲嵌在一個更為廣闊的社會體系中。孩子畢業之後，總要找個工作，進入社會。如今的招聘體制存在着嚴重的文憑歧視：一定要應試者讀的是 211 高校、985 高校，甚至恨不得只招北大、清華的畢業生。文憑的價值迅速縮水：本科文憑只是個起步，碩士文憑可能是標配，博士文憑都毫不稀奇。這樣的招聘體制，不是為了選拔真正的有用之才，而是為了讓人力資源部門能理直氣壯地向老闆匯報：我把北大、清華的學生都招進來了，如果他們不行，那我也沒有辦法啦。十步之內，必有芳草；俊秀之才，各有神韻。可是，如今這種令人窒息的招聘評估體系，進一步加劇了

教育的扭曲。我們那一代人讀大學，是為了爭取贏得更多；現在這一代人讀大學，是為了保證輸得更少。

　　孩子們也很苦。他們的童年變得越來越緊張，越來越單調。小小年紀得了抑鬱症的孩子越來越多。老師們過去聚在一起會討論教案，現在他們居然會討論怎樣防止孩子自殺。孩子問你：這樣的日子，到底要到什麼時候是個盡頭？你告訴他：快了，快了，等你考上好的大學，就可以放飛自我了。

　　於是，我們看到一個很奇怪的現象。到了大學，到了最需要讀書的時候，孩子們反而最不願意讀書。看看百年職校的那些孩子吧，他們的人生曲線很像「√」形。他們在人生的初期經歷了一次挫折，成績差或是家境窮，參加不了中考和高考，似乎一下子跌到了人生的谷底。但如果遇到好的學校、好的老師，他們就會慢慢爬出低谷，體會到一點一滴的成長和進步。相反，我們城裏的這些順風順水的孩子，他們的人生曲線會像倒着寫的「√」形。他們一開始進步很快，在小學和中學裏個個都是小神童，他們做的數學題父母都做不出來，他們講英語可以糾正父母的發音，他們個個都有自己的才藝技能。在高考之前，他們到達了智力鍛煉的峰頂。然後，考上了大學，他們反而會懈怠、迷茫，人生失去方向和意義。

　　這一代父母為了孩子的高考幾乎傾注了所有的精力，似乎教育的終極目標就是讓孩子考上一所好的大學。這就像是把所有的炮火都集中在一次戰役。你以為這是總決戰，其實這只是第一

仗,打得贏還是打不贏這場戰役,並非決定整場戰爭勝負的唯一因素。我們只看到了一次戰役,卻沒有看清整場戰爭。

親愛的父母,你們想錯了。我們仍然在用19世紀的模式,教孩子20世紀的知識,卻想讓他們能成功地應對21世紀的挑戰。

你看到了,百年職校關心的是教育如何照亮人生。而我們的大學,甚至包括最精英的大學,關心的仍然是如何讓學生學好專業知識。我們現在的教育體制是在工業革命之後形成的。小學教育是為中學教育打基礎,中學教育是為考大學做準備。大學劃分成不同的學院和專業,目的是讓學生學到一技之長,畢業之後找到一份和自己的專業對口的工作。學財務管理的去當會計,學法律的去當律師,學計算機科學的去當程序員,學師範的去當老師……

可是,請你看看身邊,有多少人做的工作是和他當年學的專業一致的?再看看那些仍然奮鬥在自己所學專業領域的人,他們在大學裏學的知識,到了工作中能用上多少?

對孩子一生最為重要、最為實用的東西,卻在我們的學校裏學不到。

對我們的生活最重要的東西是什麼?是怎麼養活自己,怎麼收拾房間,怎麼保持身體健康,生病了怎麼辦,怎麼找到男朋友或女朋友,怎麼生孩子,怎麼教育自己的孩子,怎麼安度晚年……所有這一切,學校裏會教我們嗎?學校不教。

你會說，這都是生活中的瑣事，學校只能教你跟工作有關的知識。好吧。如果是跟工作有關，那麼最重要的知識是：怎麼寫一份簡歷，怎麼跟領導和同事們搞好關係，怎麼組織一個團隊，怎麼激勵你的團隊，怎麼跟其他的團隊協作，怎麼談判，怎麼領導，怎麼創新，怎麼表達……所有這一切，學校能教會我們嗎？學校不能。

你會說，這是實際工作中遇到的問題，學校要教的是更基礎的知識。好吧。如果是最基礎的知識，那麼最基礎的知識是：怎麼發現自己的才能和興趣，怎麼學會自我控制，怎樣才能更有效地學習，怎樣培養獨立思考的能力，怎麼把不同學科的知識融會貫通……所有這一切，學校可曾教過我們？學校沒有。

那麼，是因為學校和老師不努力嗎？不是的，學校和老師同樣陷在教育的軍備競賽之中。學校和老師不得不滿足家長的要求，但老師和學生是在水裏，家長只是在岸上。岸上的要監督和指點水裏的，教育如何才能走向正常的軌道呢？如果一定要反思教育，那麼不得不說，最大的挑戰是老師，因為老師放不下身段，最大的障礙是家長，因為家長放不下執念。

我們都很努力，但最後得到了什麼呢？20多年寒窗苦讀，一家人省吃儉用，每一天緊張焦慮，最終換來的只有三張紙：一張錄取通知書、一張文憑和一張求職簡歷。三張紙，蒼白、空洞、單調、虛假，但這就是我們的教育。

親愛的，我知道你已經盡力了，我知道你付出的一切，但

是，我們把教育搞砸了。

而且，這個糟糕的結局，比你想像的更糟糕。想想你所有的努力，都是為了讓自己的孩子脫穎而出，你把教育當成一場比賽，你最關心的是自己孩子的名次。是的，教育確實是一種篩選機制，教育要獎勵那些努力上進的孩子。但不要忘了，教育也是一種融合機制，只有平等、開放的教育，才能讓我們擁有一個更和諧、更穩定的社會。

那麼，你可曾也想過別人家的孩子？你可曾想過，其實他們都是我們的孩子？他們長大之後，會跟我們的孩子在同一家企業，同一個團隊，甚至他們可能會成為我們未來的家人。至少他們長大之後，會跟我們的孩子生活在同一個國家，居住在同一個城市，相遇在同一個廣場——你希望他們用一種什麼樣的方式相遇？你可有胸懷讓那些孩子和你的孩子坐在同一個教室，讓他們成為同桌和朋友，哪怕別的孩子可能會考第一，你的孩子只能考第二？如果你沒有或是不願考慮這些問題，那麼，現在這種「資本密集型」「關係密集型」的教育，只會造成社會階層的固化，不會實現教育本來應該有的功能——加速社會的流動。

階層固化必然帶來社會矛盾的激化。社會矛盾的激化又會影響到社會和諧，最終影響到我們每個人的生活。這是我在 2019 年對你的忠告。當然，我希望你永遠不需要回憶起這句話，不需要在未來的某一天忽然如夢初醒。

請你退一步，再退一步，思考一下我們這個時代的教育

問題。

　　經過寬門的那條路走的人多，經過窄門的那條路走的人少。多數人關心的仍然是應試教育，少數人開始嘗試走另外的路；多數人關心的是城裏的教育，少數人始終沒有忘記農村的教育；多數人關心的是自己孩子的教育，少數人會把所有孩子都看成「我們的孩子」。

　　教育創新，往往發生在學校之外的邊緣地帶。

湯敏的故事

　　湯敏老師看上去總是很年輕，他喜歡嘗試新的事物。2019年，66歲的湯敏成了得到大學第一期的學員，也是年紀最大的學員。這一年，他還請了一個游泳教練，打算再從頭開始訓練泳姿。湯敏1953年出生於廣州。他是「文革」後第一批大學生，考入武漢大學數學系，後來在美國伊利諾伊大學獲得經濟學博士學位。他曾任亞洲開發銀行駐中國代表處首席經濟學家，現任友成企業家扶貧基金會常務副理事長，同時被聘為國務院參事。

　　教育和扶貧，是湯敏最關心的事情。他的奧德賽之旅始於2010年的一次同學聚會。湯敏在「文革」的時候當過老師，他讀過南寧師專。彈指之間，同學們畢業40年了。他的很多同學都是當老師的，陸續到了退休的年齡。退下來之後，幹點什麼好

呢？湯敏在飯桌上説：「哎呀，不如我們去鄉村支教吧。」

去哪裏呢？南寧的附近就有很多山區，隆安、上林、百色、上法、崇左……這都是紅軍當年長征走過的地方，藏在大山深處。山裏人鞋也沒有，走不出來，那裏的辦學條件很差，年輕老師根本不願意留下來。於是，一批南寧的退休老師，要麼是校長，要麼是教務主任，還有一大批一級、特級教師，教數學的、教語文的、教英語的、教體育的，一撥人馬下到了巴馬。巴馬是中國著名的長壽之鄉，但當地的教育條件奇差，僅有的一所巴馬中學都快要解散了。這支南寧老教師小分隊在巴馬支教了兩三年，家長們激動得要命。他們從來不敢想，自己的孩子還能考上大學。

受到巴馬支教的鼓舞，湯敏在友成基金會啟動了一項叫作「常青義教」的項目：把退休教師組織起來，到貧困地區支教。他們在全國佈下了 13 個點，廣西南寧、河北灤平、遼寧鞍山、湖北武漢和恩施、雲南紅河，等等。鼎盛時期，有 3 000 多名退休老師下鄉。這些退休老師都有豐富的教學經驗，他們到了鄉村，不是去頂課，而是坐在教室裏聽課，然後培訓鄉村老師。當老師的都有那麼一種情結。他們退休之後，早已厭倦了無所事事的生活，一聽説能去偏僻鄉村貢獻自己的力量，還能到各地看看祖國大好河山，都積極響應。有個退休老師叫謝園園，剛退休的時候查出來眼睛有點問題，做了手術，後來發現腦子裏長了個瘤，又開刀。但開完刀，她還要到鄉村支教。她就是熱愛這個。

　　當然，「常青義教」項目的局限性也慢慢顯露。退休教師漸漸年長，體力不支。每家都有自己的事情，有的要帶孫子孫女，有的要看病。最早的「常青義教」是湯敏直接動員的，後來由其他工作人員去動員，參加的人就沒有那麼大的熱情了。那麼多的農村學校需要幫助，靠退休教師支教，只是杯水車薪。湯敏把「常青義教」稱為他扶貧教育的 1.0 版本。

　　那後來「常青義教」項目怎麼樣了？

　　湯敏說：「我們做了試點，後來這個模式就被政府拿過去了。」2017 年，政府製訂了「銀齡講學計劃」，每年動員 100 萬名退休教師下鄉講學，國家給予財政支持。

　　湯敏說：「教育部做了，我們就再往前走一步。我只做政府不做的事，我要做政府的試驗田。」

　　到了 2013 年，湯敏的扶貧教育計劃升級為 2.0 版本。2.0 版本叫「雙師教學」。湯敏是國務院參事，人大附中的劉彭芝校長也是國務院參事，兩人一拍即合：為什麼不把人大附中的課堂教學錄下來，用互聯網送到最貧困的山區呢？

　　人大附中的老師非常熱心。先準備的是數學課，數學教研組組建了一個五人團隊 —— 李穎、李晨光、何慶青、楊思思、郭娜。這件事情工作量很大，相當於每天都要備一堂高質量的公開課：做課件、課堂設計，還要考慮到提問和學生的反應。這是整個數學教研組集體打磨出來的。

　　教育系統卻對這種創新持懷疑態度。有個教育局局長說：

「人大附中是什麼學校？中國最好的學校。我們這個學校是什麼學校？我們有1/3到1/4的初中生連九九乘法表都背不好。這樣的學校，怎麼可能跟上人大附中的教學進度呢？」有的學校乾脆把最差的班級給友成：你們自己試吧。還有一種反對意見是，這種遠程教學不就是讓學生看電視嗎？看電視能取代上課？

　　如果只是放錄像，效果當然不好。「雙師教學」並不是在課堂上放錄像這麼簡單。人大附中的老師講完課之後，還要再花 20 分鐘，專門錄一個說課視頻。說課就是專門給鄉村老師看的：這堂課為什麼這麼講，為什麼這個地方花 3 分鐘講，那個地方花 5 分鐘講，今天這堂課要解決什麼問題……友成基金會把人大附中的課拍下來，放在網上。上課前一天的晚上，鄉村老師要先看一遍，再根據自己班級的實際水平，對人大附中的課程做適當刪減，去掉那些太難的內容。一般來說，45 分鐘的課會剪成 30 分鐘。其實不是真的剪，而是鄉村老師記下該快進的時間點：比如 3 分 45 秒到 5 分 30 秒快進，6 分 7 秒到 8 分 40 秒快進。第二天，他們帶着這個小紙條到課堂上，放錄像的時候該快進就快進。錄像中，人大附中的老師提問人大附中學生的時候，鄉村老師就把錄像停下來，讓班上的同學也嘗試回答這些問題。如果發現學生們能回答出來，那就繼續放，如果發現有些學生還有點糊塗，就再講一講。所謂的「雙師教學」，就是一門課由兩位老師教，一位是遠在北京的人大附中的老師，一位是當地的鄉村老師。鄉村老師成了人大附中老師的助教。

　　效果好得出人意料。桂林朝板山一個初中的數學老師用這樣的方式教學，中考的時候，他班上的學生數學這門課的平均成績就比別的班級高出 27 分。中考的時候，一分之差就能決定學生的命運。一門課多考了 27 分，就足以讓他班上的學生全部升入高中。

　　是因為人大附中的老師講得好嗎？當然是，但還不僅如此。學生對這種「放錄像」的學習方式也很感興趣，班級裏發生了微妙的變化。他們不僅是在看錄像，也是在看人大附中那些優秀的孩子怎麼上課。我自己就有這樣的體會，上學的時候，我喜歡盯着班上的「學霸」，看他們幹啥，就學着幹啥。鄉村學校的孩子也會油然而生一種自豪感。他們說：「人大附中的老師教過我！」有時候，人大附中的學生答錯了，他們答對了，得意得不得了。

　　鄉村學校的老師也發生了改變。這是一種師父帶徒弟的方式。鄉村學校的老師一堂課一堂課跟着人大附中的老師學，學得久了，他們自己也會有創新。

　　湯敏說：「我為什麼會有這個主意呢？因為我就是這麼混出來的。」湯敏的第一份工作是當老師，但他沒有上過初中，高中只上了一年就去插隊，回來之後，上學學的東西全忘了。馬上就要去當老師，兩眼一抹黑。怎麼辦？他就找到學校裏最好的老師，每天坐在教室後面聽課，聽完了現學現賣，第二天就在自己的班上講。連續聽了一年多，他慢慢就學會了。後來，湯敏當上了教研組組長。

「雙師教學」被推廣到全國 20 個省的 200 多個鄉村學校，一共培養了 400 多名鄉村教師。看到效果不錯，湯敏寫了個報告遞上去，又得到了領導的表揚。隨後，「雙師教學」模式得以在全國範圍內推廣。

湯敏又開始琢磨扶貧教育的 3.0 版本。

中國一共有大約 300 萬名鄉村教師，其中 40 歲以下的青年教師有 170 萬人。很多農村地區衰落，鄉村教師後繼無人。政府從 2006 年開始了特崗教師計劃。所謂特崗教師，是指政府每年為偏遠地區招聘一批剛畢業的年輕人當教師。這些教師沒有固定的編制，就跟村官一樣，要幹一到三年。現在每年大約招聘 10 萬名特崗教師，到 2019 年底，估計共有 80 多萬名特崗教師。這樣做，一方面是為了解決鄉村地區的教師短缺問題，另一方面是為了緩解大學生就業壓力。三年之後，如果有空位，這些特崗教師才有可能轉為正式編制的教師。特崗教師的待遇並不高，能拿多少錢，跟地方財政狀況有關。很多特崗教師並不是師範院校畢業的，讀師範要四年，但接受特崗教師培訓也就兩三個月。山東、河南、雲南、西藏、新疆，都是實施特崗教師計劃的大省。

這看起來只是一種權宜之計。如果對教育沒有興趣，只是無奈之下報名，怎麼可能教好學生呢？所謂「一鼓作氣，再而衰，三而竭」，上崗頭三年是青年教師最關鍵的三年。但問題就在這裏，幾乎所有的培訓都忽視了剛上崗的青年教師。政府的培訓項目只針對從業三年以上的有編制的教師，或許是因為他們覺得從

業三年以上的教師才會基本穩定下來。就連其他的公益活動，比如馬雲的「鄉村教師計劃」，也規定擁有三年以上教齡的老師才能參加。有任何培訓，有任何好處，學校絕對不會給青年教師，因為三年之後都不知道你幹什麼去了，我好不容易有一個培訓名額，為什麼給你呢？這就會形成一個惡性循環。

在湯敏看來，幫助鄉村教育，最有效的辦法不是幫助學生，而是幫助鄉村教師。只要鄉村教師留下來，且能有工作積極性，孩子們自然會被教好。友成基金會從 2017 年開始了新的嘗試，叫「青椒計劃」，也就是青年教師鄉村公益知識計劃。

簡單地說，「青椒計劃」就是用互聯網建立鄉村青年教師的社群。這些青年教師一人一個賬號，跟着上一年的課。每個星期兩次課，星期三晚上一次課，星期六晚上一次課，全部都在手機或電腦上聽課。

那教他們什麼呢？

首先是最基礎的。比如，第一課就會教如何對待後進學生。如果一個班上都是搗蛋的學生，該怎麼辦？怎麼寫板書？為什麼不能打罵學生？一些優秀的鄉村教師也來現身說法，這會讓特崗教師們感到自己做的事情意義重大。在網上參加學習的鄉村教師們在上課之後要打卡，寫下自己的感受，跟大家分享成長的心得。他們建了不同的群，互相激勵。你只要寫，就有人點贊，就有人互動。這些鄉村教師大多身處偏僻的山區，環境閉塞，十天半個月都出不來，這會給他們帶來一種深深的孤獨感。網上社群

給了他們一種支持，孤獨感沒有了。

到了下半年，「青椒計劃」就開始分科，教這些鄉村教師如何教具體的課：語文、數學、英語、美術等。友成基金會邀請到國內各方面最優秀的老師，開發了各種各樣的課程，還有很多企業也來幫忙。鄉村教師可以在網上找到大量的課程資源，比如洋蔥數學、愛課堂、科學魚、波音項目、編程科創、心理輔導、藝術普及課程等。有的特崗教師在網上做科研，他們寫的論文可以在人民教育出版社的一個專欄裏發表。友成基金會還聯繫到凱迪拉克，凱迪拉克提供了小獅子獎學金。3 萬多名學員裏面，有 400 人得了 1 萬元獎金，還有 1 000 多人得了 3 000 元獎金。特崗教師社群還經常開展各種各樣的活動：板書大賽、感恩節活動、藍絲帶活動、氣球寶貝活動等。在網絡直播中，你可以向全國的兄弟姐妹教師展示自己的成果，相互之間還能比賽。

「雙師教學」調動了 400 名鄉村教師的積極性，「青椒計劃」更是野心勃勃 —— 他們想覆蓋全部的特崗教師。當然，不是所有的特崗教師都很熱心。第一年，友成基金會動員了 3 萬名特崗教師，活躍的佔 1/3。第二年，友成基金會只做了 2 萬人，其中有 1 萬多名老師是活躍的，活躍度上升到 50%～60%。2019 年是第三年了，活躍度有可能進一步提高。這是一個不斷迭代的過程。友成基金會「青椒計劃」的負責人苗青告訴我，他們在做項目的時候，一般都是按三年來設計的，但希望至少跟進 6～10 年。

　　苗青說，教育的事情不是當下就能夠看到成功的，你要在未來的某個時刻才能看到它的影響。

南牆效應

　　教育，講的是一個關於失敗的故事。

　　孩子們失敗了，他們看似比以前學了更多的知識，但也遺漏了更多更有價值的知識；家長們失敗了，他們每天的生活都要圍繞着孩子轉，失去了自己的生活。家長變得越來越焦慮，而焦慮的家長只能教育出緊張的孩子。整個社會也失敗了，學校沒有教出社會最需要的人才，「上學難」成了最讓人發愁的問題。

　　怎麼辦？

　　一種最為直接的辦法就是劍指應試教育，改革現有的教育體制。遺憾的是，這種辦法的效果可能是最差的。休克療法解決不了中國的教育問題。過於激進的改革，結果常是有休克、無療法。圍繞着升學教育的產業鏈滋生出一大批既得利益者，很多家長會有盲目的從眾心理，教育部門出台的一刀切政策往往事與願違。政策變化得越快，從中套利的投機機會越多，政策的效果越差，政府的公信力越是受到損害。在我們每個人都掉入教育陷阱之後，沒有一個人能拔着自己的頭髮爬出來。於是，任何一種看似對症下藥的教育改革，都會因為犯了頭疼醫頭、腳疼醫腳的錯

誤而失敗。

另一種辦法是繞開應試教育，嘗試其他的教育創新。你已經跟隨我看到了一系列發生在中國教育領域的創新：小而美的山村學校范家小學、特立獨行的創新學校先鋒學校、重視學生全面發展的百年職校、由點及面的「青椒計劃」。當然，在中國的各個角落，還有更多更有意思的教育創新。你也注意到了，這些創新沒有一個是轟轟烈烈的，它們都是微創新。

微創新能夠通過小的成功激發大的成功。這是大自然演化的規律。演化算法總是會獎勵微創新。早在 20 世紀 20 年代，英國數學家費希爾就已經證實，自然選擇的推進是許多小型突變的積累，而非少數幾次巨大突變的結果。[24] 這是演化算法的精明之處。你可能會覺得，若想迅速演化，來一次大躍進是最佳的選擇，比如讓蜻蜓一下子長出翅膀。但是問題要比你想的更為複雜。蜻蜓的翅膀究竟多長才最為合適呢？大躍進式的突進會像一個命中率不高的投石機，不是扔得太近，就是扔得太遠，蜻蜓的翅膀要麼太長，要麼太短，而漸進式的小突變反而更容易逼近最佳方案。我們所提到的教育創新的案例，都只是一些「小亮點」，它們甚至還沒有變成「小趨勢」。但是這些「小亮點」會交相輝映，慢慢擴散，一旦時機成熟，就會形成燎原之勢。

當然，在微創新中，也會有失敗的教訓。哪怕是我們所提到的創新案例，也不能保證每一個都能永遠成功。但是，即使在創新中出現了失敗，它也能幫助我們更好地解決教育難題。

　　微創新還能通過小的失敗避免大的失敗。這是因為，失敗的分佈是服從冪指定律的。也就是說，小的失敗出現的概率更大，但造成的破壞更小，大的失敗出現的概率更小，但造成的破壞更大。假如你對小的失敗採取零容忍的政策，在每一個小的風險出現之前就把它扼殺，等到大的風險到來之時，你會更加束手無策。在黃石公園，美國森林管理局曾經對森林火災採取了零容忍的政策。一有火災，消防隊員馬上就會過去滅火。結果呢？樹木數量的增長速度加快，森林老化的速度也加快。這使得黃石公園的森林處於一種極其不穩定的狀態：到處是灌木、樹枝和落葉，它們都是易燃物質，一旦爆發火災，火很快就會蔓延到整個區域。1988 年 6 月，黃石公園爆發了一場森林火災。大火整整燒了兩個多月，一口氣燒掉了 1 500 萬公頃森林，直到秋季的第一場雪降臨，火勢才最終退去。痛定思痛，美國森林管理局在黃石公園改變了過去的做法。如今，公園的防火政策是禁止一切人為因素造成的火災，但如果是自然發生的火災，只要火勢沒有失控，沒有威脅到人類和建築，他們就會聽任這些火苗自生自滅。公園的工作人員甚至會故意把一部分存在火災隱患的死亡樹木燒掉，人為地燒出來一些隔離帶。防範森林火災的最好辦法，就是主動地先放一把火。[25]

　　微創新的思路就好比你在做考試題的時候看到一道很難的大題，而卷子中還有很多容易做的小題，你的正確選擇一定是先放過那道難題，抓緊時間把容易的小題做完。思路清晰了，自信心

也提高了，那道難題或許就迎刃而解了。

那麼最終，那道難題究竟該怎麼解呢？

凡是不可持續的，都不能持續。這種應試教育模式的問題會進一步暴露，終有一天將走到盡頭。我講過，這一代父母在教育方面投資最多、收益最低，但是，決定應試教育模式能否持續的很可能不是成本收益核算，而是預算約束。也就是說，儘管應試教育帶來的收益越來越少，但還會有很多家長繼續跟進。什麼時候他們不再跟進呢？直到這些家庭耗盡了資源，無法進一步投入為止。我們所面臨的教育困境，很像房價上漲帶來的各種社會問題。房價上漲導致企業的競爭力下降，資本從實業流入房地產，「房奴」家庭的債務壓力攀升，最終帶來各種淤積的社會不滿。教育成本的上升也很像房價的飆升，其帶來的社會問題也會逐漸顯露出來。教育成本的上升已經造成生育率下降。由於撫養孩子的直接和間接成本都在上升，有些家庭會選擇晚生甚至不生。幾乎所有重視家庭教育的社會，其生育率都會很低：日本、韓國、中國的香港地區和台灣地區，無一例外。教育成本的上升也會進一步擴大貧富差距，導致社會階層進一步固化。最近幾年，在經濟學界熱議的「了不起的蓋茨比曲線」告訴我們，收入不平等和社會階層固化之間存在着相關關係：社會階層固化越是嚴重，收入分配越不平等；收入分配越不平等，社會階層越會固化。[26]

所謂不撞南牆不回頭，應試教育模式也將如此。在沒有碰到南牆之前，我們看不到教育改革的希望。只有當危機來臨，才有

可能置之死地而後生。這就是我們在歷史中一次又一次看到的南牆效應：危機往往會成為改革的最大動力。

　　新的一代會和上一代的想法大不一樣。如果把如今流行的育兒理念放在更廣闊的歷史背景下，就能看出它們有多麼荒誕。賈雷德·戴蒙德在《昨日之前的世界》一書中講道，在教育孩子方面，現代社會可能比傳統社會更加愚昧。[27] 非洲部落有一句諺語：「培養孩子需要一個村莊。」在傳統社會裏，孩子們和孩子們玩耍，孩子們到別人家串門，這些社交的經驗對孩子的成長才是最重要的。我在下一章會講到代際革命，未來一代的想法會和我們這一代非常不一樣。他們更加自我中心，更加多元化，更不願意接受定於一尊的統一標準，他們中晚婚晚育的更多，養貓養狗的更多，職業選擇更多樣，價值觀念更多樣。他們中的很多人，最終會放棄被這一代父母認為是天經地義的教育理念。德國著名物理學家馬克斯·普朗克在他的《科學自傳》裏寫道：「新的科學真理與其說是靠說服反對者並使他們看到光明而獲勝，莫不如說是因為反對者終於死去，而熟悉它的新一代成長了起來。」[28] 教育理念的轉變也會遵循「普朗克規律」。應試教育的終結，不是因為曾經相信應試教育的父母改變了想法，而是因為不相信應試教育的新的一代終於長大了。

　　南牆效應和普朗克規律將同時發揮作用，於是，我們可以做出一個預言：在未來 20 年，中國將會爆發一場教育變革。

　　這是一個非常悲觀的預言，也是一個非常樂觀的預言。悲觀

在於，我們在短期內難以見到實質性的變革；樂觀在於，當這場變革到來的時候，它將會摧枯拉朽，絲毫沒有阻力。

想一想先鋒學校的熹熹吧。如果你不讓熹熹打遊戲，她就偏要打遊戲，如果你允許她打遊戲，她最終會覺得遊戲也沒有多大的意思；如果你非要讓熹熹學習，她一點學習的興趣也沒有，如果你耐心地引導和等待，她反而會找到學習的樂趣。

熹熹的小故事，是對整個中國教育改革的大預言。中國教育在發展過程中會走很多彎路，犯很多錯誤，但這都沒有關係。只要還有微創新，只要有適宜的土壤，新生的力量就會如鮮花一般怒放。到那一天，你會恍然大悟：原來最重要的問題不是被解決的，而是被遺忘的。

註　釋

1　〔美〕亨利‧戴維‧梭羅：《瓦爾登湖》，徐遲譯，吉林人民出版社 1999年版。

2　〔英〕A.S. 尼爾：《夏山學校》，王克難譯，南海出版公司 2010 年版。

3　這一段表述源自以下史料：《建國以來毛澤東文稿》第十一冊；《建國以來毛澤東文稿》第十二冊；《毛澤東文集》第六卷；《毛澤東文集》第七卷；《毛主席論教育革命》。

4　中共中央文獻研究室編：《建國以來毛澤東文稿》第十一冊，中央文獻出版社 1996 年版，第 96～97 頁。

5　中共中央文獻研究室編：《建國以來毛澤東文稿》第十一冊，中央文獻出版社 1996 年版，第 22 頁。

6　毛澤東：《毛澤東選集》（第四卷），人民出版社 1991 年版，第 1 175 頁。

7　B. Keenan, *The Dewey Experiment in China,* Harvard University Press, 1977.

8　李永春：《毛澤東與 1920 年長沙學術講演會》，載《黨的文獻》2010 年第 5 期，第 36～42 頁。

9　胡適：《胡適日記全編（八）》，曹伯言整理，安徽教育出版社 2001 年版，第 123 頁。胡適 1951 年 5 月 17 日日記寫道：「毛澤東依據了我在一九二〇年的『一個自修大學』的講演，擬成『湖南第一自修大學章程』，拿到我家來，要我審定改正。他說，他要回長沙去，用船山學社作為『自修大學』的地址。過了幾天，他來我家取去章程改稿。不久他就南去了。」

10　中共中央文獻研究室編：《毛澤東年譜（1893—1949）》（上卷），中央文獻出版社 2013 年版，第 70 頁。

11　毛澤東：《毛澤東早期文稿》，湖南出版社 1990 年版，第 537 頁。

12　這是馬爾庫塞在與斯圖爾特‧R. 施拉姆的一次對話中發表的觀點。參見：Stuart R. Schram, Mao Studies: Retrospect and Prospect, *The China Quarterly*, 1984, No.97。感謝清華大學崔之元老師提供的線索。

13　中共中央文獻研究室編：《毛澤東年譜（1893—1949）》（上卷），中央文獻出版社 2013 年版，第 69 頁。

14　〔美〕約翰·杜威、愛麗絲·C. 杜威：《杜威家書》，劉幸譯，北京師範大學出版社 2016 年版。

15　中共中央文獻研究室編：《毛澤東年譜（1949—1976）》（第三卷），中央文獻出版社 2013 年版，第 420 頁。

16　指標到校，是指在我國部分省市實行的將重點高中招生名額分解到區域內的所有初中，給每個初中的尖子生進入重點高中機會的招生政策。

17　黃宗羲：《明夷待訪錄》，岳麓書社 2016 年版。

18　秦暉：《併稅式改革與「黃宗羲定律」》，載《農村合作經濟經營管理》2002 年 03 期。

19　楊可：《母職的經紀人化 —— 教育市場化背景下的母職變遷》，載《婦女研究論叢》2018 年 02 期。

20　這是上海財經大學公共政策研究中心 2001 年的調查數據。參見李子彪、趙海利、王紅：《教育財政學研究》，廣東人民出版社 2003 年版。

21　智聯招聘：《2019 年夏季中國僱主需求與白領人才供給報告》，http://www.sohu.com/a/324760578_115588。杭州生養孩子成本 183 萬元，來自網傳「中國十大城市生育成本排行榜」。

22　Mingyu Chen, The Value of U.S. College Education in Global Labor Markets: Experimental Evidence from China, https://dataspace.princeton.edu/jspui/bitstream/88435/dsp016108vf04f/3/627.pdf.

23　獵聘：《2018 年海外留學生歸國趨勢報告》，http://edu.sina.com.cn/a/2019-01-15/doc-ihqfskcn7232347.shtml。

24　Ronald Aylmer Fisher, *The Genetical Theory of Natural Selection*, The Clarendon Press, 1930.

25　何帆：《先放一把火》，中信出版社 2015 年版。

26　Alan B. Krueger, The Rise and Consequences of Inequality in the United States, https://obamawhitehouse.archives.gov/sites/default/files/krueger_cap_speech_final_remarks.pdf.

27　〔美〕賈雷德 · 戴蒙德：《昨日之前的世界》，廖月娟譯，中信出版社 2014 年版。

28　〔德〕M. 普朗克：《科學自傳》，林書閔譯，龍門聯合書局 1955 年版。

第三章

代際革命

穿女裝的碼農老闆

　　她比他年長 4 歲，他比她略矮半頭。她語速很快，愛笑。他講話不緊不慢，一本正經。她喜歡在他講話的時候打斷插話，開個玩笑，身體親熱地朝他靠近，帶着一種譏誚的柔情。我問他：「你是哪裏人？」他說：「我是上海人，她是常州人。」說完，他轉頭過去問她：「是常州，對嗎？」

　　她叫顧紫暉，他叫閻晗，他們是「996.ICU」項目的早期參與者，也是一對互聯網創業的 90 後夫妻。

　　「996.ICU」是 2019 年熱議的話題。一群年輕的碼農在網上抗議加班時間太長：從早上 9 點幹到晚上 9 點，一周要工作 6 天，乾脆幹到生病住進 ICU（重症監護室）得了。

　　2019 年 3 月 26 日，一個名為「996.ICU」的項目出現在 GitHub 上。GitHub 是一個開源代碼的託管平台，同時也是程序員集中的網絡社區。簡單地說，GitHub 就像是一個存放代碼的「倉庫」，你可以在這個網站上找到 Linux、Android 等開源軟件的代

碼，也能把自己的開源項目放在上面跟大家交流。往常，程序員們在 GitHub 上交流的大多是技術問題，突然現身的「996.ICU」更像是在一節自習課上同學們互相傳的小紙條。這個項目的創辦者是程序員網站 V2EX 的用戶「nulun」。事後我們才知道，她是一個留學回來的剛剛畢業的小姑娘，自稱在一家跟 BAT（百度、阿里巴巴和騰訊）同等級的互聯網企業工作。她所在的公司剛剛實行了 996 工作制，這才讓她意識到 996 的巨大傷害，於是，她就到 GitHub 上註冊了「996.icu」這個域名。打開 GitHub 上的「996.ICU」項目，點擊頁面內的域名，會出現一個玫紅色的頁面：「工作 996，生病 ICU」。這個頁面上將 996 工作制與《勞動合同法》等相關法律法規的條文對照，並呼籲「程序員的生命重要」（Developers' lives matter）。

出人意料的是，這個項目很快就像野火一樣在 GitHub 社區蔓延，不到一個小時，就獲得了 1 000 多個 Star（星星），也就是點贊。僅僅 3 天之後，在 3 月 29 日下午 6 點，「996.ICU」的星數已超過 10 萬個；僅 15 天後，星數達到 20 萬個，GitHub 排行榜第二。這可能是 GitHub 歷史上星數增長最快的項目了。

接下來，出現了黑名單和白名單。很多互聯網企業被列進了實行 996 工作制的黑名單，有贊和京東自然也在其中。2019 年 1 月 17 日，有贊在公司年會上公開宣稱要實行 996 工作制。如果晚上 9 點之前下班，需要走年假流程，否則就是曠工。京東在 2018 年走了霉運，公司創始人劉強東因為明尼蘇達性侵案件焦頭

爛額，公司市值一度跌破 300 億美元。2019 年春節過後，京東把工作時間改為「995」，據說是想把「失去的血性找回來」。被列入 996 黑名單的企業不斷增加：華為、阿里巴巴、螞蟻金服、58 同城、蘇寧、拼多多、大疆……這個名單還自帶評論功能。比如，華為該不該被列進去呢？有人說，華為是一家民族企業，我們要支持華為。討論的結論是，華為也不能豁免。今日頭條的人留言，說他們不是 996 工作制，理由是，中午還留了兩個小時吃午飯的時間。結果一群程序員「點踩」，紛紛表達他們的不滿。[1]

　　黑名單列出之後，接着該怎麼辦？有人開始發求職攻略，有人介紹出國經驗，還有人建議上街遊行。在閆晗和顧紫翬看來，這都是不靠譜的，他們有一個更好的主意：擬訂一個「反 996 許可協議」。你可以把這個「反 996 許可協議」想像成沃爾瑪不採購使用童工生產的產品，或是時裝公司拒絕使用動物皮毛的聲明。「反 996 許可協議」表達的觀點是：凡是被列入 996 黑名單的公司，如果還繼續實行這樣的工作制度，那就再也不要用這些開源軟件了。

　　顧紫翬回憶，那是在 2019 年 3 月 31 日。閆晗和顧紫翬一起到北京懷柔的日出東方凱賓斯基酒店參加一個投資人的年會。高朋滿座、眾生喧嘩，人們握手拍照、交換名片，優雅地展示着自己的格調。閆晗沉浸在自己的思考中，他在白天對顧紫翬說，應該製定一個「反 996 許可協議」，你是學法律的，你應該寫一個。

顧紫罜一開始沒有被説服。到了參加晚宴的時候，組織者把閻晗和顧紫罜分到不同的桌子，閻晗算來賓，顧紫罜算家屬。顧紫罜一個人覺得很無聊，就藉故回到房間。在等閻晗的時候，她忽然覺得「反996許可協議」這個想法挺有意思的，於是開始查資料、構思。等閻晗回來之後，兩個人又一起討論。他們一共花了5個多小時，到凌晨兩三點寫完1.0版本，發到了網上。「反996許可協議」把「996.ICU」項目的關注度推到了一個新的高潮。在一周之內，有104個項目採用了該許可。

面對強大的社會輿論，一些互聯網公司亂了陣腳。最受關注的是馬雲和劉強東的回應。馬雲4月11日在一次內部交流活動上講道：「能做996是一種巨大的福氣，很多公司、很多人想996都沒有機會。」為什麼呢？馬雲説：「這個世界上，我們每一個人都希望成功，都希望美好生活，都希望被尊重。我請問大家，你不付出超越別人的努力和時間，你怎麼能夠實現你想要的成功？」[2] 4月12日晚上，劉強東在他的微信朋友圈發了一篇題為《地板鬧鐘的故事》的文章，講到自己創業初期捨不得租房子，在辦公室的地板上睡了4年，而且在耳邊放了一個鬧鐘，每隔兩個小時就把自己叫醒，看看有沒有客戶投訴。按照他的解釋，「京東永遠不會強制員工995或996，但是每一個京東人都必須具備拼搏精神」。[3]

這些看起來好像很有道理，其實沒有什麼説服力。台上慷慨激昂，台下噓聲滿場。為什麼？時代變了。顧紫罜説，她回去問

媽媽，媽媽覺得馬雲説得很有道理啊。那為什麼年輕人不再買賬了呢？在互聯網公司加過班的年輕人可能都有這樣的感受：第一次遇到大項目，需要留下來加班，你會感到很興奮。公司上下跟打仗一樣，那種緊張的氣氛讓你腎上腺素激增。中國的互聯網企業一向推崇唯快不破的打法。在過去，想要提高速度，就要提高效率；如今，想要保持速度，靠的卻是加班。這導致邊際激動效應遞減：年輕人抱怨的不單單是加班時間長，他們抱怨的是工作變得越來越無聊。「進公司的時候太陽還沒有升起來，走的時候太陽已經落下」，這成了很多互聯網企業員工的生活常態。

和很多讓人激動不已的新生事物一樣，有關「996.ICU」的熱潮注定會漸趨平靜，甚至被人遺忘。這只是一次網上的「抗議」，很多互聯網巨頭連搭理都懶得搭理。反對 996 的行動依然在持續進行，只不過基地從 GitHub 轉到了 Slack——這是一個整合了聊天群組、工具集成、文件整合和統一搜索的項目協作平台。「996.ICU」在 Slack 上有自己的主群，並劃分為宣言、行動、法律、遊戲周邊等群組。每天都有人不斷發東西，比如帶有 996 標誌的文化衫，跟 996 主題相關的「段子」，但似乎也僅止於此。996 工作制和互聯網企業的強勢地位，看起來很難撼動。

但未來的歷史學家會把「996.ICU」當作一個分水嶺。回想當年中國的工廠裏，那些流水線上的工人每天一幹就是十幾個小時，後來關於工人勞動待遇的問題備受矚目。2010 年，深圳富士康集團在一年之內發生了 11 起員工跳樓事件，製造業僱傭關

係、管理體制中積壓已久的矛盾突然爆發。如今，具有諷刺意味的是，在製造業工廠裏，強迫工人加班的事情幾乎是不可能發生的。年青一代打工者想不想加班，完全取決於自己手頭缺不缺錢。如果不缺，他們寧願下班之後玩手機、打遊戲。工廠早已不敢強制員工加班。發生在製造業的變化，遲早也要發生在互聯網行業。時代變了。

互聯網行業的規則也將被重寫。互聯網原本是一群叛逆者的江湖，如今卻變成了被壟斷者獨佔的平台。大數據原本承諾要給我們更多的便利，如今卻變成了任由互聯網公司肆意開挖的「金礦」。這樣的商業模式注定是不可持續的。盛極則衰，「泰極否來」。在華爾街流傳着一個説法叫「大而不倒」（too big to fail）。站在 2019 年，眺望互聯網的未來，互聯網巨頭面臨的新挑戰是「大則難存」（too big to survive）。2019 年 7 月，Facebook（臉書）支付了創紀錄的 50 億美元罰金，以便和美國聯邦貿易委員會對其侵犯隱私權的調查達成和解，同時，該和解協議首次終止了扎克伯格在隱私決定方面的最終話語權。高通在過去 5 年內連續收到包括歐盟、中國、韓國等國家和地區的罰單，理由都是涉嫌壟斷，總額已經超過 40 億美元。蘋果公司在過去 5 年，因為避稅、專利和涉嫌壟斷，收到的罰單總額超過了 160 億美元。谷歌過去 5 年僅在歐洲就收到總額超過 90 億美元的罰單。微軟不僅吃罰單的歷史更為悠久，而且幾次險遭被拆分的命運。這不過剛剛開始。

時代變了。新的一代該登場了。

我好奇地問顧紫鼂：「你是怎麼喜歡上閻晗的？」她說：「我相信他就是中國的扎克伯格。」

閻晗從小就是個怪才。他在伊利諾伊大學香檳分校讀計算機工程專業，曾到東京大學做過交換生。他參加過美國的黑客馬拉松比賽，這個比賽就是讓一群程序員連續 24 小時或 36 小時不停地寫代碼，看誰做出最「牛」的東西。閻晗拿了冠軍。

不過，閻晗並不是中國的扎克伯格，他是扎克伯格的對手。扎克伯格用 Facebook 構建了人們的社交網絡，但同時偷偷地盜取無數人的隱私。閻晗在 2018 年就預言 Facebook 會出事。後來，媒體果然曝出了英國數據分析公司劍橋分析（Cambridge Analytica）在 2016 年美國大選前違規獲得 5 000 萬名 Facebook 用戶信息的醜聞。事後，有個投資人很驚訝地說：「我怎麼記得半年前就有個小孩說過 Facebook 要出事？」於是，他回過頭找到閻晗，給了他一筆投資，讓他做加密。閻晗做的是 Maskbook，也就是「面具書」的意思，跟 Facebook 的「臉書」正好對着幹。如果你用了 Maskbook，當你和我在 Facebook 上交流的時候，只有你我能看到，Facebook 看不到，因為我們都戴了「面具」。你可以想像，Facebook 會多麼討厭這樣一款產品。

閻晗和顧紫鼂身上有很多東西是上一代人難以理解的。閻晗畢業於松江二中（這也是韓寒的母校），他在中學的時候就很出名，因為他會穿着女裝上學。

我小心翼翼地問他:「為什麼要穿女裝?是有這種愛好,還是要表達一種觀念?」他平靜地説:「都不是,我就是覺得女生能穿,我也能穿。」

我問他:「那你穿哪一種女裝呢?」他依然平靜地説:「凡是女孩子穿着逛街的我都會穿。」顧紫韘插話:「他喜歡穿洛麗塔的那種。」

顧紫韘呢?據她説,她自己身上有五六個文身,上大學的時候還會把頭髮染紅。

穿着洛麗塔女裝的閻晗,時常會幹一些讓所有人都大吃一驚的事情。日本福島核電站泄漏時,閻晗認識一些當地的朋友,就試圖混到核電站裏去採訪,走到半路,被日本警察發現了。警察逮捕了他們,審問半天,才把他們放出去。同去的財新記者害怕得不得了,閻晗跟沒事人一樣。他説:「沒事的,日本的警察很菜。」財新記者問他:「你為什麼要做這件事?」閻晗説:「日本人不伸張正義,那我們就幫他們伸張正義。」

這跟我們想像中的企業家完全不一樣。我問閻晗和顧紫韘:「你們每天工作多少小時?」他們一笑,説:「那肯定要超過996。」那麼,一個自己的工作時間超過996的創業者,為什麼會帶頭反對996呢?

閻晗沉默了片刻,説:「996是挺低級的一種管理方式,是管理層的無能。」

閻晗的員工追隨他,不是因為已經看到他的企業有上市的前

景，未來會催生出多少個千萬富翁、億萬富翁。他們的心思很簡單：他們喜歡一個穿女裝的碼農老闆。心靈雞湯不如一件女裝。時代變了。新的一代該登場了。

我問閻晗：「你們公司裏的年輕人都喜歡什麼？」

他說：「他們喜歡什麼的都有，不過可能普遍都喜歡虛擬世界更多一些吧。在年青一代的心目中，虛擬的比真實的更真實。」

我追問：「他們到底喜歡哪些活動呢？」

閻晗說：「打遊戲，看動漫，聽搖滾，追星……」

追星？程序員追什麼星？

閻晗說：「楊超越。」

楊超越編程大賽

楊超越是一個長得很像鄰家女孩的當紅明星，她在《創造101》這個綜藝節目中一炮而紅，最終獲得第 3 名。在這個娛樂至死的年代，數不清的明星如同煙花綻放，爭奇鬥豔，但也像煙花一樣，瞬間就會消失在黑暗之中。娛樂圈裏剛出道的女孩有很多，不要說記不住她們的名字，我連她們的模樣都分不清楚。

但是據說，楊超越和她們都不一樣。不止一個程序員跟我說，他喜歡楊超越。當然，喜歡楊超越的並非都是宅男，她也有很多女粉絲。男孩子們也不是都喜歡楊超越，追其他明星的男孩

子也很多，甚至可能更瘋狂。但和其他偶像不一樣的是，只有在楊超越的粉絲見面會上，你才能見到一大群青澀而又激動的男孩子，好像參加軍訓一樣，一起扯着喉嚨大喊：「楊超越！楊超越！」

2019 年，楊超越的粉絲中有一群碼農，發起了一場非常「硬核」的楊超越編程大賽。

這一年 3 月，一個叫 Justin（賈斯汀）的程序員看見粉絲群裏有很多程序員商討編程技術，就發了個帖子，想把大家聚集起來，一起做個跟楊超越有關的項目。這個帖子很快升到了「楊超越吧」熱搜榜，引起吧主胡一刀的關注。胡一刀和 Justin 一起找到了另一位叫二師兄的網友。

二師兄組織過關於楊超越的多個線上比賽，但他不是碼農，他只知道 Justin 建議搞個編程大賽。可是，編程比賽的規則怎麼制定，具體怎麼組織，他一點主意也沒有。二師兄逢人就問，最後，逮到了一個 40 多歲的大哥。這位大哥告訴他，第一階段，大家在 GitHub 上先提交自己的想法，想做什麼，可以以 issue（議題）的方式提出；第二階段，組隊，每隊 5 人，在限定時間內做出 demo（演示），將 demo 提交到 repo（代碼倉庫）；第三階段，評比，評比可以按照投票的星數高低，也可以按照其他規則；最後，可以圍繞評選出來的產品繼續投入，做出實用的產品。後來，楊超越編程大賽的規則基本上就是這麼定的。4

一開始，二師兄的想法是在粉絲群裏讓兄弟們「自嗨」一

下，他覺得如果能搞出三四個產品就不錯了。結果，一共有 331 個團隊立項，做什麼的都有——有的做休閒遊戲，有的做大數據平台，有的做人臉識別，有的做詞雲項目，有的做小程序，有的做智能機器人，有的做資訊閱讀⋯⋯

我最喜歡的是這個：用區塊鏈做平行於真實世界的「超越村」。按照設計者的想法，這將是第一個在網絡中存在的真實世界，村裏擁有獨立的經濟體系和法律體系，入村的村民需要申請「超越村」綠卡。村民不限定國家和地區，擁有綠卡即為「超越村」村民。

還有一個我也很喜歡：一種專屬於楊超越的編程語言。按照作者的介紹，這是一種解釋型語言，主要工作是用其他程序語言設計解釋器，重點是必須帶有強烈的楊超越風格。

300 多個立項的項目，只有 150 個正式參賽。參賽的項目中，只有 70 個在規定的時間內提交了初步的 demo。這很像《創造 101》的遊戲規則，每次淘汰一半。殘酷，但刺激。

4 月 19 日，總決賽在線直播。粉絲投票的數量達 252 127 票，角逐出前十名。這前十名中遊戲居多，比如頗像《塞爾達傳說》的《超越傳說》、劇情複雜的《超越幻想錄》；也有實用的軟件工具，比如《超越粉絲大數據地圖可視化》；還有方便粉絲應援的《智能燈牌與多燈牌聯動系統》《超越助理已上線》等。

排名第八的《超越衝衝衝》是個跑酷遊戲，開發者是 4 名小學生。

排名第二的是《楊超越祕密雜貨舖》。這個項目的發起人是心理醫生聰。

心理醫生聰語速很慢，說一句話會停下來考慮兩三次。他特別強調，楊超越有一種「治癒人心的力量」。聊天的時候，他經常會引用楊超越的語錄。每講到一句超越語錄，他都會停下來，回味反思。

心理醫生聰說：「我是在看《創造101》的時候被楊超越吸引的。我是個心理醫生，經常接觸被霸凌、攻擊、欺負的人。我的病人中，有不少是忍受不了，去自殺，沒有死，又回來的。去年6月，我看到楊超越在網上被人黑，心裏就想，這樣不行啊，要死人的，她會不會跳樓啊！」

他說：「我幫助的人，比如一個學生受到全班的欺負，頂多就是幾十個人欺負一個，楊超越遇到的情況是幾百萬人欺負一個人。」

心理醫生聰本來是想救助楊超越，他覺得楊超越是個快要掉下懸崖的人，需要自己伸手把她救回來，但是沒有想到楊超越比他想像中的強大很多。有一次，當被問到如何看待別人對她的負面評價時，楊超越說：「反正說的都不是我吧。」心理醫生聰心頭一震：原來生活可以是這個態度的。他開始從一位心理醫生的角度研究楊超越。他發現，楊超越講的話比心理醫生更容易傳達出一種治癒的力量。

於是，他想到要做一個App，讓用戶給楊超越寫信問生活困

惑，然後，系統自動引用楊超越講過的話回覆。這個想法在知乎發佈之後，得到很多人的留言支持。主動聯繫他，表示願意加入團隊的人絡繹不絕。

沒想到的是，剛剛組團，團隊就出現了分裂。心理醫生聰自稱是「完成派」。他最初的想法是：大家都用業餘時間做這件事，不要花太多的精力，做個簡單的東西，能夠按時完工就行。但是，團隊裏負責美工的 Mocy 和唱歌的三寸是「精進派」，堅持做到最好。他們覺得，要幹就幹到能讓自己心悅誠服，否則還不如不幹。

最後呢？

最後，心理醫生聰也改變了想法，轉為支持「精進派」。

為什麼呢？

心理醫生聰說：「那沒有辦法啊，因為他們是主力，要是走了，這個項目別說『精進』了，『完成』都完不成。」

其實，這條「精進」之路能走下去，更主要的原因是團隊成員的興趣被激發了出來。最初，大多數成員都抱着來「打醬油」的心態。後來，看到別人做得好，內心的激情也開始燃燒。美工 Mocy 說：「我要搞得很大，要搞明信片。不單有明信片，還要搞抽獎，還要有人物卡。」還沒等心理醫生聰攔下來，Mocy 就把草圖畫出來了。畫得真快。緊接着，視頻也做出來了，他們發到 B 站（嗶哩嗶哩網站）上，馬上引起轟動。三寸本來是 B 站上的一位 UP 主（uploader，指在視頻網站、論壇、ftp 站點上傳視頻

音頻文件的人），專門翻唱別人的歌曲，有很多人聽。心理醫生聰找到三寸和另外一位音樂人橙子咘嚕，合作創作了一首《奇思妙想》，發佈在 B 站，半天之內就在 B 站音樂榜上升到第 38 位。

正是這種新鮮而奇妙的感覺，激勵着心理醫生聰的團隊。他們這個團隊或許是參加楊超越編程大賽的各個團隊中最有代表性的。雖然大賽的規則要求參賽選手不得超過 5 個，但他們團隊的成員有 20 個。也就是説，絕大部分成員是以志願者身份參與的，他們不在意名分，不在意榮譽，只在意能不能把東西做出來，而且要做得漂漂亮亮。

這 20 個成員來自五湖四海，其中有 5 個來自美國。他們之中有程序員，有玩音樂的、做美工的，也有做策劃營銷的。有的中途退出，也有的半道加入。這支隊伍中有一批特殊人物，他們是其他參賽隊伍中的組長或組員，自己的小組沒有晉級，所以趕來加盟。比如，《超越日報》的隊長 Christian 就是初賽被淘汰之後加入的。他是個程序員，被生活「磨平」了，本來打算自己拉一支隊伍做一件轟轟烈烈的事情，沒想到被滅掉了。到了《楊超越祕密雜貨舖》團隊，他繼續作戰，最後看到自己所在的團隊拿到了第二名，當場就流淚了。

這 20 個成員看起來像是臨時拼湊出來的雜牌軍，但潛能被激發出來之後，每個人都變成了斯巴達勇士。每個人守一個方向，每個人都知道自己的背後有戰友的支援，就可以抵擋百萬大軍了。

　　不知道互聯網企業的老闆們讀到這裏，心裏會怎麼想。這些參加編程大賽的程序員說不定就是他們公司裏的員工。為什麼這些員工做老闆佈置的工作時，會抱怨 996，但在楊超越編程大賽，一沒股權，二沒獎金，三沒提拔，他們竟能如此投入呢？

　　二師兄忙着組織楊超越編程大賽的時候，在每天晚上下班之後，坐在公司附近的一個美食廣場，跟朋友們一起在線上溝通賽事進度。他有時會坐到美食廣場深夜關門。保安沒趕他走，他就繼續待在那裏。有一次坐地鐵的時候，他下錯了站，出地鐵的時候，手機又沒電了，刷不了交通卡，只好向地鐵站務員求助，才走出地鐵回家。

　　那麼，他做楊超越編程大賽的動力是什麼呢？

　　二師兄習慣性地引用了日本著名編劇與作詞家秋元康的一句話：「這不是很有趣嗎？」[5]

全村的希望

　　楊——超——越。

　　第一個音輕聲讀出，上齒和下齒要對齊。第二個音更為短促，略微翹舌。第三個音要把嘴脣噘起來，氣流緩緩送出。

　　楊超越。這個名字既沒有性別特徵，也沒有地域特點，更沒有時代色彩。

　　1998 年出生。農村孩子。父母離異。初中輟學打工。做過縫紉廠的女工、餐廳服務員、婚紗店店員。最艱難的時候，她在自己的 QQ 空間留下一句：「真的沒錢吃飯了，誰能借我 50 塊錢。」唱歌走調、跳舞笨拙、台詞會念錯、在台上經常哭，但跟她合作過的綜藝節目製片人忍不住感慨：「做節目遇到楊超越這樣的選手，簡直做夢都要笑醒。」她真實而有趣，巨大的反差、突然的意外，時常帶來各種驚奇。全網「黑」，也是全民「錦鯉」。穿 200 多元一件的牛仔裙，也給時尚品牌做模特。她自己說：「我是全村的希望。」

　　楊超越。她所代表的一切，都是我不熟悉的。但我覺得，只有了解「楊超越現象」，才能真正理解中國正在發生的一些社會變化。

　　我們來做個思想實驗。假設楊超越參加了一個神奇的綜藝節目。主持人告訴她，你的面前有兩扇門。每一扇門的後面，都是一個截然不同的世界。楊超越並不知道每一扇門背後的世界究竟是什麼樣子。她選了一扇門，輕輕地推開。等待她的，是什麼樣的命運呢？

　　在第一扇門的背後，是一個崇尚規則、實力和成功的世界。規則像刷在牆上的標語一樣醒目，規則像人臉識別一樣能夠認出每一個人，規則像攝像頭一樣監視着每一個人。因此，很多人會認為，規則對每一個人都是公平的，你無路可逃。在這個世界中，楊超越必須遵循所有人都遵循的規則。比如，你必須考上

大學才有出路，你必須考上「985」高校才算考上了大學，你必須出過國留過洋才算見過世面。人間正道當然不是進娛樂圈。你要考公務員，或是進投行。就算你落入了娛樂圈，那也得遵守娛樂圈的規矩：學習唱歌，學習跳舞，取號排隊，等待你的名字被叫到。

在這個世界裏，當人們講到實力的時候，其實說的是對規則的尊重程度。你必須相信堅持一萬小時才能變成專業選手。不要奢望「民間高手」能夠戰勝職業選手，你不行的。不要幻想興趣能夠指引成長，不，成長就是無盡的磨難，成長就是磨去你的棱角，成長就是讓你明白，枯燥的事情原本就是生活的常態。你要看到，比你更優秀的人比你還要努力。仰望，是你向這個世界致敬的最好姿勢。在這個強調實力的世界裏，楊超越必須站在跟自己的實力相配的地方。比如，你要是不能飆一口流利的美式英語，那就不要跟科比站在一起。你要是去參加射箭比賽，真正的優雅是不動聲色地展示出從小就練習過射箭的功底。

在這個世界裏，成功是衡量人生的唯一標尺。成功的計量單位可能是權力，但更通行的是金錢。權力有時候比較隱蔽，金錢從來都是赤裸裸的。金錢最在意的是外表的威嚴和氣勢，因為除了威嚴和氣勢，金錢的內心其實是空虛的。既然你是個成功者，你對社會的義務就是捍衛這種威嚴和氣勢。如果你沒有成功呢？拉羅什福科不是說過嗎，「為了在社會上取得成功，人們就竭力做出在社會上已經成功的樣子」[6]。這個世界就是這麼殘酷。成王

敗寇。閉嘴！沒有人願意看見你流淚的樣子。

　　這是個登山者的世界。為什麼要登山呢？英國登山家喬治‧馬洛里說：「因為山在那裏。」所有的訓練，所有的準備，所有的艱辛，都是為了登上山頂的那一刻。路邊的風景？沒興趣。山崖上的化石？沒看到。登上了山頂之後呢？據說，在山頂的寒風中站一小會兒，你就可以聲稱自己征服了高山。

　　這是楊超越在20歲之前經歷的世界。在這個世界裏，她應該繼續當女工、洗碗。如果她有上進心，應該去讀書，考大學。雖然她很可能考不上最好的大學，但她努力了。努力自然會讓她的處境略有改善，但想要改變命運，這件事就不要想了。處境的略微改善或許能夠讓楊超越平添一種自豪感，那是在一片灰暗的生活中自己小心呵護的一點火種。無法改變命運或許能夠博得不少人的同情，但也能讓更多的人感到放心：這個世界的秩序沒有被破壞，規則還是公平的。沒有人加塞，沒有人插隊。排在我前面的還在我的前面，排在我後面的還在我的後面。在登山者的世界裏，人們告訴楊超越，她應該在多年奮鬥之後，平靜地說一句：「我奮鬥了這麼多年，就是為了能平等地跟你喝一杯咖啡。」

　　在另一扇門之後的另一個世界裏，規則更像是一場遊戲。遊戲的種類完全由你自己選擇。角色可以設置，策略可以調整。「掛」了還能滿血復活，生活可以有「大號」「小號」之分。人生不是一場賽跑，不比誰先衝到終點線。人生變成了一個遊樂園，就看你自己能不能玩得爽。只有玩得別出心裁，才能玩得爽。規

則是為了讓你玩得更快樂而制定的，如果你覺得規則讓你不快樂呢？那就把它改掉好了。規則不再是神聖律令，而是編程代碼。你可以為自己制定規則，而且還能改動規則。

　　在這個世界裏，實力的定義也完全不一樣。實力不再是一種可以像勛章一樣掛出來的東西，而是一種只有你自己才能暗自感受到的力量。這股力量只來自你的內心深處，你要使勁地挖，才能發現被埋藏起來的真實的自我。真實的自我是這個世界裏最強大的實力：學會和真實的自我和解；學會從自我中抽離出來，站在一邊欣賞自己；坦然地面對自己的人生。別人有別人的活法，我有我的活法。每個人都有自己的獨立世界。自我結界，自我修法。每一個人都有自己的 5 分鐘「光環時間」。在你的世界裏，你是中心。別人的流言蜚語？那他們說的其實與我無關。能請你跟我一起喝咖啡嗎？哦，對不起，我只喝奶茶。

　　在這個世界裏，成功是一種心流，是你做完了自己感興趣的一件事情。成功是石匠把一塊頑石鑿成了圓潤的佛像，是廚師想出來一個新的菜譜，是孩子終於畫出了一個完整的圓圈。你的成功和我的成功之間沒有兌換的匯率。

　　這是個探險者的世界。人生這條路，走快走慢，都是要走完的。樂趣並不是走完的那一刻本身，而是在路途中的所見所聞。仔細觀察路邊的一株小草，樹上的一隻小鳥。沒有什麼山是你非要去征服的，但如果你願意，不妨繞個路，去看看一個沒有人去過的湖泊。群山環抱，水靜如鏡。你在湖邊安靜地坐一會兒就

好，別忘了走的時候，把來時的足跡輕輕擦掉。輕輕地你來，輕輕地你走，人生原本不過如此。

我們生活在其中的現實是這兩個世界的交織。喜歡楊超越的人大多來自探險者世界，而討厭楊超越的人可能來自登山者世界。你是什麼樣的人，就會喜歡什麼樣的偶像。偶像就像一塊幕布，你會把自己的價值觀和情感投射在幕布上。如果楊超越出現在 10 年前，我猜想她的粉絲不會有現在這麼多。為什麼現在會有這麼多人喜歡楊超越？

因為越來越多的人正在從登山者世界遷移到探險者世界。

你可能厭倦了上山路上擁擠的人群；你可能知道了，不是所有爬到山頂的人靠的都是自己的努力，他們會僱用當地的夏爾巴人幫忙帶路，甚至背行李；你可能聽說了，登山的人太多，留下的垃圾污染了寧靜的群山。這個世界上永遠都會有執着於登山的愛好者，但你知道，那不是你。你對規則感到厭倦，你對競爭感到厭倦，甚至，你對所謂的成功也感到厭倦。你原本以為，剩下的路只有一條，那就是逃避。然後，你看到一個小女孩，誤打誤撞進了一個自己一點也不熟悉的世界，雖然慌張笨拙、手足無措，但她居然沒有逃避，她迎風而立，我行我素。

原來生活還可以這樣啊！

2018 年，楊超越告訴你：「我感覺好像從來沒有真正屬於過 A 班。別的小姐姐可能靠舞蹈或者唱歌獲得了創始人的喜歡，而我可能就憑着一絲的傻氣或者一些幽默，讓我站到了這樣的位

置，接受的質疑比較多一點，但我不知道有沒有人能站到我這個位置去體會一下這種恐懼感。可是我還是要站在這裏，因為這是別人對我的支持，我不能辜負他們，我再害怕也要站下去。」

2019 年暑期熱檔播放的一部動畫片《哪吒》告訴你：「我命由我不由天。」

疲憊的人們、厭倦的人們、猶豫的人們、懊悔的人們、好奇的人們、逆反的人們、立志的人們、獨立的人們，一隊一隊的人馬，慢慢從登山者世界向荒涼的探險者世界遷移。離開舒適區的人們，在內心裏渴望一種慰藉、一個偶像。

人們需要楊超越。

飯圈女孩

坐在我旁邊的那位乘客非常奇怪。大高個兒，年輕小夥，不是倒三角形的體型，看來不是運動員。一身黑衣，戴帽子，戴口罩，只露出眼睛。

下飛機的時候，我第一個出艙門，他跟在我的後面。剛過廊橋，就有兩個不知躲在哪裏的女孩跳了出來，端着帶長焦鏡頭的照相機，咔嚓咔嚓地拍照。嚇我一跳。轉頭看看，她們拍的是那個黑衣男孩。我朝前走，那個黑衣男孩也朝前走。走不了幾步，就有幾個像狙擊手一樣隱藏在各個角落裏的女孩，先在遠處拍

照，再圍過來。黑衣男孩走在自動步道上，身邊跟着一個助理。有粉絲問他話，他會輕聲回答，但走得很快，行色匆匆。

到了取行李的轉盤處，呼啦啦一大群年輕人圍攏過來。

八字劉海空氣劉海大波浪長髮辛芷蕾短髮燙髮馬尾辮黑頭髮髒橘色染髮茶青色染髮紐約洋基隊棒球帽紅色貓耳燈牌黑色口罩白色口罩睫毛膏濃眼妝聖羅蘭 12 號口紅魅可小辣椒口紅歐萊雅唇釉寬鬆衛衣奮拉下來把短褲都蓋住冠軍 T 恤長款襯衫渾圓的肩膀手臂上的刺青藍色雜邊牛仔褲森系米色百褶裙雙肩背帆布包斜挎小手包佳能相機尼康相機 vivo 華為蘋果手機拖鞋休閒板鞋運動鞋白色短襪長筒黑襪……幾十個乃至上百個女孩在那裏，夾雜着幾個羞澀的男孩。這些熱情似火的小蓓蕾，蹦蹦跳跳地尖叫，跑來跑去。

一個斜挎相機的女孩走過來，把一個白色手提袋塞到黑衣男孩的手裏。那個男孩的助理眼疾手快，把手提袋接了過去。她孤單地站在那裏，看着他隨人群朝外走去。

我問她：「他是誰啊？」

那個女孩的眼睛都沒有轉動：「他是一個傷了我心的人。」

這是我和成群的飯圈女孩的一次最近距離的接觸。到現在為止，我也不知道她們追的偶像是誰。其實無所謂，偶像只是命題作文的題目，飯圈女孩才是正文。

說實話，我這一年的調研，最不順暢的就是對飯圈女孩的採訪。她們說的名字我從未聽過，她們用的術語我完全不懂。她們

經常會先説不接受採訪，好不容易約到，又很有防禦性。有幾個飯圈女孩不見面，也不發語音，只能打字交流。打字過程中，我問一句，她們答一句。她們給我最多的兩個答案是「無」和「沒有」——這樣的對話隨時可能被終結。她們説的話我不敢都信，因為明顯能聽出來她們很會「打太極」，很會維護自己的「愛豆」（idol，也就是偶像）。她們提起圈子裏的事情，能聽出來過去有過不愉快的經歷，但就是不想説。好不容易採訪完，我問她們，有什麼是我在書裏不能寫的。她們説：「不要提我的名字，真名和化名都不要提，不要説我粉的是誰，不要説我給他送過什麼東西。」

那我還能寫什麼呢？

有好心的朋友勸我：何老師，你最好不要寫飯圈。他們太瘋狂了，一句話説得不中聽，你的新書發佈會就要被他們砸爛了。

哦，那一定很刺激。

澄清一點：儘管我在調研中採訪的多數是飯圈女孩，但並不是説飯圈中人都是女生。進入飯圈，你就會意識到人們對粉絲的刻板印象是錯誤的。我們還採訪了 30 多歲的技術男、清華大學的哲學碩士、海外留學生、初中生和小學生。同時，還需要澄清一點：並不是説年輕人都在飯圈之中，屬於年輕人的世界很多，飯圈只是其中的一個。B 站、快手、小紅書、電競、音樂節，到處都能看到年輕人。

我之所以向你描述飯圈，是因為這是年輕人的一個小趨勢。

在這個小趨勢中，我們發現了一些屬於年輕人的特質，這些特質將會影響到中國社會未來的變化。飯圈女孩給我留下最深的三個印象是：她們是具有強大組織能力的「行動派」；她們是顛覆了愛豆與粉絲關係的「翻唱者」；她們是生活在自己世界裏的「部落人」。

先來看第一個特點：飯圈女孩是具有強大組織能力的「行動派」。

一旦你加入飯圈，就會發現每天有幹不完的事情。飯圈的運營和互聯網運營的思路很相似，大體上可以分為內容運營、用戶運營和活動運營。在內容運營方面，一般會設置專門的資訊組，追蹤愛豆的行動足跡，打撈跟愛豆相關的觀點評論，到國外網站「深扒」，甚至還有人專門將愛豆的各類信息翻譯成各種語言，進行世界範圍的宣傳。在用戶運營方面，需要組織粉絲們為愛豆打榜和投票，同時還要「反黑」，也就是專門消除網絡上針對愛豆的負面言論。活動運營主要是做線上和線下的應援。就拿應援活動的準備流程來說吧，先要把人湊起來，拉群、分組、制訂完整的活動方案。應援的前一天要去現場踩點，物資入場。現場工作組分為線上負責人、線上聯絡人、線下統籌、專門負責發門票的小組、應援物資發放組、燈牌租借組、現場秩序維護組、場內應援組、後勤組、特別組，等等。

楊超越的全國粉絲會直接在微博上公開了組織架構：淨化、打投、反黑、控評、網宣、輪博，令人眼花繚亂。有全國粉絲

會，也有地方站。2019 年春季，楊超越全國粉絲會組織了一場演唱會門票的團購，中間出了點差錯，很多粉絲沒有拿到票，憋了一肚子怨氣。在粉絲們的壓力下，出現了「國會改選」，也就是全國粉絲會的換屆。大學女生楠木成了「新國會」的主要負責人之一。這位 19 歲的姑娘開始獨當一面，這是一種在現實生活中很難遇到的鍛煉機會。舉手投足之間，楠木仍然像個孩子，對世事保持着新鮮感，有一點成長就會感覺邊際效益很大。但經過這番磨煉，能感覺到，她已經儼然像一位「大佬」，雖然接了一個跟自己年齡不符的複雜的攤子，她卻還能保持雲淡風輕的氣質。

這是一種很魔幻的現象。理想青年鄙視追星青年，但理想青年只會談信仰，追星青年卻有着從實戰中鍛煉出來的行動能力和執行能力。在江湖風雨中經受了鍛煉，追星青年反而生長出一種理想青年所沒有的篤定和堅持。

接着看第二個特點：飯圈女孩是顛覆了愛豆與粉絲關係的「翻唱者」。

粉絲和愛豆的關係已經跟過去很不一樣。我們年輕的時候也喜歡過歌星、影星。比如，我喜歡過羅大佑、李宗盛。羅大佑會因為我喜歡他而改變自己的風格嗎？不會的，他知道我喜歡的就是他堅持自己獨特的風格。現在的愛豆呢？他們會偷偷地混在粉絲的線上社群裏，聽他們如何議論自己。

歌星薛之謙的一位女粉絲自稱「梅爺」，四川姑娘，膚色略黑，面目開闊。梅爺説，薛之謙就會跑到粉絲的群裏偷窺。

「你怎麼知道他偷窺？」

梅爺説：「你看他發的微博就知道了。我們説他胖了，他就會去減肥，而且在微博裏説，你們説我胖了，讓你們看看我到底胖不胖。我們説黃頭髮不好看，他下一次出場的時候，可能就會染回黑色。我們在群裏催他出新歌，他就發微博説，你們催也沒用，我就是不出。」

飯圈女孩是一個新的物種。乍看起來，她們好像是一群沒有主見、渾渾噩噩的「腦殘粉」，其實，她們更在意的不是追星，而是自我的表達。她們不是單純的觀眾和聽眾，她們更像是一群借愛豆的酒杯，澆自己塊壘的「翻唱者」。

美國學者亨利·詹金斯在 1992 年出版過一部研究電視粉絲的著作《文本盜獵者》。[7] 詹金斯説，粉絲是我們這個時代的祕密社團。他觀察了包括《星際迷航》在內的熱門電視劇的狂熱粉絲，發現這些粉絲會攫取原作品中的材料進行二度創作。詹金斯稱之為「文本盜獵」。「文本盜獵」是一種來自邊緣的對話語權的挑戰，也是年輕人在精神世界對現實生活的反叛。在飯圈文化中，我們也能看到，粉絲們個個都是「段子手」，創作出了大量的表情包。在 B 站上有無數「鬼畜」視頻和「彈幕」。解構就是創作，惡搞就是表達。

乍看起來，飯圈女孩不過是資本方設好了一個陷阱，讓這些懵懂無知的年輕人掏錢，悄悄地把他們的錢全部榨乾。但仔細觀察，你會發現粉絲和資本方、經紀人有着一種內在的競爭和對

抗。全媒派曾經做過一篇題為《粉絲即經紀》的報道。[8] 在飯圈女孩看來,愛豆的成功與榮耀都要歸於粉絲。愛豆和粉絲,不再是一個高高在上、一個匍匐在下的關係,相反,這是一種共生共榮的關係。飯圈女孩認為,她們在與愛豆的關係中所扮演的是養育愛豆的角色。

這又是一種很魔幻的現象。當日常生活變得越來越暗淡無光時,飯圈女孩成了保持激情與活力的抵抗先鋒。在一個社會階層越來越固化的時代,飯圈女孩追求的是平等和參與。愛豆的魅力不僅僅在於個人的實力,更多地在於他們和粉絲之間互動的能力。路人轉粉,可能在一瞬間,粉轉黑,也可能在一瞬間。從一個粉絲群「爬牆」到另一個粉絲群,是一件很正常的事情。[9]

再來看第三個特點:飯圈女孩是生活在自己世界裏的「部落人」。

我來普及兩個飯圈界的術語。一個是「圈地自萌」,一個是「粉隨愛豆」。「圈地自萌」講的是,一群有着相似愛好的年輕人自己畫地為界,形成一個小圈子,自己玩自己的。這個術語刻畫了飯圈界的圈子化。「粉隨愛豆」講的是愛豆什麼樣,粉絲就什麼樣。這個術語刻畫了飯圈社群內部的同質化。飯圈江湖中時時刻刻都有血雨腥風。江湖就有江湖的規矩,有很多不成文的「飯圈邏輯」。比如,什麼能説什麼不能説,什麼事情會傷害誰的感情之類的。不願意跟我們多談的飯圈女孩承認,自己曾經被「反黑組出道」(就是被反黑組掛起來罵),所以言行特別謹慎,尤其怕

被公開自己説過什麼、做過什麼，再「出道」一次。

於是我們看到，飯圈女孩自發地形成了很多越來越同質化的小圈子。在這裏，她們能夠找到歸屬和認同。飯圈的組織嚴密程度會超出你的想像，她們有自己的篩選機制。社區的邊界雖然無形，但一旦越過邊界，你馬上能感受到冰火兩重天。加入這個群體之後，個體的力量突然被放大，但個體的差異也隨之被抹殺。任何異於群體的言論都不被容忍：你會被踢出群、開除粉籍。

飯圈女孩最在意的是讓自己的愛豆獲得更高的人氣。而事實上，很多愛豆的人設相近、路線相似。於是，就會出現資源的爭奪。一方面，飯圈女孩要維護自己的愛豆，她們有一種莫名的道德優越感，而且會努力維持這種優越感。於是，她們更熱心地幫愛豆一起做公益活動。另一方面，她們又需要散佈對手明星的「黑料」，降低對手明星的人氣。於是，原本非常流行的明星之間的「互撕」，轉而變成粉絲之間的大戰。飯圈女孩對很多微小的矛盾都會極其敏感。本來是茶杯裏的風暴，瞬間就會變成網絡世界中的海嘯。

這還是一種很魔幻的感覺。在整個世界可以變得無限開放之後，年輕人的選擇反而是退回到更為狹小的空間。這是因為，他們知道，外邊的世界充滿了混亂，離他們抱團取暖的圈子越遠，這樣的混亂就越多。

2019 年發生的很多事情都很魔幻，其魔幻程度超出了我們的想像。

河兩岸

2019 年夏季，一股風來自無名的深淵，盤旋在香港的上空。這股風是陰鬱的，她推着大團大團的烏雲，揉過來，搓過去，試圖擠出豐沛的雨水，滋潤這個燠熱的夏天。這股風是不安的，她走動的時候很莽撞，不小心撞倒了東西，弄出巨大的聲響，自己把自己嚇一跳。她從高樓中刮過，刀鋒般的高樓，把狹窄的天空劃出一道道傷口。她順着高樓之間的峽谷，躲過玻璃幕牆上光怪陸離的反光，在曲曲折折、走走停停的半山電梯上輕輕拂過，扶搖而上，一直來到太平山頂。天色漸漸朦朧，遠處隱隱透出雲層中的霞光，漸次綻開的燈花匯聚成了璀璨的燈海。維多利亞港在上演「幻彩詠香江」，燈光、激光、音樂、人潮。這股風不屑地把頭轉過去：這個喧囂蒸騰的城市，不過是一個氤氳幻象。她只把目光放到更遠：這就是天星，那是皇后，再遠些是藍屋，對岸有西九，再過去是油麻地，方寸的土地。這股風等不及了，匆忙下山。金鐘太古廣場銅鑼灣希慎廣場崇光百貨尖沙咀海港城，巨型冷氣商場，沒有四季，沒有晴雨，不分晝夜，目眩神迷，她進不去，也不願意進。霓虹初上，歡場笙歌，芬域街謝斐道駱克道無上裝酒吧迪斯科夜總會，濃妝豔抹的風塵美學，她掩面疾馳而去。這股風迅疾地朝北蕩去，大角咀深水埗九龍塘，鴿籠般的唐樓，屋頂伸出密密麻麻的「魚骨天線」，走廊上晾的衣服還沒有收，小店士多茶餐廳藥房麵包房水果攤，車仔麵豬腸粉豆腐花潮

州粉果泥鰍粥，藏在「德和燒味」樓上的春田花花幼稚園已經人去樓空，如水夜色，煙塵人生。天黑透了，人也散去，這股風仍然走不出巷子，如同被困在迷宮般沒有希望。這風很執拗。她知道繁華已逝，勝景不再，但依然帶着孤傲和決絕。她連元朗頑強的圍村、坪洲空置的戲院、火炭廢棄的廠房，甚至將軍澳華人永遠墳場裏寂寞的蔡元培墓都沒有去過，沒有沉重的歷史感，沒有澎湃的想像力，沒有對長久未來的打算，她所欣賞的風格永遠如「九龍皇帝」曾灶財的街頭塗鴉：一遍一遍地寫下幻覺中的族譜，不放過宣告對哪怕一個小便池的主權，沉浸在那種自暴自棄的驕傲之中。這股風越來越暴烈，她穿過地鐵，在每個人的頭頂呼嘯，令每一個進來的人面目模糊。地下深處，風在殺戮。閉路電視、售票機被砸爛，滿地都是玻璃碎片。街道上設置了路障，過往的汽車車窗被砸，一個中年發胖的男子被一群人毆打，滿頭是血。燃燒彈劃出一道弧線。烈焰四處流竄。警察排成隊列。人群不散。催淚彈的白色煙霧瀰漫，人們驚慌失措、奔來奔去。一張報紙，身上印滿了字，被風吹到空中。這張報紙有點怕，希望大風將它吹到別處，但它的希望落了空。它掉進火焰中，瞬間化為灰燼。在離開這個世界之前，它心裏想：我不知道為什麼要在此犧牲；這裏邊應該有個理由，我不知道。這風中瀰漫着荷爾蒙的味道。港男港女，原本互相鄙視。港男指責港女拜金、自戀、刁蠻，港女指責港男幼稚、無能、浮淺。他們「獨舞疲倦，倦看蒼生也倦，懼怕中，葬身無情深淵」。隱約風中，還能嗅到自由主

義者特有的憤世嫉俗的酸味和白領階層一貫的刻薄勢利的臭味。財閥在雲霄，風在雲的腳下。這股風感到深深的挫敗，更加淒厲，更加哀怨。機場數次被迫關閉，市面凋零，跑馬場也關了。開往跑馬場的雙層巴士，依然叮叮當當，慢悠悠地沿着光滑的軌道，穿過恍恍惚惚的城市。「季節漂流，城市倒退」，紮紙坊漫畫館交易中心，一幕幕畫面閃過。燈火泛黃，寂寞散場。那些理想無處安置的人，像驚惶的鳥群向着蒼茫飛去。「如果真有廢墟，這便是我自願相伴的瓦礫。」

　　有一句廣東諺語，叫「打風不成三日雨」。如果颱風登陸後沒有水，颱風是沒法存活的。如果颱風沒有正面登陸，一股邪氣得不到宣泄，反而會緊跟着持續下雨。人在做，天在看。太平山頂，老襯亭旁，有一塊蟾蜍石，狀如烏龜。據說，它每年都會從山頂向山腳下爬一尺。多年之後，當它入海之時，也就是這座浮城陸沉之日。

　　這風已感到疲憊，這風已徹底絕望。我們沒有希望了。我們沒有希望了。我們沒有希望了。今天很糟糕，往後的每一天只會越來越糟糕，直到最糟糕的結局發生。[10]

　　有個參加示威遊行的香港年輕人錄了一段視頻，抱怨他們的爸爸媽媽沒有支持自己。他說，在現場的都是年輕人，幾乎看不到年長者。這是香港事件中最耐人尋味的一點：走上街頭的有很多都是 1997 年香港回歸祖國之後出生的年輕人。這讓我想起英國作家王爾德講過的一句名言：「人生有兩種不幸，一種是求之

不得，一種是求而得之。」在中國的國力越來越強大、經濟越來越繁榮的時候，反而爆發了香港危機。

我有時候非常感慨，隔着一條河，人們的認知居然就會有如此巨大的差異。那麼，河這邊的年輕人又是怎麼想的？在這次香港危機中出現了一個有意思的現象：一群原本不關心政治的飯圈女孩，開始用她們自己的方式力挺中國。

這是彼此陌生的兩群人偶然間的相遇。最開始，有幾位藝人在網上發表支持香港警察的言論，或是諷刺希拉里‧克林頓對中國的指指點點。這幾位藝人先後受到香港青年的網絡攻擊，而這些無力的網絡攻擊，不小心觸發了一股強大的民間力量。飯圈女孩最初只是為各自的愛豆撐腰，最後發現，還有一個最大的偶像，那就是自己的祖國。她們把中國稱為「阿中哥哥」。在她們的心目中，阿中哥哥是一個長髮飄逸、長着卡姿蘭大眼睛、帥到像從漫畫書裏直接走出來的美男子，或者用專業術語講，就是「漫撕男」。

在飯圈界，這一天被叫作「814 大團結」。原本互相爭吵不休的各家粉絲忽然盡棄前嫌，形成了一個粉絲圈。原來曾和她們水火不容的帝吧男生，也就是一群 20 歲左右、精力旺盛、情緒高昂、自覺三觀奇正、喜歡嘲諷和鄙視一切的男孩子，也和她們站在一起。在他們的背後，還有嘻哈歌手、二次元網友、電競玩家，甚至古風愛好者、華服愛好者，浩浩盪盪、鑼鼓喧天。

　　飯圈女孩力挺阿中哥哥，讓我們忽然意識到，原來我們最不了解的就是自己身邊最熟悉的、跟我們最親密的人。很多人以為年輕人的思想會受到網絡「大V」的影響，錯，這是一個人人都能登台的時代，年輕人並不會對那些喜歡睥睨天下的名人多看一眼。很多人以為年輕人的思想會受到境外勢力的影響，錯，這是一個各自築牆的世界，年輕人對牆外的世界已經沒有太多的敬畏。相反，他們發現，自己翻牆出去，又進入了另一個無形的意識形態的牢籠。他們笑稱，原來我們是去探獄了。很多人以為這樣一股強大的力量，只有國家力量才能號召和動員，錯，這是一種實實在在的草根聲音，過去還是在「屌絲」中流行的亞文化，如今已經用極快的速度變成了主流文化。

　　山並沒有朝我們走過來，我們要朝山走過去。

　　請你注意一下，當飯圈女孩力挺中國的時候，用的語言不是「祖國母親，我們愛你」。她們說的是：「阿中哥哥現在只有我們了。」這不是你所熟悉的偶像和粉絲之間的關係。在飯圈文化中，粉絲的心態更像是一個投資人。大的粉絲覺得自己是大的投資人，小的粉絲覺得自己是小的投資人。這些大大小小的投資人都覺得，他們能夠把一個項目從無到有地帶出來。他們關心的不僅僅是這個項目好不好，更關心的是能不能在這個過程中得到回報。當然，他們圖的是比金錢更重要的情感的回報。他們也不再是孤芳自賞，而是會努力地推介自己投資的項目。因為他們知道，買賬的人越多，這個項目的估值就會越高。

上一代人只是把自己當作祖國的打工仔，下一代人已經把自己視為「阿中哥哥」的投資人。

貧窮動力和嗨動力

到底有沒有代溝？這取決於你是站在什麼位置、在什麼時期看的。

代溝像雲也像霧。如果你遠遠地看，能夠看到白茫茫的一片，一旦走近，卻又好像看不見了。每一代人成長的環境不一樣，他們都會有關於自己成長的那個年代的共同記憶。這些集體記憶讓同一代人更容易產生共鳴。有些微妙的事物，帶着不起眼的歲月痕跡，能讓同一代人彼此遞個眼色，會心一笑。但是，走近了看，同一個年代的人，性格差異也會很大，興趣愛好各有不同。我們所看到的，其實是同樣的歲月在不同的人身上留下的不同烙印。當然，打下這個烙印的時間是大體相同的。雖然人在一生中總是要不斷地成長、不斷地自我修煉，但大部分人的性格和價值觀都是在青少年時期形成的。俗話說，三歲看老，這有點誇張，但如果我們說，17 歲看老，就要靠譜很多。代溝問題，歸根結底是青少年問題。

在過去 30 多年，我們討論過很多代溝問題。中國的社會變化太快，以至我們會把每 10 年視為一代：60 後覺得和 70 後有

代溝，70 後覺得和 80 後有代溝。其實，這都是一代人，這都是經歷了高速經濟增長的「被擠上車的人」。60 後和 70 後的代溝，無非像是美國短毛貓和加菲貓的區別；70 後和 80 後的區別，最多像是加菲貓和暹羅貓的區別。但是，90 後、00 後和之前的人們差別就大了。代際差異並不像鴻溝那樣，在一個分界線截為兩段，涇渭分明、一目了然。代際差異更像是一個漸進變化的坡度，在不知不覺中從高原進入平原。出於敍述的方便，不妨讓我們以 1990 年為界，分出「90 前」的上一代人和「90 後」的下一代人。為什麼 1990 年是個坎兒呢？因為 2008 年爆發了全球金融危機，這是世界經濟的分水嶺。出生於 1990 年的孩子，恰好在 2008 年完成了他們的「成人禮」。90 後和 00 後應該算是「衰退的一代」，他們雖然也坐上了車，但坐的是「慢車」。一步慢，步步慢。坐「慢車」的人，很難趕上坐「快車」的人。機會越來越少，生活越來越難。代溝問題，歸根到底是經濟增長速度問題。

為了理解這種代際差異，我先來介紹兩個規律。

第一個規律是「拉斯蒂涅規律」。拉斯蒂涅是法國作家巴爾扎克在《高老頭》裏寫的一個人物。拉斯蒂涅是個很有野心的外省青年，到巴黎想學法律。他最初的人生規劃是通過學法律出人頭地。拉斯蒂涅住在一個破舊的客棧裏，有個壞人伏脫冷引誘他。伏脫冷說，你就算是當上了法國最有名的律師，又能掙多少錢呢？我告訴你一個發家的辦法吧。伏脫冷說，你看到沒有，

我們這個小客棧裏有個姑娘，她家裏很有錢，可是她繼承不了遺產，因為她還有個哥哥。伏脫冷說，咱倆合作吧，你負責勾引那個小姑娘，我負責把她哥哥做掉，咱們就能分錢了。這種傷天害理的事情，拉斯蒂涅當然不肯幹了。但小說裏寫道，拉斯蒂涅在巴黎混的時間長了，目睹了各種社會陰暗面，當拉斯蒂涅看到高老頭臨死的時候親生女兒都不去看他，拉斯蒂涅就改變了自己的想法。他不去鑽研法律著作，而是改為勾引高老頭的女兒。[11]

　　法國經濟學家皮凱蒂在《21世紀資本論》這本書裏就講過拉斯蒂涅的故事。皮凱蒂為什麼要提拉斯蒂涅呢？他告訴我們，每一代人之所以想法不同，背後的深層次原因還是經濟問題，最重要的就是收入分配問題。每一代的拉斯蒂涅，站在他人生的關鍵時刻，都會思考一個問題：我到底是靠自我拚搏，還是走別的道路呢？是跟這個世界同流合污，比如去「拚爹」、抱富人大腿，還是沒爹可拚，走向跟社會對抗的道路呢？[12]

　　在經濟高速增長階段，收入不平等程度其實也在加劇，但豐厚的增長紅利給人一種希望。人們會感激經濟增長為個人成長提供了更多的機會，人們也相信這些機會將公平地提供給每一個想要努力的年輕人。但是，正如皮凱蒂所說的，如果沒有適時適度的干預，僅僅依靠市場本身的力量，最後的結果一定是貧富差距越來越大。這是因為，從長期來看，資本的收益率會超過經濟增長率，而依靠勞動獲得的收入，最多能夠保持和經濟增長率在同一個水平。用通俗的話說，就是人賺錢很難，錢賺錢很容易。

於是，當貧富之間的落差使越來越多的年輕人失去了上升的機會時，就會有越來越多的年輕人退出力爭上游的遊戲。

第二個規律可以被稱為「鐘擺規律」。這是艾伯特‧赫希曼在《轉變參與》這本書裏講到的。赫希曼是一位具有傳奇色彩的經濟學家，他是一位少有的親身經歷過真實世界且知道真實世界複雜性的經濟學家。赫希曼在《轉變參與》這本書裏說，一個社會會像鐘擺一樣，在關心私人利益和關心公共行動這兩極之間擺動。換言之，一個社會的風氣，會在一段時期裏推崇私人利益，人人關心的都是賺錢這件事。但是過了一段時間，很可能是過了一代人的時間，人們就會不再關心賺錢，他們很可能會轉為關心公共問題，熱衷於參與集體行動。[13]

赫希曼舉了一個例子，他講的是第一次世界大戰的爆發。第一次世界大戰為什麼會爆發呢？當然原因很多，但赫希曼注意到，在第一次世界大戰之前，歐洲經歷了長期的和平與繁榮。結果呢，人們反而產生了厭倦心理，開始討厭物質繁榮，甚至討厭和平。當戰爭爆發的時候，很多人不是感到恐懼害怕，相反，他們興高采烈地上街遊行去了。

為什麼會出現這種鐘擺式的變化呢？一個原因是「拉斯蒂涅時刻」，也就是經濟的快速增長可能會導致貧富差距拉大，這會引起社會不滿。但赫希曼的思考要更深刻，他告訴我們，還可能有另一種情況，隨着經濟快速增長，新增加的財富可能會流入原本社會地位較低的社會階層。這本來是一件好事，但原來的既得

利益集團就會不高興，他們最看不上這些「暴發戶」。收入差距雖然縮小了，但相對的收入水平改變了，也會引起社會不滿。赫希曼還講道，物質消費本身難以讓人們一直感到滿足。你現在坐上飛機，兩三個小時就能從一個城市飛到另一個城市，這和原來的騎馬、走路比起來，絕對是天壤之別。可是，要是飛機晚點，讓你在機艙裏多坐了一個小時呢？你很可能一肚子怨氣。物質繁榮本身難以帶來長久的幸福，物質繁榮甚至會帶來更多的失望。用赫希曼的話講，這種失望跟塑料垃圾一樣，是「不能降解」的失望。經歷了從貧窮到豐裕社會的人們，很難理解這種經濟增長帶來的反作用力，但在年輕人中發生的一系列不可思議的微妙變化提醒我們，鐘擺可能要朝回擺了。

　　總結來看：由於有「拉斯蒂涅規律」，上一代人看到的是經濟增長帶來的個人成長機會，於是，相信每個人都能通過個人努力實現財富自由的人越來越多，而下一代人看到的是與經濟增長結伴而來的收入不平等程度加劇，於是，相信每個人都能通過個人努力實現財富自由的人越來越少；由於有「鐘擺規律」，上一代人更珍惜在社會穩定條件下努力賺錢的機會，於是，相信經濟增長能夠自動帶來社會進步的人越來越多，而下一代人看到的是財富積累導致的社會僵化和庸俗化，於是，質疑經濟增長能自動帶來社會進步的人越來越多。

　　如果不了解這種代際差異，我們就總是會想拿着已經過期的船票去登下一趟渡輪。

　　很多成功的創業者是 60 後和 70 後。在這一代人看來，資本家天生就是要賺錢的，市場經濟是完美而公平的。我付錢給你，就是要買你的時間和精力，如果你不願意在我這裏幹，那就去別的地方幹。這種建立在傲慢與偏見之上的管理模式一定會強調員工的奉獻精神。而強調員工的奉獻精神，不過是為了佔領道德高地、降低員工和企業討價還價的能力。這種管理模式真的管用嗎？上有政策，下有對策。很多員工找到了消極怠工的方法。他們的屏幕上看起來都是密密麻麻的代碼，實際上卻在鬥地主——反正老闆也看不懂。在這種僵化呆板的管理模式下，那些最有創造力的員工會最早離場。

　　這就是讓 60 後和 70 後企業家非常困惑的地方：為什麼能夠激勵他們的東西，卻激勵不了年青一代呢？時代變了。能夠激勵上一代人的是「貧窮動力」，也就是說，如果你不努力工作，就沒有錢賺，妻兒老小就要過着窘迫的生活。上一代人窮怕了，時時刻刻會有憂患感。上一代人又是幸運的，他們恰好趕上經濟高速增長時期，在賺錢的同時，他們也體會到自我實現的成就感。所以，他們已經習慣把金錢作為衡量世間萬物的尺度。

　　下一代人不一樣。他們不像上一代人那樣看重物質。生存對他們來說不再是天天要考慮的問題。在這個年代，想把自己餓死是一件很難的事情。在 2019 年一度紅得發紫的上海流浪漢沈巍就說過，現在的社會，食物是最好撿的東西，也是被浪費最嚴重的東西。生存之外，年輕人追求的東西是什麼？是做一些激動人

心的事情。他們評判一份工作好不好，不會只是看薪酬，也不是看這份工作穩定不穩定，他們會問：這份工作有意思沒意思？這個企業好玩兒不好玩兒？沒意思的工作他們不要，不好玩兒的企業他們不去。他們尋找的是「嗨動力」。

難就難在這裏。貧窮動力的燃點很低，而嗨動力的燃點很高。讓一個年輕人感到很嗨的事情，對另一個年輕人來説絲毫無感；今天他們覺得很嗨的事情，到了明天就會覺得無趣。那麼，到底什麼才是嗨動力？到年輕人當中，向他們請教，你才能發現更多的線索：自我表達是嗨，所以我們才會看到，在一個企業裏，有一次董事長發完言後，一個實習生很興奮，他站起來説，你講得很好，下面我也來講幾句；能夠參與是嗨，所以我們才會看到，像飯圈這樣的「雲端組織」開始興起，乘興而來，興盡而散，何必非要搞一個企業；與人分享是嗨，於是我們才會看到，任何阻撓或干擾他們自由交流的規則，都會遇到反抗，copyright（著作權）會遇到 copyleft（著佐權）的叛逆，Facebook 會遇到Maskbook 的偷襲；虛實混合是嗨，於是我們才會看到，越來越多的組織在學習遊戲的思路，這是因為，對於生下來就是網絡世界原住民的年輕人來説，遊戲就是工作，工作就是遊戲。

不管你喜歡不喜歡，未來的歷史劇情都是由年輕人來寫的，不是由老年人寫的。不管你相信不相信，年輕人想要的東西，其實跟以往的人們想要的都一樣：他們跟上一代人一樣想要自我實現，他們跟上一代人一樣想要得到體面和尊敬。總要有個發動

機，但蒸汽機的時代過去了，就得換內燃機。高鐵的時代到來了，就得把一個火車頭換成一組動車組，每個車廂的下面都要有動力裝置。貧窮動力失靈了，你只能學會去激發嗨動力。

接班人

2019 年 9 月 9 日是馬雲在阿里巴巴上班的最後一天。6 年前，馬雲卸任阿里巴巴 CEO，卸任演講的時候他曾數次哽咽。6 年後，馬雲正式辭去阿里巴巴董事局主席職務。他輕描淡寫地說，退休了也會繼續折騰，換個江湖，後會有期。2019 年，馬雲 55 歲。兩年前，在萬科股東大會上，66 歲的王石最後一次以董事會主席身份亮相，正式退休。說退就退，王石此後的活動無非是划划賽艇、爬爬山，參加一些環保公益活動。他說 70 歲就去沙漠種地。

2019 年，柳傳志已經 75 歲。他早已有了金盆洗手的想法，不僅卸任了聯想的董事職務，還註銷了旗下多家公司的法定代表人職務。同樣已經 75 歲，只比柳傳志小 6 個月的任正非想都不敢想退休這件事，47 歲的女兒孟晚舟還被扣押在遙遠的加拿大，華為這艘船遇到了前所未遇的風暴。

有人問張瑞敏，張首席，你什麼時候退休啊？張瑞敏這一年恰好 70 歲。他還不想退休。張瑞敏說：「其實，我也可以馬

上退休，但是，我還沒有完成一件事。我希望我交班的時候，交的不是一個帝國，也不是一個有圍牆的花園，而是一個生態系統。」[14]

有人曾問王健林，你什麼時候退休啊？王健林咬咬牙說：「我幹到 2020 年，那時候 66 歲，我一定會退！」王健林退休了，王思聰能接班嗎？王健林倒是想得開，他說，如果王思聰本人有能力並且有信心接管公司，那就把萬達集團給王思聰，若是王思聰自己和公司負責人都不能認可他的能力，那麼萬達集團就要重新找職業經理。[15]

也有人問過董明珠，你什麼時候退休啊？65 歲的董明珠毫不掩飾地說，格力和她是分不開的，「即使我退休了，我也會去關注（企業）」[16]。

從 2019 年開始，在今後的 10 年裏，中國企業界將會經歷一代企業家密集的退休。想退的，不想退的，總有一天都得退。說來有意思，那一代企業家，來的時候是爭先恐後來的，散場的時候，又是成群結隊離去。

他們退下去之後，誰來接班呢？你能夠想像一個沒有任正非的華為，一個沒有張瑞敏的海爾，一個沒有董明珠的格力，以及一個沒有李書福的吉利，一個沒有王傳福的比亞迪，甚至一個沒有許家印的恒大嗎？

接班人問題，是中國很多企業在未來 10 年將遇到的最大挑戰。

　　長江後浪推前浪。一代企業的後代，也就是我們所說的「二代」，目睹了父輩創業，接受過良好的教育，家境優越，有家族支持，他們能不能順利地接班呢？

　　司傳煜就是一個二代。他是個身材挺拔的山東小夥，彬彬有禮，誠懇謙虛。他恭恭敬敬地問我問題，像一個馬上要上戰場的年輕軍官向部隊裏的參謀打聽戰爭究竟是怎麼一回事。

　　我一邊聽傳煜講他父親和他的故事，一邊在想，這兩代人的差距這麼大，好比一支游擊隊，新來的隊長是軍校裏面剛剛畢業的飛行員，這仗該怎麼打呢？

　　傳煜的父親是一個典型的「被擠上車的人」。他年輕的時候是山東交運集團的職工，工作很穩定，從來沒有想過要下海。有一次，工作中，他接待了一個從南方來的商人。那個商人非常賞識他，教他做生意，還想拉他入夥，但被傳煜的父親拒絕了。公家的錢多好拿呀，何必到外邊受苦呢？後來，傳煜出生，家裏的經濟壓力大了，他父親才下定決心出來闖蕩。

　　這條路走上就無法回頭，而且只有荊棘，沒有鮮花。傳煜的父親一無資本，二無關係，他能夠蹚出一條路來，靠的是咬牙堅持，靠的是比別人多流的汗水和淚水。1995 年，傳煜的父親到湖南去，在當地被騙，錢沒有了，人反而被誣告，在派出所挨了打，還被人在樹上銬了一天。也就是這個時候，傳煜的爺爺病危，傳煜的父親在高牆內，恨不得插翅而飛。出來之後，他着急回家，可就是買不到票。他跟「黃牛」買票，又被騙了一次，身

上的錢也被搶走。好不容易輾轉奔波，最終回到家裏，自己的父親卻已經去世了。

父親的人生像一部小說，兒子的人生像一篇散文。傅煜小學就知道父親在經商，但父親從沒明確跟他說過長大要接班，只是盡其所能給他提供最好的教育。傅煜聽從父親的安排，先在國內讀大學，然後到國外讀研究生，回到國內繼續讀博士。在父親的鼓勵下，傅煜先報考公務員，在中央部委和基層地方政府都幹過。當公務員的時候，他也知道自己並不是要當官，而是要增加閱歷，明白國家的運轉機制，就像英國當年的貴族子弟都要去歐洲遊歷一番，增長才幹，結識名流一樣。有用沒用不說，這算是成長過程中必須經歷的環節。在政府工作了幾年之後，父親找了個時間，正式跟他談了談接班的問題。一切準備就緒，傅煜回到父親的企業，一邊幹活，一邊觀察，為將來接班做準備。

我問傅煜，兩代人之間的差異如此之大，會不會有衝突？他說不會。為什麼呢？因為山東是孔孟之鄉、禮儀之邦，講究孝道為上，他對父親本來就非常崇拜和尊重。其實，這是因為在傅煜看來，外人眼裏的衝突算不上衝突。高三一次模考的時候成績比上次稍差，傅煜曾經被暴打一頓。研究生畢業那年，剛從英國回來的傅煜興致勃勃地給父親講述國外見聞，言語中父子倆竟然因為中西方文化的思維差異以及企業管理理念不同爭執起來。更讓父親受不了的是，傅煜提出要「分府別住」，這徹底觸怒了父親。父親結結實實揍了傅煜一頓，最後以傅煜主動下跪悔過告終。

　　我的一位朋友陳婷曾經在《環球企業家》雜誌工作，後來專門致力於做家族傳承，幫着「企二代」順利接班。我問她中國企業的接班準備究竟做得怎麼樣，她講了一件令她印象很深刻的事。有一次，陳婷組織了個研討會，企業家一代和二代都來了，一代坐在一邊，二代坐在另一邊。陳婷請一代和二代分別寫下對自己家族的企業接班這件事情到底打多少分。一代們都很謙虛，不肯寫滿分，他們給出的平均分是 80 分。再看二代。二代普遍打的分數不到 60 分。

　　這是一個很普遍的問題。如果中國的企業不能順利交班，那很可能是因為這種「接班人」心態作祟。接班人思維的背後，是父輩希望子女輩跟自己一樣，於是按自己的標準來要求子女，這來自一種強烈的基因複製的衝動。子女一代則有一種被壓抑的基因突變的衝動，這是複製和突變之間的衝突。

　　複製有什麼不好呢？複製很快會導致退化。一個民族的退化，可能比我們想像的更快。看看日本吧，在 20 世紀 90 年代之前，日本是一個野心勃勃的民族；進入 90 年代之後，日本經濟進入了「失去的 20 年」，到現在還沒有起色。老齡化社會的負擔很重，年輕人變得越來越沒有激情，他們是無慾望的一代。1984年，43 歲的宮崎駿推出了動畫片新作《風之谷》。《風之谷》的主題是：再強大的敵人也戰勝不了我們。10 年之後，到了 1994年，59 歲的導演高畑勳推出吉卜力工作室的另一部作品《百變狸貓》。《百變狸貓》的宣傳詞是：當只貓其實也不錯。[17]

　　當只貓當然很不錯。從年輕人的角度來説，不要那麼辛苦，開開心心地過一種簡單的生活，沒什麼不好的。誰説人非要努力進取才行？在二代裏，想當英雄的有，想當貓的更多。有一個「富二代」，家裏很有錢，自己買了好幾輛豪車，但他對家裏的生意一點興趣都沒有，他的興趣是在路邊開大排檔。你放心，這樣的孩子絕對不可能敗家。真正敗家的反而是那些不沾染任何惡習，一路都是「學霸」讀上去，躊躇滿志，想要幹一番大事業的。二代裏做實業的少之又少，他們中有很多人奮不顧身地投入金融和投資。他們沒有老投資人的耐心和經驗，急於求成，偏偏投資又是個無底洞，很多心高氣盛的二代，都在這裏鎩羽而歸。

　　於是，一代對二代的要求會更嚴格，要求他們不要妄自尊大，要虛心向老人們學習，要尊重父輩們積累下來的財富，要聽大人的話，要像大人們一樣。這就能解釋我們在調研過程中看到的很多有趣的現象：大部分二代都不願意接班；願意接班的二代更喜歡自己另起爐灶，幹一些父輩不熟悉、插不上話的事情；二代最討厭的職務就是總經理助理，他們不知道在這個位置上到底要幹些什麼。一個二代哀歎，這就像電梯開到一半突然停電了，上也上不去，下也下不來。跟兒子接班相比，女兒接班往往更順利，這是因為父親和女兒更容易溝通，也是因為女兒在家族中扮演的大多是理財的角色，很少有統攬全局、獨當一面的。這些二代變得越來越相似，他們對待父輩越來

有禮貌。一位二代女孩子告訴我，幸福的婚姻總要得到父母的祝福。這句話肯定是她的父母告訴她的。貧窮會限制想像力，但你想不到的是，富裕同樣會限制想像力。一位二代告訴我，他們圈子裏都是成功的企業家和投資家。我問她：「你們有沒有關注過那些失敗了的？」她很驕傲地説：「那些失敗了的，就會自動從我們的圈子裏消失。」

可以預測的是，這個執着於血統和傳承的圈子，很可能會變得越來越精緻，也越來越脆弱。得到 CEO 脱不花有一次接待了一個代表團，來的都是二代。脱不花跟這些年輕人對話，感覺這些孩子個個素質都很高，清一水兒的名校畢業生，又都很努力，不驕不躁，但總覺得他們缺點啥。缺的是啥呢？脱不花後來終於想明白了，他們缺的是應對真實世界的能力。

父輩沒有教會他們，也捨不得教他們的，是一種血性和殺氣，是那種置之死地而後生的狠勁兒，是敢於反抗命運、敢於眾叛親離、敢於從零開始的勇氣。偉大的創新始於顛覆，最終的傳承來自回歸的逆子。接班問題，考驗的不是老年人的智慧和年輕人的膽量，相反，它考驗的是老年人的膽量和年輕人的智慧。

像傳煜這樣的年輕人來到了父輩拉出來的隊伍中，他們該如何作戰呢？你不可能把一支山地游擊隊變成飛行大隊，你也不可能把軍校的飛行員馬上變成經驗豐富的游擊隊隊長。傳煜的最佳策略很可能是找到一種完全不一樣的打法，就像在第二次世界大戰期間第一次投入戰鬥的傘兵那樣。艾本·艾邁爾堡壘是比利時

軍方為了應對常規的地面進攻而建造的龐大的地下碉堡，德國的坦克和步兵如果發動正面進攻，一定會遭受慘重的損失。比利時軍方沒有想到的是，1940年5月，一支德國傘兵部隊從天而降，迅速摧毀了比利時的防守火力。比利時軍隊全面崩潰，國內所有重要戰略目標幾乎全部丟失。

未來10年，中國的企業將會面臨一次重大的洗牌。防守的力量已經到位，進攻的力量也準備完畢，那麼，那支從天而降的傘兵部隊，會在什麼地方出現呢？

註　釋

1　姚心璐：《程序員們揭露「996ICU」互聯網公司：華為阿里等上榜》，
　　https://finance.sina.com.cn/chanjing/gsnews/2019-04-05/doc-
　　ihvhiqax0144164.shtml?cref=cj。

2　《四天三次，馬雲再談 996，人民日報也發聲了》，https://baijiahao.baidu.
　　com/s?id=1630833885519965245&wfr=spider&for=pc。

3　《劉強東朋友圈回應 996：「混日子的人不是我的兄弟 」》，https://
　　tech.163.com/19/0412/ 18/ECJ6M1PE00097U7R.html。

4　石燦：《深訪楊超越杯編程大賽發起人，還原硬核粉絲追星全過程》，
　　http://www.sohu.com/a/301146455_100191018。

5　同上。

6　〔法〕拉羅什福科：《道德箴言錄》，何懷宏譯，三聯書店 1987 年版。

7　〔美〕亨利‧詹金斯：《文本盜獵者：電視粉絲與參與式文化》，鄭熙青譯，
　　北京大學出版社 2016 年版。

8　《粉絲即經紀：「飯圈」運營解析》，載《成功營銷》2017 年第 Z5 期。

9　新浪微博發佈的《2018 微博粉絲白皮書》顯示，超過 60% 的粉絲不到一
　　年就「爬牆」。

10　以上素材和靈感主要來自：廖偉棠，《我城風流》；蕪露，《天星：我們的
　　理由》；韓麗珠，《輸水管森林》；陶傑，《洗手間裏的主權》；廖偉棠，《更
　　多的人聽風》；劉以鬯，《動亂》；徐天成，《我們香港這些年》；陳滅，《看
　　不見的生長》；馬家輝，《在廢墟裏看見羅馬》；董啟章，《V 城四部曲》等。

11　〔法〕巴爾扎克：《高老頭》，傅雷譯，人民文學出版社 1989 年版。

12　〔法〕托馬斯‧皮凱蒂：《21 世紀資本論》，巴曙松等譯，中信出版社
　　2014 年版。

13　〔美〕艾伯特‧奧‧赫希曼：《轉變參與：私人利益與公共行動的新描述》，
　　李增剛譯，上海人民出版社 2008 年版。

14 《馬雲都退休了，張瑞敏何時退休》，https://new.qq.com/omn/20181107/20181107B1BR3H.html。

15 《王健林：我幹到 66 歲一定會退休！將來有另一個「想法」》，https://baijiahao.baidu.com/s?id=1614013874661425450&wfr=spider&for=pc。

16 《董明珠談退休：格力和我分不開，即使我退了，還是可以去挑刺》，https://new.qq.com/omn/20190926/20190926V0949W00.html。

17 〔日〕鈴木敏夫、柳橋閒等：《吉卜力的小夥伴們：我是這樣賣宮崎駿、高畑勛電影的》，黃文娟譯，中信出版社 2018 年版。

第四章

苟且紅利

莆田鞋

中國人怎麼看莆田，就像外國人怎麼看中國。

莆田人自己最痛切的記憶是曾經的多災多難。莆田也不是說沒有過輝煌的日子。西晉之後，中原戰亂，衣冠南渡，一批又一批士族遷入莆田。宋朝，莆田文氣熾盛，出了很多名士，但令人尷尬的是，這裏出的最有名的人才當屬宋代奸相蔡京。明清以降，莆田遭逢劫難。明朝嘉靖年間，莆田多次遭受倭寇侵擾，成為倭患以來中國第一個，也是唯一一個被攻陷的府城。1582年的除夕之夜，倭寇進犯，莆田人倉皇出逃，到山上避難，大年初二回到家中，看到的是屍首枕藉，滿目瘡痍。那種錐心的痛楚記憶猶存。在莆田，正月初二是「探亡日」，絕不走親訪友，正月初五才過年。清朝初期，這裏是清政府和鄭成功政權的勢力犬牙交錯的地方。1661年，清政府下令在福建沿海截界，強行修牆，把沿海居民遷往內地。於是，莆田被劃為界內和界外。界外村莊盡毀，田野荒廢，界內百姓死於力役者眾多，「棄數百里膏腴之

地，蕩為甌脫」。這兩場劫難過後，莆田元氣大傷，加之這裏三面環山，一面望海，土地貧瘠，為求生存，當地人越過山丘、踏遍海浪，到各地經商，江湖上才有了「神仙難賺莆田錢」的傳說。

在外人的眼裏，莆田是個非常神祕的地方。過去二三十年，莆田人的經濟實力突然強大起來，而且強大得超乎想像。這頭猛然浮出水面的巨鯨，原來藏在哪裏呢？

莆田到底有多強悍呢？

2016 年魏則西事件之後，人們突然發現，中國的民營醫院竟有 15 000 多家，數量超過了公立醫院，而其中居然有 80% 被控制在莆田東莊鎮的詹、陳、林三個家族手中。這也是一件很諷刺的事：當莆田系最早跑江湖賣膏藥，在電線杆上貼「老軍醫治性病」小廣告的時候，注意到它的人不算多，而當莆田系完成了資本的原始積累，野心勃勃想要「洗白」自己的時候，反而遇到迎頭痛擊。莆田北高鎮號稱「金匠之鄉」「珠寶之鄉」，該鎮從事黃金珠寶首飾行業的生產經銷商在全國各地超過 2 萬家，其銷售額佔全國珠寶銷售總額的 1/3。忠門鎮是莆田最早做生意的，也是第一個富起來的鎮，其木材生意遍佈全世界，控制了國內 90% 的木材貿易。還有更神奇的：莆田籍商人經營的加油站，佔據全國民營加油站一半以上的份額。莆田有 2 萬名油畫畫師，油畫產量佔全球的 30%。

再提醒一點：莆田系醫院創始人不算傳統醫藥世家後代，莆田的油畫師不是美術專業出身，莆田本地不產黃金白銀，不產

木材，更不產石油。莆田所有的特色產業都是無中生有、裂變生長的。

2019 年 7 月，我到莆田調研。這個城市給我的第一印象是太平庸了。街邊沒有林立的五星級酒店，路上看不到多少趾高氣揚的豪車，連賣一線品牌的奢侈品店都沒有。本地女人說，要想買時尚的化妝品和衣服，得跑到福州。人們的衣着也很隨意，很少看到西服革履的，也沒有流行的奇裝異服，大部分男女老少都穿着 T 恤衫、運動褲或是短褲。當地的幹部、老闆、年輕人、退休大爺、掃地阿姨，幾乎所有的人都穿運動鞋。

提到莆田鞋，你可能會心地笑了。我知道。你聽說過馬雲為淘寶上的莆田假鞋震怒，呼籲媒體關注這裏的造假產業鏈。馬雲說，「去看看，你會震撼的」。有傳言說，國內市場上 10 雙假鞋裏，9 雙都是從莆田發貨的。國外媒體也來莆田調查採訪，莆田假鞋的名聲傳遍了世界。你也可能聽說過，很多穿過莆田假鞋的消費者說，假鞋的質量比真鞋還好。對莆田假鞋，不僅普通消費者難以分辨出來，就連專業的體育網站虎撲體育網上的「牛人」們也會看走眼。

入夜，我們來到莆田著名的「鬼市」安福電商城。這裏是遠近知名的假鞋集散地。白天，商店全都關門，街上空空蕩蕩，到了晚上，尤其是深夜，這個沉睡的怪獸才甦醒過來。燈火閃耀，人影幢幢。車子堵在路上，道路噎着了。無數的摩托車鑽來鑽去，騎手戴着頭盔，後座上綁了大大的紙箱。潮熱的空氣，緊張

的汗水，晃眼的車燈，不耐煩的鳴笛聲。很多商店的招牌耀眼而曖昧：新百倫丹、中國 NB、紐巴倫、新百倫領跑……LED（發光二極管）顯示屏不停地閃動：「椰子鞋」「兵馬俑」——後來我才知道，這些是最近賣得最火的「爆款」。滿街入耳的都是莆仙話。像我這樣聽不懂當地話的，只能跟在當地朋友的後面靜靜地觀察。沒有在門口招攬生意的售貨員，每個商店的櫥窗裏擺放着各種運動鞋，跟「耐克」「阿迪達斯」這些名牌運動鞋很相似，但沒有貼商標。進到店裏，賣貨的小夥子根本不抬眼看我們。在另一個商店裏，隔着玻璃，我能看見買家和賣家互加微信。灰色的居民樓隱匿在夜色裏。在安福電商城的出口，豎着一塊巨大的「電商品創基地」展板，上面排列着近 50 個鞋服品牌：古奇天倫、心創新百倫會、佑蒙、沃特、沙馳……好幾塊牌子空着，有一塊牌子被人寫下手機號碼，一個不起眼的牌子是順豐優選。能拉來充數的都拉來了。我拿出手機拍照，很快就有路人轉過頭，用狐疑的眼神打量着我。

這就奇怪了。既然莆田的鞋子做得比真鞋還好，為什麼非要鋌而走險，盜用別人的品牌呢？為什麼要仰人鼻息，給別人代工呢？為什麼就不能有自己的品牌呢？

我採訪了當地的幾位鞋廠老闆，聽到了三種最有代表性的答案。C 告訴我：不敢做。F 告訴我：不想做。L 告訴我：做不了。

C 是「企二代」。一身黑衣，身材保持得很好，謙遜有禮，不緊不慢地倒茶。他很坦誠，並不諱言自己家原來也做過「阿

冒」。「阿冒」就是當地人對假鞋的代稱。那為什麼不做了？C說：「風險太大了，被抓住有可能會進去的，再說，利潤越來越薄，不值得。」那為什麼還有人做呢？C說：「他們沒有長遠眼光啊，只想着得過且過。」「阿冒」也分檔次：通貨最次，真標是高仿的入門級，公司級是廠貨按正品切片來的，還有1：1完全用的是原廠材料。一般的假鞋，手工作坊就能做出來，高端的「阿冒」需要的設備更先進，都是在隱蔽的廠房裏生產。為什麼假鞋和真鞋能做得一模一樣呢？圖紙是偷出來的，材料是同款的，工人是從品牌運動鞋的代工廠挖出來的，給錢多，人就出來了。C說，造鞋又不是造原子彈，其實不難。

那為什麼自己不做品牌？C一個個給我們數失敗的先例。數年前，曾有一個莆田人陳英洪，投入 5 000 萬元，做原創鞋品牌，最後一敗塗地，背上巨額債務。失敗的陳英洪被媒體稱為「莆田叛徒」。仙遊的沃特曾經是莆田鞋業的帶頭大哥，當年野心勃勃，簽約王治郅做品牌代言人，巔峰時期在全國有 2 000多家實體店。後來銀行抽貸，企業沒錢了，上了莆田欠債企業黑名單，還排在第一位。另一家洛馳，想走更穩健的路線，選擇只做戶外登山鞋。2013 年底它在全國開設了近 200 家專賣店，產品遠銷歐洲和韓國，但 2014 年資金鏈斷裂，被迫停產。到目前為止，想要自創品牌的莆田鞋廠，幾乎都做着做着就倒掉了。C說：「像我們這樣的小廠，怎麼敢去做？」

那以後有什麼打算？C說，他也很迷茫。他們的企業現在

專注於做氣墊，主要給李寧、安踏做代工。給國內企業代工，回款周期更慢，加上勞動力成本上漲，未來前景並不樂觀。現在廠裏有 200 多個員工，他沒有裁員，也不想擴大規模。C 家的廠子開得早，廠房面積大，一共有六七萬平方米，他租出去四萬平方米，一年房租可以收五六百萬元。C 說：「也就這樣了，現在我天天打籃球，身體最重要。」

F 衣着樸素，說話乾脆利落。桌子上擺着一盤水果，她認真地監督我們一定要吃完。她自稱沒文化，只讀過初中，不讀書看報，也不跟政府來往。她 15 歲就出來幹了。20 世紀 80 年代，她媽媽在鞋廠上班，後來家裏也辦起了鞋廠。她像一隻小動物那樣溫和，也像一隻小動物那樣警覺。採訪到一半，她突然停下來問：「你問我這些，不是要報給官方吧？」

F 很肯定地說，自己不打算做品牌，做品牌的核心競爭力是市場營銷，不是製造。F 說：「我們希望專注於製造，給品牌提供一些他們都沒有想過的東西。」目前，他們是耐克最年輕的一屆供應商。在 F 看來，安踏、特步這些國內企業是沒有辦法跟耐克比的。她說：「我們就是要給耐克代工，跟着行業老大，才能幫助你提高產品質量。雖然壓力更大，但賬期更短，利潤率更高。」

我問她：「為什麼莆田的鞋廠都做不大，而莆田的旁邊就是晉江，晉江卻湧現出一批像安踏、特步、361°這樣的國內品牌呢？」F 說：「因為政府支持，還有資本運作。這得有資本運作。我沒有讀書，我不懂這些，我就做工廠。有人要參與我們的股

權，有人要收購我們，我都不答應。」

以後，莆田的鞋廠會怎麼樣呢？F說，無論是台灣那邊來的，還是莆田自己人，造鞋子的越來越少了。年輕人追求短平快，不願意做工廠。莆田的年輕人，10個裏面，5個在做電商。她說：「我們這一批，有60後的，有70後的，轉行不可能，走不出去，也不知道還能做什麼，幹到50歲，差不多到頭了。我們是最後一批堅守的。」

L身材瘦削，白襯衫、西褲、皮鞋。他的辦公室門外就是車間，女工都去吃午飯了。昏暗的房間裏堆滿了工作台，工作台上擺放着縫紉機、鞋面、鞋底，縫紉機的旁邊有還在吹風的小電扇。L一支煙，一杯茶，跟我們聊天。

「想不想？當然想啦。我跟我老婆講，一個做鞋子的人，沒有自己的品牌，就跟女人沒生過孩子一樣。我也在市裏開會的時候跟市長說，你覺得在座的企業都很厲害，可這裏面肯定沒有人能做品牌。他們說莆田製造，我跟他們說，哪裏有莆田製造，我們只有莆田加工。製造和加工是兩碼事，製造要有研發能力，要有產品實現能力，要有產品保障能力，要有產品服務能力。你有這4個嗎？你都沒有。你憑什麼說你在做製造？」

他歎了一口氣繼續說：「我們連加工都不合格。你看台灣那些給耐克和阿迪達斯做代工的企業，比如寶成、豐泰，現在都到第二代了，他們跟美國人有幾十年的因緣。人家是鐵打的營盤流水的兵，我們呢，流水的營盤鐵打的兵。」

L 說：「我不敢說自己是企業家，我就是個鞋匠。」停了一下，他好像是在跟自己說：「做鞋難嗎？不難，但把一件簡單的事情堅持做下去，就是不容易。」

回到北京，我收到從莆田寄來的一個包裹。莆田的朋友寄給我一雙鞋子。說實在的，我從來沒有見過這麼難看的鞋子。黑色的鞋面疙裏疙瘩的，走起路來，隱隱約約會有一閃一閃的小亮光。我看着腳上的鞋，覺得自己的腳變成了兩隻醜陋的蜥蜴。莆田的朋友說：「這是最流行的椰子鞋，綽號『滿天星』。這雙鞋是1：1，讓你見識一下莆田鞋的厲害！」

我猶豫了很久，還是覺得過意不去，最後決定到網上再買一雙正品。所謂的正品，標價 6 000 多元。好啦，現在我有了兩雙一樣難看的鞋，麻煩的是，我已經分不清哪雙是哪雙了。

其實，我想要的不是「椰子鞋」，我想要的是一雙讓我喜歡的莆田鞋。能有一雙不卑不亢的莆田鞋，讓中國的消費者高高興興地穿在腳上，這件事情，到底有多難呢？

小鎮之旅

我對中國經濟的真實認知，是在一個一個小鎮那裏聽到的。有的時候，每一個小鎮告訴我的故事各不相同；有的時候，每一個小鎮都在向我訴說同一個故事。

最初，秦始皇統一中國，實施郡縣制，從此勾勒出中國的行政格局，「公天下之端自秦始」[1]。目前，中國一共有 2 000 多個縣級行政單位，4 萬多個鄉鎮行政單位，滿天星斗，忽明忽暗，若隱若現。它們中的大多數不像北京、上海、深圳等一線城市一樣璀璨奪目，也不像喀納斯、九寨溝這些人間絕景一樣攝人心魄，它們看起來喧鬧混亂、城鄉結合、新舊糅雜。那裏富有生活氣息，那裏是我們這些遊子的故鄉。雖然我們中的大多數人已經很少回去，但那裏永遠留着我們的記憶。在經濟高速增長時代，那裏出現了變化，有的變化讓我們讚歎，有的變化讓我們惋惜。

2019 年初，我向讀者發出邀請：請你幫我尋找中國的特色小鎮。

我向讀者朋友提了幾個問題：你的家鄉在哪裏？你的家鄉最大的特色是什麼？你的家鄉有哪些地方品牌？有哪些品牌在你們家鄉小有名氣，但在你上學、工作的地方很少有人知道？請你推薦一個家鄉的熟人，這個熟人非常了解當地的情況。請你推薦一個家鄉的商店，這個商店可大可小，只要是當地人最常去的商店。哪個是你的家鄉最地道的菜？哪些菜能勾起你對家鄉的懷念？

讀者回覆的踴躍程度超出了我的想像。截至 2019 年 8 月，我一共收到了 133 條留言，150 多封推薦自己家鄉的電子郵件。有的人還留在當地，有的人已經離鄉；有的人能說出當地的品牌，有的人介紹了當地的商店；幾乎所有讀者都提到了家鄉的味

道——我高度懷疑，正是家鄉的味道勾起了他們的回憶，這才讓他們提筆回覆。

讓我們來看看這些回覆吧。

先看看東北。一位來自哈爾濱的朋友不甘寂寞，也給我留言。哈爾濱當然不是小鎮，但他注意到的小趨勢很有意思。哈爾濱的特色小吃是楊國福麻辣燙。可能很多人都覺得麻辣燙是四川小吃，但哈爾濱人重新發明了一次麻辣燙。齊齊哈爾市拜泉縣富強鎮的讀者講道，他們有位縣長提倡綠化，標語是：樹是我爹。來自遼寧阜新的一位讀者講道，雖然阜新是全國第一個資源枯竭城市，當地人多數不求上進，一些精明的商家卻幹得風生水起。有個林家小館，天天門庭若市，還有當地的好又多超市，每天一個低價的引流品，把很多其他超市淘汰了。

再來看看西北。青海互助是一個土族自治縣，有青稞酒廠，也有唱家鄉花兒、跳土族輪子秋的土族文化歌團。互助縣大泉村8社，整個村莊只有一個小賣部。甘肅武威涼州區的讀者朋友推薦了當地一位80後的肖像漫畫家。他還告訴我，當地最好吃的美食叫「三套車」，有菜有面有飲品，老武威人吃了就能説出來是哪家出的滷肉。甘肅定西市隴西縣文峰鎮是全國百強鎮之一，長期被譽為「隴上旱碼頭」，但隨着寶蘭高鐵和蘭渝鐵路的開通，這裏的流動人口迅速減少。定西土豆很有名，當地的清吉洋芋集團和農戶合作，專門生產馬鈴薯精澱粉等產品。

還有一些非常有意思的故事。維爾康是一個碳酸飲料品牌，

在山西陽泉平定縣家喻戶曉，到了外面的市場卻默默無聞。來自河套平原的三胖蛋瓜子在得到 App 商城有售，但一位當地的讀者朋友是在得到 App 商城看到後，才發現這是自己家鄉的品牌。一位許昌的讀者朋友盛情邀請我們去看看當地的胖東來商貿公司，這家公司在許昌開設了大大小小十幾家商場，號稱商業中的「海底撈」，你買東西的時候，售貨員一邊收款一邊幫你把東西裝好，還有服務員主動幫你拎到電梯口。銅川市黃堡鎮地處黃土高原的邊緣，隸屬陝西省，但這裏聚居着一群河南人，號稱「小河南」。浙江紹興柯橋是著名的輕紡城，但這裏最多的外來人口是來自 2 000 公里之外的四川宜賓筠連人。在湖北監利，喜歡小龍蝦的朋友有福了：這裏的小龍蝦產量佔全國小龍蝦產業的 40% 左右。湖南新化雖然是國家級貧困縣，火車站的車次卻比很多地級市還多。新化最有特色的是打字複印產業，你走進任意一家打印店，幾乎都可以直接說新化方言交流。湖南瀏陽，你知道這裏是「煙花之鄉」，但瀏陽柏加鎮也是「中國花木之鄉」，到處是樹木、花卉，人們生活在方圓好幾十里的天然大氧吧中。山東臨沂市蘭陵縣是著名的「大蒜之鄉」，但當地最紅火的是千飾，一家來自義烏的飾品百貨店。浙江溫州龍灣區是民營經濟最發達的地方，也是借貸風波的重災區。當地人說，現在的老闆都在為民工打工，因為工人的薪資待遇不斷提升，而企業能維持下來不虧本就很不錯了。貴州鎮遠是一個寧靜古樸的小鎮，沒有名氣，沒有開發，卻讓每一個來這裏的人讚不絕口。

不去祖國各地到處走走，你不覺得錯過的東西太多了嗎？

2019 年 8 月，我和三位研究助理一起，從北京出發，經河北、山東、江蘇，到達上海。一行 7 天，行程 2 200 公里，我們先後走訪了河北省邯鄲市永年區臨洺關鎮、山東省淄博市臨淄區邊河鄉搭嶺村、江蘇省鹽城市響水縣陳家港鎮，還有連雲港、宿遷、睢寧、靖江等市縣。這是我們探尋中國「特色小鎮」的第一次旅行。

邯鄲市永年區。天空晴朗，一碧如洗。這大大出乎我的意料，在我的印象裏，邯鄲應該是空氣污染最嚴重的地區。邯鄲讀者劉光輝告訴我，這是因為當地政府把污染企業都關掉了。邯鄲市永年區的特色產業是標準件，也就是我們通常熟悉的螺紋件、滾動軸承等零部件，這裏是全國最大的標準件生產基地和批發市場。過去，大部分廠家都是小廠，生產過程中鍍鋅環節會帶來污染，企業把污水直接排到河裏，還有偷偷打井排到地下的。洺河變成了臭水溝，人們開車走過河堤都不敢開窗。當地的水人們不敢喝。天上的白雲都被染灰了。劉光輝帶我去看那些廢棄的工廠。低矮破舊的廠房，道路泥濘，廠門緊鎖，闃靜無人。他又帶我們去看後來建起的一家專門負責鍍鋅的現代化工廠。這家工廠佔地面積很大，青灰色建築，牆外的馬路上密密麻麻停了一排車，戒備森嚴。據劉光輝說，這家工廠的環保做得很好，排出的水能養金魚。我們路過一個公園，公園裏有一個小湖。劉光輝說，那是原來一家紙廠的舊址，挖了一個大坑，造出的湖。洺河

也變清了，現在有野鴨、各種水鳥，釣魚的人也多了。

劉光輝自己也辦過一個生產標準件的小廠，投資了 40 多萬元，剛買好設備，僱了工人，就被關掉了。有賠償嗎？沒有。但劉光輝覺得治理污染是一件好事。那他現在怎麼生活呢？劉光輝說，他現在賣酒。賣什麼酒？賣紅酒，南非紅酒。這也是一件很稀罕的事。邯鄲人民是不喝紅酒的，他們只喝白酒：永年當地酒叫廣府春，邯鄲最流行的是貞元曾 42 度和 53 度，梨花叢台 5 年、10 年和 15 年。前幾年還鬧過一個烏龍：有家樓蘭酒廠在邯鄲賣古菀老窖，號稱是西域古酒，後來才被查出來是本地酒廠假造的。劉光輝說：「我不賣給本地人，我在網上開店。」

晚上，劉光輝請我們吃飯。當地最地道的是馬家驢肉私房菜。劉光輝興致很高，執意要點全驢十八件：蒜泥驢耳、芥末驢肚、薑汁驢屑、醬驢口條、煎驢排、烤驢串，還有驢鞭、驢寶……一碟一碟，堆起來像小山。跟我同行的兩位小姑娘假裝沒有聽懂報的菜名，筷子停在空中，不知道該怎麼下手。

淄博市臨淄區。田靜辦的補習班不太好找，它藏在臨淄一條主馬路沿街店舖的二樓，有兩三間教室，幾十個孩子。走廊和房間裏掛滿了當地一位書法家寫的字。田靜人如其名，是個文靜的姑娘。她家在附近的農村，她上學的時候學習非常刻苦，宿舍裏關了燈，她就到路燈下讀書。她在天津讀大學，學服裝設計，後來到韓國讀心理學。上學期間，她沒想到視網膜急性脫落，一隻眼睛失明了。她一邊留學一邊求醫，最終還是選擇回到家鄉。

有一陣子，田靜非常抑鬱，半年沒出門。後來，她辦了一家自己的課外輔導機構，跟孩子們在一起，讓她感到很開心。田靜很要強，對孩子們要求也很嚴，但她發現，好多家長不跟她配合。臨淄區有家大型國企齊魯石化，很多孩子的家長在這裏上班，家長們工資不低，壓力不大，把孩子送到補習班，交了錢，就覺得沒自己啥事了。快中考了，田靜找家長們開會，告訴他們該怎麼幫助孩子複習，好多家長卻在下面玩手機、說小話。田靜說：「再也沒有孩子像我當年那樣刻苦讀書啦！」

我們跟着田靜回到她的家鄉，邊河鄉搭嶺村。山村的老房子大多用石頭砌成，錯落有致，新修的小樓用的是水泥磚瓦，整齊而單調。道路還算平整，水電入戶，也很方便，村裏最近在修廁所，每家裝抽水馬桶，就能拿到 900 元補貼。但是，這座山村顯然已經衰敗。村裏找不到年輕人，僅有的一家小賣部也辦不下去了。我陪着幾位老人聊天，他們講起來，今年的收成又不好了，山上的樹比以前多了，鳥叫蟲鳴卻聽不到了。老人說，都是因為灑農藥啊。一位老人跟我談國家大事：「我一開始聽上邊講『四個自信』，新提了文化自信，很不以為然，咱們文明古國，還會沒有文化自信？現在我算懂中央的意思了，你看看，村裏的年輕人再也不尊重老人了，打罵老人的事兒都有了。我算明白了，為什麼中央要講文化自信，要弘揚傳統文化，太有道理了。」

鹽城市響水縣陳家港鎮。疇平野闊，稻麥離離。無數高壓電塔密如叢林，天空中交織着電線網。大街上幾乎沒有人。一個姐

姐帶着弟弟走出巷子，在路邊站着，沒過一會兒，就開過來一輛公交車。這裏沒有車站，沒有站牌，小姐姐揮揮手，車就停了下來。有個老漢在路邊撐起衣架，掛了各色衣服在賣：有蕾絲連衣裙，有西裝褲，還有警服，警服分夏季和春秋季兩款，也有保安服，袖子上繡好了「太平洋商場保安」的字樣。

從外面看，只能看出新鋪的道路，整修過的房屋，走進鎮裏，就能看到 2019 年 3 月 21 日響水爆炸事故留下的創傷：二層的樓房被掀開了房頂，人去樓空的小工廠，堆積如山的磚石瓦礫，幽靈般出沒在巷子裏的老人。曾經繁華的店舖只剩下招牌。王先生開着車來接我們。車是本田雅閣，剛洗過。他自稱不識字，跟我們聯繫的時候不打字，只用語音。他帶我們到家裏，房間裏空空蕩蕩的，從外表似乎看不出受損的跡象，但仔細看，還能看到牆上的裂縫。爆炸那一天，王先生全家正好在外地，躲過一劫。但恐懼感始終沒有消失，他們一家人晚上睡覺，會擠在一間最狹小的房間裏：因為爆炸過後，只有這間房間的窗戶沒有被震碎。

怎麼辦？王先生顯然已經想了很長時間。他仿佛是一個人在下一盤棋，翻來覆去，要考慮不同棋手的着數。他說：「官員也不都是貪污的，老百姓裏也有刁民，我們並不想讓化工廠停工。化工廠停工了，地方財政收入從哪裏來呢？既然把化工園搞起來了，那就好好搞唄，讓工廠提高安全管理，政府要管得更嚴。」

「那你們怎麼辦呢？」

王先生語調平淡，略帶一點乾澀，說：「我們搬走就好了。政府想個辦法，把我們遷走就好。這裏沒辦法住了。我們搬走就好了。」

以前經常光顧這裏的丹頂鶴飛走了，以前曾經洄遊到這裏的虎頭鯨也消失了，它們都走了，人卻走不了。

斷裂的循環

在小鎮調研的過程中，我發現一種巨大的反差。一方面，中國的小鎮蘊含着巨大的生產能力，很多小鎮各有各的特色產業，一不小心就做成了全世界的隱形冠軍；另一方面，這幾年，中國小鎮的基礎設施有很大的改善，人民群眾渴望更美好的生活，小鎮裏蘊含着不斷提升的消費能力。但是，在這種巨大的生產能力和不斷提升的消費能力之間，出現了一道鴻溝。為什麼從生產到消費的循環，會出現如此大的斷裂呢？

在 2019 年，有一篇網文 [2] 在朋友圈裏「刷屏」。這篇文章揭祕了中國的很多「超級小鎮」，比如，江蘇泰興黃橋鎮是世界最大的小提琴出口基地；山東省濰坊市昌樂縣郕邵鎮生產了全世界將近 1/3 的吉他；全世界將近 1/3、全國將近一半的泳衣來自遼寧葫蘆島興城市；河南許昌是「假髮之都」，假髮出口量佔全世界市場份額的一半以上；山東菏澤生產了全國 80% 以上的棺

材，日本 90% 以上的棺材也來自這裏；浙江衢州江山市生產的
羽毛球佔據全國將近 1/3 的市場份額；全國超過 85% 的鋼捲尺來
自河南虞城縣稍崗鎮；揚州的杭集鎮專門生產酒店用品；江蘇丹
陽專門生產眼鏡；世界上 70% 的打火機來自湖南邵東縣；浙江
諸暨一個叫山下湖的小鎮，向世界輸出七成以上的淡水珍珠；全
國 60% 的寵物食品來自河北南和縣；全國大部分的 10kV 以上的
高架線來自四川廣安的岳池，10kV 以下的高架線則大多來自岳
池隔壁的武勝。

　　這些產品都是怎麼製造出來的？生產條件千差萬別。我們
選了廣東佛山，到幾家企業的車間做調研，先去的是一家生產馬
桶蓋的企業。佛山是中國陶瓷衛浴之都，你聽說的中國遊客到日
本買回來的馬桶蓋，其實都是在中國生產的。中國企業能生產
出來，也得運到日本去賣，因為國內價格戰打得太厲害了。這家
生產高端馬桶蓋的企業，生產廠區卻一片混亂。車間噪聲很大，
工人噴釉、打磨作業時基本上只戴一個普通的口罩。車間裏有個
長相粗陋、灰頭土臉的機械臂，用來搬運馬桶，一個一個地搬。
它是機器人世界裏的低端勞動力。我們又去了海天醬油的生產車
間，看到一條由智能化設備連接起來的智能生產線，設備是德國
進口的。醬油從不暴露在外，也不跟人接觸，從大豆到醬油成品
的 494 道工序全部通過管道走完。我們又去了一個紡織廠。工廠
裏，工人騎着平衡車來來去去，2 000 多名工人操縱着 5 000 多
台機械臂。機器穿針、機器驗布、機器配色。智能化生產水平提

高之後，紡織廠裏的男孩比女孩多了。男孩可能對操縱機械化、電子化的東西更感興趣。

每一個小鎮的生產都有自己的特色，「一鎮一品」，甚至可能「一村一品」，但越來越多小鎮的消費變得沒有特色。這不一定是壞事。每一個小鎮的基礎設施都有了改善，道路都很寬敞，綠化帶都很茂密。哪怕是在很偏僻的小鎮，都有可能看到長達數公里的塑膠跑道。一線城市裏有的消費，在三線四線五線小鎮裏也能見到蹤影：這些小鎮都有自己的咖啡館，價格也不便宜；都有奶茶店；旅行社打着海外遊的廣告；在每個小鎮的商業中心，最火爆的餐飲不是當地的小吃，而是日本料理、韓國燒烤、意大利比薩、西班牙海鮮飯，這也不一定是好事，那家西班牙海鮮飯做得特別難吃；大爺身上穿的名牌 T 恤衫，大娘腳下穿的名牌運動鞋，一看就是假的；所有小鎮都幻想發展旅遊業，那些無人光顧的景點賣的紀念品千篇一律，反倒是坑蒙拐騙的更有想像力——一家火鍋店的招牌上寫着「同時兼營股票投資和心理輔導」，另一家小店聲稱自己的營業範圍是國際戰略諮詢；有家門面不大的房地產公司叫萬赫，還有個汽修廠叫寶奔，哦對了，我最喜歡的是這個——有家洗腳店，給自己起了個名字，聽起來很有「文藝範」，叫「懷石洗腳」。

為什麼中國的小鎮能佔領全世界的市場，卻放棄了身邊的市場？為什麼莆田能造出來1：1的「椰子鞋」，卻不能給小鎮的大爺大媽生產100元一雙的莆田鞋？為什麼日本的「懷石料理」顯

得高端大氣，我們的「懷石洗腳」聽起來有點怪怪的？人民群眾對美好生活的嚮往為商家提供了巨大的市場機會，可是，我都把手機拿出來，準備好掃碼付款了，你卻只能給我提供這樣爛的東西？

帶着疑問，我去拜訪中國人民大學的劉向東教授。劉教授是專門研究流通行業的。

劉向東有當老師的職業習慣，他一把把辦公室裏的白板拉過來，掏出一支筆，一邊畫圖，一邊寫板書。他先畫了一個圓圈：從生產到消費。在這兩個環節中間，還有一個流通環節。「看這裏，何老師！」劉向東說話的時候用筆戳着那塊白板，把白板戳得咔咔響。

在生產和消費中間隔着流通，而流通像一道坎兒，兩邊都過不去。中國經濟的症結，既不在生產，也不在消費，而是在中間的流通。

為什麼中國龐大的生產能力無法觸達小鎮的父老鄉親？因為大批生產能力最先是被海外市場激發出來的，他們只會做外銷，不會做內銷。大批出口走的都是「沃爾瑪模式」。中國的國門剛剛打開，沃爾瑪就來了。沃爾瑪到中國的時候，由於不熟悉情況，曾經請香港人幫忙聯繫生產廠家，後來就開始直接跟內地的生產廠家聯繫。在這種模式下，沃爾瑪給你訂單，你只需要完成訂單的生產就行。怎麼賣、賣給誰，那是沃爾瑪的事情。沃爾瑪一開始並不在中國國內銷售，它是為國外市場訂貨的，所以，

一大批中國的生產廠商坐上了沃爾瑪的航船「出海」。這種模式的壞處是生產商的利潤率很低。這情有可原，你只是沃爾瑪的打工仔，渠道並不在你這邊。這種模式的好處是，你不需要承擔風險，完成了訂單，信用證開出來，你就可以拿到錢。雖然利潤率很低，但資金周轉速度很快，反而更穩定。

如果你想在國內銷售呢？那你走的是「家樂福模式」。家樂福 1995 年進入中國市場，和沃爾瑪不一樣，家樂福的目標是在中國的市場上賣貨。家樂福一度是零售行業的標杆，也是零售行業的「黃埔軍校」。可以說，中國零售行業的發展，基本上走的都是家樂福模式。

家樂福模式和沃爾瑪模式最大的不同是生產商要承擔風險，渠道商反而不需要承擔風險。你要進家樂福，先要交「通道費」。渠道是渠道商的，你當然要交買路錢了。問題在於，渠道商只提供賣貨的機會，不負責幫你賣。賣貨是你自己的事情。如果賣不掉，渠道商可以要求退貨。如果賣得少，渠道商會讓你補交保底費。更讓生產商頭疼的是，渠道商會想方設法把付款的賬期拉長，拖到一兩個月之後再付錢是很正常的。這一兩個月裏，你的資金會被渠道商佔用，他就可以用錢開更多的店，有更多的渠道，而他的渠道越多，你就越要依附於他。

除了超市，還有百貨商場。家樂福是超市，超市賣的都是便利品，價格低，顧客購物的頻次高。百貨商場賣的是選購品，顧客可以有更多樣的選擇。過去，中國的百貨大樓是自營模式，售

貨員分成不同的班組，有賣服裝的，有賣鞋帽的。1986 年，劉向東在東風市場實習，跟的就是一個賣毛毯的師傅。當時，每個組都要自己進貨，自己賣貨，如果賣不動，損失是自己承擔的。後來，百貨商場的模式變了，變成了聯營。聯營的模式其實就是房東收租，百貨商場是房東，把店舖租給不同的商家，自己坐地收銀。於是，百貨商場也失去了賣貨的能力。能不能招商，怎麼把商家招進來，才是最重要的。百貨商場變得跟超市越來越像，都靠壟斷渠道獲得收益。

後來，又出現了網上電商。但遺憾的是，網上電商在很大程度上也複製了家樂福模式。比如，京東不開店，而是通過倉庫配貨，然後以非常快的速度，在當日或者次日就能送貨到家。京東能夠做到這一點，主要是因為城市化的發展導致需求變得更加密集。在江浙一帶的「包郵區」，供給和需求都很稠密，很快就能實現規模經濟。但是，京東和沃爾瑪不一樣，不會先付款給生產商，京東也會佔用你的賬期。再來看天貓，天貓不需要像超市一樣擺出來一排排貨架，但擺放在天貓網頁上最顯眼的位置和擺放在超市貨架上最顯眼的位置一樣是要交錢的。每逢購物旺季，比如國慶、過年，或者是電商自己創造的「雙 11 購物節」，電商就會要求賣家把價格壓得很低。在這種模式下，大廠反而不容易生存，小廠則處於惡性競爭的陷阱。本來，商業競爭的維度是很多的，不僅有價格的競爭，還有品質的競爭、品位的競爭、體驗感的競爭，但在電商的誘導下，如今的競爭只剩下一個維度，那就

是價格的競爭。

我又追問，那為什麼會有沃爾瑪模式和家樂福模式的不同呢？劉向東講道，魔鬼往往隱藏在細節中，這其實起源於土地性質的不同。沃爾瑪在國外開店，店舖都是自己建的，都是自己的資產。因為有了資產，就更容易從銀行貸到款。家樂福在歐洲開店的時候是租的店，沒有自己的資產，借不到錢，就拚命壓榨生產商。土地的性質決定了資本的性質，資本的性質決定了商業的模式。

這就是經濟學裏講到的「路徑依賴性」：馬屁股的寬度決定了馬車的寬度，馬車的寬度決定了馬路的寬度，甚至高速公路的寬度。劉向東講道，從國美、蘇寧到萬達商場，從物美、永輝到天貓、京東，其實所有的內銷本質上都是一個模式。這種模式就是渠道商擠壓生產商。正是由於渠道的機會稀缺，而生產的能力過剩，才出現了這種結果。

你所看到的中國超級小鎮的強大生產能力，在很大程度上是為海外市場生產的，中國的出口增長無形中藉助了國外流通體系、金融體系的束風，所以才發展得如此迅猛。然而，生產成本不斷上升，海外訂單量不再增長，龐大的海外軍團好像被困在敦刻爾克的盟軍將士，想跨海回家，卻無路可尋。做外銷和做內銷的是兩群不同的人，做外銷的幹不了內銷，也幹不了電商。你所看到的紅紅火火的國內消費，在很大程度上被誤導為單一維度的價格競爭。殘酷的價格競爭導致生產商的利潤薄如刀片，他們

很難獲得提高品質、研發創新的從容機會。於是，我們看到，中國遼闊的經濟腹地就這樣被分割成了兩個平行宇宙。巨大的生產能力和巨大的消費潛力擦肩而過，一個朝左，一個朝右，相思終日，卻無緣相遇。

劉向東說：「何老師，你是研究宏觀的，我是研究微觀的，大家都喜歡研究宏觀，大家都覺得宏觀的問題最重要，宏觀的政策能解決一切難題。」

他有意把身體朝前傾，擠了一下眼睛，笑着問我：「那麼，何老師，你來說說，該怎麼辦呢？」

假貨終結者

劉老師，我也不知道答案是什麼。但我突然想起了另一個學生的另一份答卷。事實上，這個學生要回答的問題跟劉老師提的問題並不一樣。實話說，這個學生也沒有圓滿地解答他自己試卷上的問題，但是，他的答題思路或許能給我們帶來一些啟發。

這個學生是拼多多。

我在去年的《變量》裏寫過拼多多。當時，人們詬病最多的就是拼多多上賣假貨，為此，拼多多還得了個「拼夕夕」的綽號。拼多多創始人黃崢為自己的企業辯護的時候說，很少人知道北京五環之外的生活。照此來說，拼多多講的是一個已經俗套

的消費下沉的故事：城裏的「韭菜」收割完了，就去縣城和鄉鎮收割。

拼多多到底是不是賣假貨的呢？

我下載了拼多多的 App，在它的店舖裏尋找看起來像是假貨的產品。如我所願，我在拼多多上買到了假貨：假的 Calvin Klein（卡爾文‧克萊恩）皮帶，假的洗髮水，假的 T 恤衫，寄來的橘子裏有 1/3 是爛的。我留下這些假貨，拍了照片，存下證據，就開始批評拼多多。在去年的《變量》裏，我是這樣預言的：「拼多多的未來是什麼樣呢？一種可能是，不出 5 年，拼多多就會像泡沫一樣破滅。理由很簡單：在正常的條件下，沒有一家企業可以持續地靠賣假貨紅火。另一種可能是，拼多多會重新編輯自己的基因，回歸到拼好貨的初衷，走一條更艱難但也更踏實的道路：自己耕耘，自己收穫。」3

我的預言是錯的。拼多多並不是一家熱衷於賣假貨的企業，但如果它真的成功了，很可能也不是走自己耕耘、自己收穫的道路。

最早讓我意識到這一點，是在一次飯局上。萬科集團的人力資源部經理蔣煒煒請我吃飯。偶然提起拼多多，蔣煒煒一下子來勁兒了，她掏出手機，向我「安利」了一晚上拼多多。蔣煒煒年輕、漂亮、有錢、見多識廣、喜歡享受生活，住在一線城市高端小區的豪宅裏，無論從哪個角度看，她都不應該是拼多多的忠實粉絲。她為什麼對拼多多這麼感興趣呢？

因為拼多多最懂女人心。

男人和女人購物的習慣非常不同。男人買東西，會有明確的目標，要買手機，到底是買 iPhone X 還是買華為 Mate 20，要買跑鞋，到底是買亞瑟士 Kayano 還是耐克 Zoom Pegasus（超級飛馬），他早已心中有數。他會直奔櫃台，付款交錢，拿到東西轉身就走。女人購物不是這樣的。她們要到處去逛，最好還有閨密陪着一起逛。她們的購物是社交，也是娛樂。這很像過去在菜市場上購物的那種感覺。熙熙攘攘，吵吵鬧鬧，一群女子拎着籃子，嘻嘻哈哈地一路逛過去，不時遇見熟人，停下來聊天，你看看我的籃子，我看看你的籃子。「哎呀，你在哪裏買的豆腐，這麼嫩啊？」「就在前面啊，水果店旁邊那個老王的舖子。」「哎，你聽說了嗎？老王昨天跟他老婆吵架了。」「為啥呀？」「他老婆剛去了趟英國回來太嘚瑟了……」

對女人來說，這才叫購物。

拼多多的購物體驗，非常契合女人的需求。它能拼單，不是一個人買，而是跟別人一起買。評論區留言極其方便，很多人會寫很長的留言，還配上圖片。有時候，不買東西，看看這些留言也很有意思，跟到別人家串門一樣，能看到別人家裏的擺設，看到別人的性格、品位、悲喜。每一條評論裏面都藏着真實的生活。

我問蔣煒煒：「你在拼多多上下的第一單是買什麼？」

「鮮花。」

「買得最多的是什麼？」

「水果、零食、玩具、衛生紙、窗簾、壁紙……」

她成功地勾起了我的好奇心。我一定要到拼多多去親眼看看。

拼多多總部坐落在上海市長寧區，一棟玻璃幕牆的嶄新大廈，周圍簇擁着繁華的商場，藏在街邊的還有很多日式居酒屋。大廈裏進進出出的，都是衣着時尚的摩登青年男女。一個妙齡女子打扮得山清水秀，從我身邊走過，飄來一股雨後清新的淡淡香水味道。我忽然想起一句玩笑話：中國現在的商業模式，就是一群畢業於名校的一線城市精英青年，在絞盡腦汁地猜三線城市的「屌絲」青年喜歡什麼，好賺他們的錢。

拼多多是個非常奇特的企業。黃崢現在還坐地鐵上下班，平時穿衣也很隨便。公司裏的領導都沒有自己的辦公室，他們的辦公桌就跟員工的辦公桌挨在一起。公司規定，不許叫領導，不說匯報。上市之後，員工股票三年鎖定，未來三年集中力量練內功。這三年裏有什麼發展計劃呢？拼多多的副總裁達達告訴我：「沒有，我們是邊打邊說。」我跟着拼多多的副總裁、新聞發言人井然一起出差時，他給我們和其他邀請嘉賓訂的是星級酒店，自己住的卻是經濟型酒店。跟我們一起出差的還有很多媒體記者。一路上，我饒有興致地觀察，看井然被一群老老少少的女記者挑逗戲弄，窘得面紅耳赤。

拼多多讓我想起去年採訪極飛的聯合創始人龔檟欽時，他

告訴我，他太太是個劇作家，正在構思一個劇本。這個劇本的故事是，一群程序員想創業，打算開發一款人工智能手機，去找投資人，投資人根本不搭理他們，隨手把他們的樣機遞給了一個實習的小姑娘。投資人說，要是這個小姑娘說用着好，我再考慮投資。其實，這些程序員還沒有開發出來真正的人工智能手機，所謂的人工智能後面藏着一堆程序員。姑娘當然不知道真相。她拿到手機，很好奇，向人工智能手機詢問各種問題。有意思的事情來了。程序員們從來沒有機會這麼深入地走近一個異性的生活。比如姑娘會問：「大姨媽」來了該怎麼辦？於是，一群程序員趕緊到處搜索答案，爭先恐後地出主意。姑娘也找到一種從未有過的體驗，得到這麼多的關心和體貼。故事的結局是，程序員們終於開發出了真正的人工智能手機，從其他地方拿到了投資，鄙視了原本不把他們放在眼裏的投資人。

我突然意識到，其實拼多多就像這群程序員，他們無意中變成了最懂女人心的人，自己卻毫無察覺。他們不是情商高，恰恰相反，他們懵懵懂懂的，只會做大數據分析，卻陰差陽錯地找到了答案。

拼多多有意識地在做，也花了很多精力去做的事情是打假。

井然坦言，在發展初期，對開店設置的門檻太低，公司的人手不夠，平台管理水平也不高，一時間假貨乘虛而入，這讓企業的發展受到很大影響。

為了打假，拼多多出台了非常嚴厲的措施，比如假一罰十。

剛推出來的時候，這引起了商家非常強烈的反抗。商家覺得這不合理——《消費者權益保護法》的要求是假一罰三，極個別的情況才是假一罰十，拼多多憑什麼罰 10 倍的錢？從 2016 年開始，一直到現在，始終存在售假商家跟拼多多作對的事情。有的找黑社會來恐嚇，有的去公司堵老闆的辦公室，導致公司兩天沒法上班。達達的家門還被人潑過油漆。拼多多上市之前，有人組織了上百個商家圍攻他們的辦公區，還有人組織商家到黃浦江邊遊行。井然說：「幸好上海政府堅定地支持我們，上海高院也支持我們，我們在上海打的官司全部贏了。商家只要是售假的，打官司絕對會輸。」

另一個措施顯示了「理工男」們的智慧，他們在技術底層做了個改動，叫關鍵詞舉證。舉例來說，你買立白洗衣粉，可能不小心會點進立日。這個立日是想蹭立白的流量，讓消費者誤買的。在拼多多的新規則下，無論你搜立白，還是立日，只要命中關鍵詞，就自動全部導向立白店舖。也就是說，那些想蹭流量的，花再多的心血和精力，最後都是給立白導流，這就從底層破壞了它的售假模式。不服氣？除非你能拿出國家工商總局給你的商標，才能另當別論。

拼多多還在做一場「新品牌」運動，這是要主動出擊，扶植那些踏踏實實生產優質產品的廠家。這個新品牌運動計劃支持 1000 個品牌。哪些品牌是拼多多最青睞的？他們不找奢侈品，專找那些風格親民、品質又不錯的。拼多多不會引進阿瑪尼西服，

他們的目標客戶是那些花 80 元買一件西服就會覺得很爽很開心的平頭百姓。拼多多給自己的定位是：站在中國最廣大的這批消費者這邊。

這看起來很不錯。恕我直言，拼多多這一次又做錯了。之所以做錯，不是因為打假是錯的，而是因為他們在用一種錯誤的方式做一件正確的事情。

拼多多說，他們的目標是打假。那麼，只要我在拼多多的平台上還能發現一件假貨，就可以指責他們沒有盡責。打假這件事情，就像在海灘上掃沙，是注定不可能成功的。再者說，這樣的策略對改變拼多多賣假貨的形象很可能不僅沒有幫助，反而適得其反。這跟人們的認知模式有關。語言學家喬治·萊考夫曾經說過，我們的思維受制於「框架」，一旦你掉進了別人的「框架」，就算你再努力地反駁，也仍然是在強化別人的「框架」。[4] 萊考夫講過一個例子，美國總統尼克遜在水門事件發生之後，發表了一次全國電視演講，他的主旨是：我不是個騙子。在他演講完後，全美國人民都認為他是個騙子。馬克·吐溫的《競選州長》也講過類似的故事，哪怕你是個正直的人，一旦被別人抹黑，你再想洗刷污名是很難的。高調地去講打假，會在公眾的認知中一次又一次地強化拼多多和假貨之間的關係。所以，當別人為你預設了一個「框架」，千萬不要掉到那個陷阱裏。你應該用一個新的「框架」重新闡述自己的觀點。一定要站在主場，保持自己的主場優勢。

那該怎麼辦？我們換一個思路來考慮這件事。什麼是拼多多的市場機會？

井然的老家在江蘇儀徵陳集鎮，這又是一個中國小鎮。井然講道，自己回到老家，發現小鎮上到處都是假貨。弔詭的地方在於，很多小鎮百姓並不知道自己買的是假貨，因為他們原本就沒有用過真貨。井然說：「我媽媽買了一雙阿迪達斯的運動鞋，當然是假的，可是，我媽媽根本不知道這個品牌，你叫阿迪達斯還是阿貓達斯，對她來說都是無所謂的，她要的是質量好，價格還要便宜。」

這就是問題的關鍵。由於中國有廣闊的市場，品牌商在過去的營銷模式下，無法觸達三四線城市以下的市場，於是，在小鎮上，各種假冒產品泛濫。那麼，在電商平台上呢？如果你做得到位，品牌商在線上可以一視同仁地為一線城市和小鎮的消費者提供同樣的產品、同樣的服務。也就是說，最後你會發現，拼多多的市場機會在於，用網絡的力量，用技術的力量，替代小鎮的假貨市場。賣假貨的少一個，拼多多的市場就多一塊。

怎麼才能讓自己的力量越來越強大，讓對手的力量越來越弱小？

拼多多要向解放軍學習。在解放戰爭期間，被解放軍俘虜的大批國民黨士兵補充到我們的隊伍中，他們被稱為「解放戰士」。「解放戰士」的加入，是打贏解放戰爭的重要原因之一。以華東野戰軍為例，在打淮海戰役之前，它大約有 36.9 萬人，戰役中傷

亡 10.5 萬人，戰役結束時部隊卻擴充到 55.1 萬人。這就是粟裕大將所說的「我們的兵越打越多」！據統計，到淮海戰役最後階段，華東野戰軍部隊中的「解放戰士」達到總人數的 80%。

為什麼國民黨的士兵會轉頭加入共產黨的隊伍呢？

因為他們本來就是我們的人。余秋里同志曾經向毛主席報告解放戰士的情況，他講道，國民黨的士兵除了少數是「兵油子」，絕大部分是貧苦出身，有的是被抓來的，有的是用錢買來的，有的家裏比解放區來的戰士還要苦。他們在國民黨的部隊裏，一點也不想打仗，但他們需要的是一個能讓他們有動力去打仗的理由，他們需要得到足夠的尊重和機會。1948 年 3 月 7 日，毛澤東為新華社寫了《評西北大捷兼論解放軍的新式整軍運動》一文，專門表揚了這種激發「解放戰士」活力的新式整軍運動。[5]

如果我們從這個角度再來看，那些製假和售假的廠商中，有多少是「兵油子」，又有多少是「貧苦出身」的呢？

回到我們和劉向東老師討論的問題。做外銷的做不了內銷，在貿易摩擦的背景下，外貿企業外需減少，但產能還在，需要更多的新訂單，尤其是來自國內的新訂單。在現有的電商平台上，頭部企業能夠獲得最多的流量，腰部以下的商家只能做炮灰，它們也在尋找出路，但苦於沒有出路。這些企業也不願意造假售假，它們需要的是一個能夠轉型的機會，一個能夠幫它們以全新的方式塑造自己品牌的平台。

　　為什麼拼多多能做這件事情？

　　第一，當然是技術優勢。拼多多可以利用大數據精準打擊製假售假者。他們能夠發現哪些地方的假貨最多，找到相關的產業鏈條。拼多多也能利用平台的優勢，扶植一批優質產品。第二，是時機。過去的營銷模式靠品牌，品牌需要投入大量資源。這就是為什麼莆田的鞋廠一說起做品牌就談虎色變。要是花錢做品牌，通過總經銷—分銷—再分銷—零售，層層渠道成本花掉之後，產品的價格就高得離譜了，消費者得不到什麼實惠。這種模式很快就會過時，小鎮消費者和年輕消費者對品牌的認知度都不高，他們更看重性價比。這種需求的變化能為拼多多開闢一個新的戰場。第三，是動機。跟其他電商相比，拼多多更需要劃清和假貨的界限。一開始走錯的幾步，反而成了強大的路徑依賴。正是由於人們總是把拼多多和假貨聯繫在一起，那如果假貨泛濫，拼多多受到的傷害最大。阿里巴巴號稱要讓天下沒有難做的生意，拼多多則希望服務於最廣大消費者的利益，一個面向企業（to B），一個面向消費者（to C），所以，最有動力消滅假貨的當然是拼多多。

　　但是，拼多多的真正使命不是打假，而是把自己打造成一個令人望而生畏的假貨終結者。假如拼多多能夠真正成長為一個強大的假貨終結者，他們就將成為最大的贏家，因為他們找到了當前中國經濟的最大紅利：苟且紅利。

苟且紅利

在中國經濟的一邊是強大的生產能力,在中國經濟的另一邊是不斷增長的消費能力。

隨便拜訪中國的一個小鎮,甚至一個村莊,都有可能讓你大吃一驚,這裏生產的產品已經佔據了全球市場最大的比例,你會發現一個又一個貌不驚人的「隱形冠軍」。隨便拜訪中國的一個小鎮,甚至一個村莊,你都會發現,這裏的人們對消費信息的了解並不比一線城市落後太多,人民群眾對美好生活的嚮往不分地域,也不分城鄉。

但是,你也會聽到很多企業家抱怨,生意不好做了,沒有訂單。你也會聽到很多小鎮居民抱怨,經常買到假貨,服務態度太差,花了錢還遭白眼,有錢也買不到想要的東西。

兩邊看起來一樣絕望,因為中間隔着一片海。

接下來要發生的故事,等着你來寫。

你如果能夠想辦法連接中國巨大的生產能力和不斷增長的消費能力,就能獲得巨大的市場機會。

可是,為什麼很少有人去做這件事情呢?

這讓我想起台灣詩人高准的一首詩。高准 1938 年出生於上海金山,8 歲的時候去了台灣。他既是個詩人,又是個畫家。1963 年,高准寫了一首《哀鯨魚》,寫的是關於一頭擱淺在沙灘的鯨的詩。詩人借鯨之口哀歎:

「大好的風啊，正是

順流而去好望角的時候哪！

而醜陋的人類們已圍在沙上。」[6]

正是順流而下好望角的時候，但苟且者們被困在岸上。

這不是一件壞事。這意味着，那些能夠揚帆起航的先行者將獲得巨大的苟且紅利。

什麼叫苟且紅利？先來聽聽得到 App 的胡雯是怎麼說的。

2018 年端午小長假，得到團隊在北京的三源里菜市場舉辦了一場《薛兆豐經濟學講義》的新書發佈會。把新書發佈會搬進菜市場，這個獨特的創意令人讚歎不已。胡雯卻告訴我們，這場新書發佈會之所以成功，並不是因為開腦洞抖機靈，而是因為他們想方設法，把一件小事做到了極致。[7] 得到團隊不是開個發佈會，請一群嘉賓，拍很多照片就完事，而是硬生生把菜市場重新改造了一遍。於是，菜市場裏出現了「亞當‧斯密牛肉舖」「阿爾欽海鮮店」「曼昆調料店」「李嘉圖蔬菜舖」等新奇的招牌。這些招牌不是一次性用用就了事，而是能夠保存下來。現在你去三源里菜市場，還能看到當時的招牌。為什麼海鮮店要叫「阿爾欽海鮮店」呢？其實也有講究。按照經濟學家阿爾欽的解釋，最好的海鮮在當地往往買不着，它們會出現在出價最高的遙遠的市場上。菜市場門口一人高的「漢堡的故事」解釋了亞當‧斯密的專業分工理論。藏在真菜中的仿真大白菜想說明的是易耗品和耐用品的價值差異。

　　胡雯説，每一個細節都關注到，就是苟且紅利。苟且紅利就是在別人覺得沒必要的地方，堅決不吝惜地投入；在別人不那麼認真的地方，多較勁一點。深想一步，認真一點，你就能享受到別人的苟且為你帶來的紅利。

　　畫個重點：苟且的反義詞是認真。

　　等一下，這樣的説法其實並不全對。認真的人並不是總能獲得苟且紅利。莆田的很多造假者很認真地做假鞋。正品的鞋子，在鞋底縫線的時候，會從腳底的中側起針，這是為了讓縫線更對稱，更容易控制產品質量，但這樣的起針方法更費事，而且一般的消費者根本注意不到這種細微的差異。所以，有的造假者縫鞋底時，會改從腳後跟起針。收到那雙假「椰子鞋」之後，我特意去檢查了鞋底的縫線，它的縫線起針也是從腳中間開始的！

　　有的下屬會認真地執行上級的命令，即使上級的命令只是拍腦袋想出來的；有的學生會認真地完成老師的作業，但從來沒有想過學習知識是為了幹什麼；有的企業家一年到頭忙得焦頭爛額，殫精竭慮，但從來都不思考一下自己的使命和責任。

　　因此，我們要再修正一下：苟且的反義詞是有信仰的認真。

　　區別就在這裏，能不能得到苟且紅利，祕訣就在這裏。

　　請你認真地先問自己三個問題：

　　你是不是真的相信這個時代？

　　你是不是真的相信你自己？

　　你是不是真的相信你的用戶？

　　我們這個時代比過去更加動盪，未來還會有更多的不確定性，但你要看到，我們這個時代的基本盤是什麼，我們的底層邏輯有沒有改變，我們的操作系統有沒有更換。如果你真的相信這個時代，你會看得更遠，也會讓未來折算成更高的現值。你考慮的不是一時的得失，而是長久之計。於是，你自然會有更強的定力，更宏大的戰略。你也會願意為看起來費時費力、需要積累、需要沉澱、需要儲備的事情付出更多的資源。你知道，時間是你的朋友，時代會為你加持，長期主義能給你帶來更多的複利。

　　你會感慨生活的不易，社會階層在固化，機會似乎越來越少，但你要看到，你這一代人是站在前人的肩膀上的，你們會更從容，也會把人生的價值看得更為真切。人的一生，不是用金錢就能交換的。你來到世間，是為了創造更美好的事物。這事物可能恢宏巨大，也可能微小精緻，但美好的東西才能給你帶來愉悅，才能讓你真正入迷，進入一種物我兩忘的心流狀態。那樣你才會像巴菲特說的那樣，「每天跳着舞去上班」。你要相信自我到什麼程度呢？你要到為自己創造出來的東西真心感到讚歎。你要發自肺腑地感慨：這麼美好的東西居然是我創造出來的！這麼美好的東西只能是我創造出來的！

　　你會覺得用戶的需求越來越難以捉摸，過去行之有效的營銷辦法似乎都不管用了。你可能急於找到新的賽道、新的模式。可這世界上哪裏有那麼多新的賽道、新的模式！最重要的事情是你是否真的理解了你的用戶。你和你的用戶接近到了能促膝談心的

距離嗎？你是否能夠體察他們的喜怒哀樂？再平凡的人也有自己的尊嚴和夢想，你能夠感受到他們的那些看起來卑微，卑微到他們自己都不願啟齒的追求嗎？你能夠理解他們每一個人獨特的習慣和經歷嗎？你有沒有觸及他們隱藏在內心深處的那個最柔軟的地方？

這三個問題，值得靈魂拷問。

路邊確實會有 100 元的大鈔沒有人撿，因為從來沒有人想過走那條路。為什麼中國會有那麼多的苟且者？因為很多企業一開始就不學好，都想着幹一票就走；很多企業只想抄襲別人現成的東西，根本就沒有創新的衝動；很多企業琢磨的是如何把消費者當成「流量」，當成「韭菜」，根本就沒有用心去體察消費者的真實需求。這些企業看起來數量眾多，但都是雜牌軍，只要你肯「紮硬寨，打呆仗」，就會發現它們中的大部分都不堪一擊。

這些苟且者根本不在乎價值觀。於是，你會發現，你只要做事情講本分，講誠信，多數企業你不用跟它們競爭，它們自己慢慢就死了，這些企業中的多數都是被自己作死的。

在中國，假如你努力，總能做到 60 分；如果你態度端正，那就能做到 80 分；假如你還有天分，那可以繼續做到 100 分。雖然不是所有人都能拿到 100 分，但從 60 分提高到 80 分，是人人都能做到的。中國最大的紅利不是人口紅利，也不是後發優勢，而是苟且紅利。

當這個時代已經如夏日的樹木一樣濃蔭匝地的時候，卻有人

還在哀歎春天的花兒都凋謝了。

當這一代的年輕人有最大的舞台、最多樣的機會時，他們卻茫然不知自己應該為這個時代做些什麼。

當我們已經擁有了一批最有趣、最不拘一格的消費者時，我們卻還會不由自主地用勢利眼鏡去觀察他們，或者帶着一種傲慢想去改變他們。

當然，你也要記住：這個苟且者，可能就是我們自己。

如果你想要收穫苟且紅利，請從今天開始，每天問自己這三個問題：

你是不是真的相信這個時代？

你是不是真的相信你自己？

你是不是真的相信你的用戶？

回頭浪子

2019 年 8 月，在第一次小鎮之旅中，我們還到了江蘇睢寧縣沙集鎮。這裏是遠近聞名的「淘寶村」。

蘇北地少人窮，剛剛改革開放之後，沙集鎮的人到外地撿破爛，這裏的東風村成了名副其實的垃圾村。村前屋後，廢舊塑料堆積如山，空氣中有刺鼻的塑料味。河水的顏色不是黑色的，而是一種詭異的紫色。

　　2006 年，村裏有個叫孫寒的青年，第一個在淘寶上開店。他先是賣小禮品，後來發現賣家具更賺錢。他在淘寶上賣出的第一件家具是一個收納架，就是找村裏的木匠王以勝依葫蘆畫瓢做出來的。2007 年，孫寒先投入 10 多萬元創辦了家具加工坊，2010 年又投資 100 多萬元，將其升級為擁有現代化設備的加工廠。陳雷、夏凱和孫寒一樣，是最早通過電商創業的，他們在當地被稱為「三劍客」。村裏其他人也照樣學樣。很快，一傳十，十傳百，開電商賣家具的從東風村擴散到沙集鎮，又從沙集鎮擴散到睢寧縣。

　　在沙集鎮的家具展廳，我們看到了兒童上下牀、電腦桌、餐桌，還有木頭做的手機座。手機座上面開了一道槽，人們把手機放上去，可以利用木頭的共鳴效應，獲得一個不插電的小音響的音效。

　　「沙集模式」跟我們在很多小鎮看到的發展歷史一樣：無意中點燃，瘋狂地擴散，有幾個能人帶領，其他人蜂擁而上，最後，就形成一個網絡，擁有一股千軍萬馬的力量。

　　但是，這樣的模式在最近幾年遇到了層出不窮的挑戰。成本上漲是繞不過去的，專利保護會衝擊靠仿造別人家產品生存的小廠，環保標準越來越高，用戶的需求早已改變，而沙集的家具廠仍然停留在同質化的低端競爭，大部分產品仍停留在中低檔次。

　　怎麼辦？

　　假如完全依靠市場競爭，可以想像，沙集鎮的家具企業在幾

年之內會死掉一大半。這是優勝劣汰的自然規律。但是，如果有一個更適宜的環境，或許有助於勝者更快地脫穎而出，而整個產業生態不會受到嚴重的破壞。

這也是睢寧縣和沙集鎮政府考慮要做的事情。家具生產過程中的噴塗環節會產生大量污染，而且，家具行業小廠居多，過於分散，易於造成二次污染，這向來是環保部門監管防治的難點。與其把這些小廠當成敵人消滅，不如把它們轉化為「我軍」。睢寧環保局在家具電商企業最為密集的沙集和凌城，分別建設南沙、南都兩個噴塗中心，引導中小型家具企業進駐噴塗中心集中噴塗。與其事後被罰款停產，不如事前防範監測。於是，國家木質家具質量監督檢驗中心在沙集啟用。對於每次三四千元的檢測費，企業只要掏幾百元，其餘由鎮裏補貼。沙集鎮還與南京林業大學等高校合作，邀請設計師為企業設計更美觀時尚的家具。最近，沙集鎮還和宜家的最大供應商之一，立陶宛 SBA 家具集團簽了意向協議，邀請他們到沙集辦廠。政府想做的還有很多：科技孵化中心、家具物流中心、電商沙龍……最有意思的是，政府看到整個沙集鎮沒有幾家叫得響的品牌，乾脆自己出面，申請了一個集體商標「沙集鎮」。符合條件的當地家具企業可以申請在產品或包裝上使用「沙集鎮」集體商標，也可以得到政府的創業項目經費、品牌推廣、技術培訓等支持 —— 政府在用自己的信譽，為當地的特色企業背書。

我不知道這樣的做法最後是否有效，一切還在演化之中。

有的企業支持政府的做法，也有的企業不希望政府干預。但是，我看到的是，中國的小鎮發展到今天，隱藏在各個小鎮中的巨大的製造能力發展到今天，已經從「篳路藍縷，以啟山林」的時代變成了「一年成聚，二年成邑，三年成都」的時代。牽頭的可以是政府，也可以是大企業，甚至可以是行業協會，但一定要有人來扮演「修路者」的角色了。重要的不僅僅是方便的基礎設施，也不僅僅是配套的資源支持，更是提供一個長期穩定的預期。經濟增長依賴於長期投資，長期投資依賴於穩定預期。有了穩定的預期，創新的活力才會被激發出來，創業者們才不會退化為苟且者。

再回頭來看莆田。

我們在莆田調研的時候問當地企業家，為什麼在莆田的近鄰晉江，就會湧現出一批品牌，比如安踏、361°、特步……莆田企業家異口同聲說道，這是因為莆田的政府沒有做好。可是，到底政府哪裏沒有做好呢？我們聽到兩種截然相反的聲音。一種聲音認為，莆田的政府管得太嚴，早年打走私打假打得太厲害，反而讓其他地方搶佔先機，淘到了第一桶金；另一種聲音認為，莆田的政府管得不夠，沒有全力以赴支持企業，不像其他地方政府，要錢給錢，要地給地，扶植出了大企業。

這兩種觀點都是錯的。沒有政府的監管，就沒有一個良好的市場秩序，沒有良好的市場秩序，哪怕你真的淘到了第一桶金，也很快就會被淘汰出局。即使政府大力扶植，也未必就能扶植出

優秀的企業。一位民營企業家告訴我，企業的作用相當於白斬雞，政府的作用相當於醬油。沒有白斬雞，只有醬油，這叫什麼政府扶植？

我們在莆田了解到的情況是，莆田政府確實下了很大的力氣打假。這使莆田的假鞋生意變得更難做了。我們也了解到，莆田一直在推動創建自己的品牌，啟動了一個叫「莆田好鞋，歐美標準」的項目。莆田市市長李建輝親自為莆田鞋代言，他說自己穿的就是莆田鞋，穿了就不想換下來。[8]

看起來很好，但總感覺還是差了些什麼。

差的是對風暴即將來臨的敏感。

消費者的變化比生產者的變化更快。年青一代已經登上舞台。出生於 20 世紀 80 年代的「千禧一代」更具有品牌忠誠度，更喜歡國際知名品牌，更願意到固定的網站購物。他們喜歡富足、穩定，再帶一點揚揚自得的奢侈。比他們更年輕的一代，也就是 90 後和 00 後，對品牌和名氣並不看重，他們看重的是產品的質量和產品的氣質。氣質這個東西很玄妙，說不清楚，而且多變。據調查，只有不到 10% 的 95 後會長期認准同一品牌的所有業務和全部商品。

這一代年輕的消費者會顛覆過去的消費理念。變化已經出現。比如，過去的國產手機在人們心目中一直是「山寨」產品的代名詞，隨着小米、vivo、OPPO 手機的出現，國產手機反而更受年青一代的青睞，成了「國潮」，也就是國產的潮品。

同樣的變化很快會出現在運動鞋上。李市長，你穿的是不是莆田鞋並不重要，重要的是年輕人願不願意把莆田鞋穿在他們的腳上。為什麼年輕人有可能帶頭穿上莆田鞋？不僅僅是因為莆田鞋的品質好，更因為莆田鞋具有一種獨特的氣質，一種很可能會更契合年輕人的氣質。

真正的莆田鞋，不是跟在國際品牌之後亦步亦趨地做出來的二線、三線品牌。真正的莆田鞋不屑於走常人走的道路。真正的莆田鞋決不避諱自己曾經有過假冒的污點，只是不想再這樣做了。不想做壞事和不做壞事，是兩個完全不同的概念。不做壞事可能是沒有膽量、沒有機會去做壞事，不想做壞事是因為做過了壞事，覺得不好玩兒，曾經滄海、看破紅塵，不做了。這才是真正的「酷」。這是一種反叛的氣質。這是一種逆襲的氣質。這種氣質，只有像莆田鞋這樣的回頭浪子才能擁有。

《聖經》裏講過一個故事。有個父親，有一個大兒子，還有一個小兒子。大兒子守在父親的身邊辛苦做工，小兒子卻在外邊浪蕩鬼混。有一天，小兒子終於回家了，父親抱着他喜不自禁，吩咐僕人把肥牛犢牽來宰了，一起作樂跳舞。大兒子感到不公平。他對父親說：「我服侍你這麼多年，從來沒有違背過你的命令，你並沒有給我一隻山羊羔，叫我和朋友一同快樂。但你這個兒子和娼妓吞盡了你的產業，他一來了，你倒為他宰了肥牛犢。」父親對他說：「兒啊！你常和我同在，我一切所有的，都是你的；只是你這個兄弟是死而復活，失而又得的，所以我們理

當歡喜快樂。」

時代變了，正好是莆田鞋的機會來了。

那麼，能不能換一個思路，把那些做「阿冒」的地下工廠召喚回來，為他們建立一個平台，讓政府給他們背書，叫他們成為倒戈的「解放戰士」，在這些「解放戰士」中培養出戰鬥英雄和將軍呢？

相信這個時代，選擇與時代共鳴。相信自我，甚至學會欣賞自己的缺點。相信用戶，讓莆田鞋變成年青一代的精神圖騰。假如有一個消滅苟且者的最佳戰場，我相信那一定是在莆田。

當我啟程去莆田的時候，我做好了厭惡它的準備。在莆田的時候，我看到這個城市的一部分想努力洗刷自己曾經的污點，而另一部分在努力維持自己繼承的尊嚴。離開莆田的時候，我對它充滿了期許。

註　釋

1　柳宗元：《封建論》。

2　魔都囡：《棺材、情趣內衣、小提琴⋯⋯中國超猛小鎮橫掃全世界！》，
　　https://mp.weixin.qq.com/s/PpHtKaMFmy4RsmrO4YO1cw。

3　何帆：《變量：發現中國社會小趨勢》，中信出版社 2019 年版。

4　〔美〕喬治・萊考夫、馬克・約翰遜：《我們賴以生存的隱喻》，何文忠譯，
　　浙江大學出版社 2015 年版。

5　毛澤東：《毛澤東選集（第四卷）》，人民出版社 1991 年版。

6　轉引自流沙河：《台灣詩人十二家》，重慶出版社 1983 年版。

7　胡雯：《如何複製一場「菜市場裏的經濟學展」？》，https://
　　pic1cdn.luojilab.com/html/poster/picZxvRoMjqEOh0JVJggAMN.
　　html?ts=1572617771736。

8　《福建莆田市長：造鞋要有中國自信，莆田鞋我就一直穿着》，https://
　　www.guancha.cn/society/2018_03_10_449675.shtml。

第五章

互信網

越南故事

提起越南，法國人看到《情人》；美國人看到越戰；韓國人看到到處都在賣泡菜，播韓劇；中國人在這裏看到的是 30 年前的中國。

越南河內。白天驕陽似火，夜晚香風沉醉。已近深夜，大街上還是燈火通明、人來人往。還劍湖畔，小攤的旁邊擺着很多塑料小板凳，情侶們把兩張小板凳湊在一起坐，面前的小板凳上擺着薄荷茶和冰咖啡。賣花的小姑娘眼神在人群中游移。一個白人女孩在賣唱，她用中文唱的是《月亮代表我的心》。畫肖像畫的藝人無事可做，無聊地望着街道上的摩托車。

大街上的摩托車多得像放生池中的鯉魚，車挨車，車擠車。紅燈亮了，一大群車停了下來，排得整整齊齊。騎手戴着頭盔，後面坐着人。綠燈亮，油門轟，所有摩托車一下子衝出去，每一輛摩托車都在擁擠交通的狹窄縫隙中尋找前進的可能性。

就像 40 年前來中國的外國人對滿街都是自行車印象深刻一

樣，到了越南，你最直觀的感受就是滿大街的摩托車。目前越南
各類摩托車保有量超過 4 500 萬輛，這一數字遠遠超過了越南政
府此前制定的 2020 年達到 3 600 萬輛的規劃。越南的人口數量
大約為 9 500 萬，大致相當於每兩人就擁有一輛摩托車，這個市
場已經基本飽和。摩托車尾氣會造成空氣污染，河內的霧霾很嚴
重。2006 年，亞太經合組織會議（APEC）在河內成功舉辦後，
越南政府下定決心整頓摩托車，改善市容市貌。油價持續上漲，
也迫使越南民眾尋找新的適用代步工具。沒有噪聲、沒有污染、
輕盈便捷、價格便宜的電動自行車越來越受到越南人的青睞。

　　L 的企業就是在這樣的背景下進入越南的，他開的是一家生
產電動車的企業。L 告訴我，中國的電動車經過過去 20 多年的
發展，市場已經飽和，競爭日趨激烈，但在越南，這個市場仍具
有巨大的潛力。越南的電動車市場規模已達 300 萬輛，但這才剛
剛起步。最近幾年，越南電動車市場以每年 10% 的速度增長，
其南方市場的增長速度比北方更快，原來騎電動車的主要是高中
生，現在，年紀更小的初中生，年紀更長的大學生和青年工人，
購買力更強的中年人，甚至 50 歲以上的老年人都會買電動車。
中國的電動車規格多樣，款式時尚，顏色鮮豔，可換擋，能顯示
電量、速度、信號，有安裝拆卸方便的置物筐等，很受當地人
歡迎。

　　L 的企業從 2014 年開始進入越南，在河內的廠區面積有 8
000 平方米，電動車的月產能為 12 000 輛。我問他：「現在到越

南投資，是不是一個最佳的機會呢？」

　　其實，這是很多企業家朋友問我的問題。中美貿易摩擦之後，風傳會有大批企業外遷，尤其是遷到越南。很多企業家朋友問：「我該不該也去越南？去那裏辦廠好呢，還是買房好呢？」

　　當然，你會看到很多宏觀報告的分析，它們會告訴你越南的人口紅利、市場潛力、政策優惠，可是，從宏觀到微觀，常常會遇到驚險的一躍。宏觀研究只能提供一張1：100萬的小比例尺地圖，而且還可能是一張舊版地圖。到了現實中，你需要的是一張比例尺至少大於1：20萬的大比例地圖，甚至是能隨時播報路況的GPS（全球定位系統）導航儀。

　　比如，宏觀分析會告訴你，越南的人均GDP（國內生產總值）約為2 600美元，相當於中國2007年的水平，但近距離觀察，你會發現，2007年中國的各種基礎設施已經非常成熟，如今的越南和當年中國的差距仍然非常大。道路狹窄、擁擠不堪，住在五星級酒店，有時還會碰上停電。由於基礎設施供給不足，土地廠房租金急劇上漲。到越南投資的朋友告訴我，這裏的廠房租金快趕上中國二線甚至一線城市工業園區的水平了。宏觀分析會告訴你，這可能恰恰是投資的機會，因為中國的企業除了擅長製造，還擅長建造；但是近距離觀察，你就會發現，中國最擅長的基建領域，比如港口、電信和油氣，都不能投。宏觀分析會告訴你，這是由於越南的規則還不健全，政策經常變化；但是近距離觀察，你會發現，韓國、日本的企業都比中國企業來得早。它

們到越南的時候，越南的投資環境只會比現在更差，為什麼它們能待下來，中國的企業卻待不下來？

L 講起他在越南的體會。如果你深入一線，就會特別關注到，在經濟活動背後是人的因素。

宏觀分析告訴我們，中國的人口紅利或將消失，越南的人口紅利仍然豐贍：人口生育率高，接近 2，也就是說，越南育齡婦女平均每人會生兩個孩子；越南的年輕人多，人口年齡中位數是 30 歲，日本是 47 歲，美國是 38 歲，中國是 37 歲。越南 9 000 多萬人口中，有 6 500 萬左右是勞動人口。越南的勞動力成本更低，當地製造業工人的人均月工資在 2 000 元左右。

但是，越南的勞動力市場有兩個跟中國不一樣的地方。中國人已經習慣了大規模的國內移民，大量農民工從內陸省份來到沿海地區打工。我們可能會忘了，這是只有中國才有的極為特殊的現象。L 說，越南人大學畢業後或結婚後，一般都習慣在老家附近找工作，很少有人跨省到外地打工。我家就是這個村的，反正我幹活就這樣，你不要拉倒，我再去找下一家。他們一般都不會很努力。越南人不能說不吃苦耐勞，但往往不在工作上吃苦耐勞。跟中國人相比，越南人對加薪升職並不是很積極。

中國人已經習慣了激烈的高考競爭，千軍萬馬過獨木橋，不考上大學好像一生就毀掉了。我們可能會忘了，這是只有中國和其他幾個東亞經濟體才有的極為特殊的現象。越南的年輕人對上大學沒有太多的執念，上了大學的人也未必好好學習。L 說，他

們在越南經營，遇到的最大問題就是人力資源。越南工人的單人單時產能太低，當地大學生不願意進工廠，從中國國內招人過去也很難，想從中國去越南的人很少。招在當地留學的中國人呢？這些學生並非來自很好的學校，能力也不算高。

　　讓我們再從微觀回到宏觀。宏觀研判並非沒有意義，其意義在於找到一種方向感。我們之所以對越南感興趣，實際上是因為我們想知道：中國製造業是否會大規模轉移到越南？中國的製造業是否很快會失去競爭力？

　　這也是國際政治學家施展最關心的問題。2017 年，施展寫了一部大部頭著作——《樞紐》。在《樞紐》這本書中，施展提出的一個重要判斷就是：中國的規模超級龐大，所以產生了一種「成本黑洞」，也就是說，什麼東西只要在中國生產，成本必定大幅度降低。於是，中國就像一塊巨大的磁鐵，把全球供應鏈上的企業都吸引了過來。[1]如果中國的製造業都流到了越南，那豈不是說，這個「成本黑洞」的判斷這麼快就被推翻了？

　　2019 年，施展和他的團隊到了越南，他們參觀了當地的工業園區，拜訪了當地的企業家，也請教了越南的經濟學家。越南的學者和企業家告訴他，越南不需要產業政策，缺什麼東西，到廣州去買就行。當然，這裏所說的「廣州」不是指具體的廣州，而是一個象徵，指的是整個中國東南沿海地區。這說明什麼？這說明越南跟中國的經濟關聯太深，本身體量又太小，一旦「廣州」的政策出現了什麼樣的變化，一打噴嚏，越南肯定會感冒，即使

越南自己做了產業政策也沒用。

　　施展在越南還發現了一個很少被人關注到的群體，這個群體活躍在越南的各個工廠裏，他們被台灣老闆稱為「內地幹部」，而他們喜歡自稱「中國幹部」。到越南投資的外資企業中，「中國幹部」佔據了從班組長到部門經理的大部分中層職務。無論這是一家美資企業，還是日資韓資企業，都少不了「中國幹部」的骨幹作用。

　　「中國幹部」活躍的身影背後，是這些企業和全球供應鏈之間千絲萬縷的聯繫。企業要降低成本、提高效率、擴大規模，就無法脫離全球供應鏈。越南本地的供應商尚未形成完整的體系，外資企業到了越南，最方便的辦法還是到中國去找供應商。於是，「中國幹部」的紐帶作用就是不可或缺的。

　　L 在越南的企業和台資企業也有合作，他們在合作過程中發現，台資企業的配套商效率沒有中國大陸的企業高。他們跟一個台資供應商談了半年，配件一直找不齊，而且台資供應商給的零部件報價是大陸企業報價的數倍。為了解決這個問題，他們向台資企業引薦了大陸的採購供應商。這家台資企業負責人還特意去了一次大陸，他們看了大陸的工廠後感慨：「我們在越南待久了，思想變得古板了。」

　　從宏觀到微觀，再從微觀到宏觀，你會發現，雖然製造業南下似乎蔚然成風，但不要擔心，這不是中國製造業的對外遷移，這只是中國製造業的對外擴散。

中國是怎麼上船的

　　2018 年 12 月 1 日，溫哥華晴冷無雪。這一天上午 11 點 10 分，國泰航空的一架來自香港的飛機降落在溫哥華機場，機上有一名身穿藍色連帽衫的乘客，正是華為首席財務官孟晚舟。她本來要從這裏轉機飛往布宜諾斯艾利斯，但是，一件意想不到的事情發生了。她在機場遭到工作人員的盤問，邊境局的工作人員搜查了她的行李，沒收了她的電子設備，還強迫她交出密碼。加拿大皇家騎警最後出示拘捕令，逮捕了孟晚舟。後來，人們得知，這張拘捕令是由美國紐約東區的地方法官曼恩於 2018 年 8 月 22 日提出的，依據是孟晚舟至少在 2009 年曾涉及銀行欺詐，並以此在伊朗推進業務。

　　2018 年 12 月 5 日傳來消息：美國已要求引渡孟晚舟。12 月 6 日，受此事件影響，各國股市全線大跌，尤其是在通信行業，股票紛紛「跳水」，這其中包括中興通訊、信維通信、瑞聲科技等中國企業，還包括很多大大小小的美國企業。華為的供應商超過 2 000 家，孟晚舟事件影響的不是華為一家企業，而是全球供應鏈上的每一家企業。市場震盪反映出各國投資者對全球供應鏈的擔憂。

　　截至這本書交稿的時候，孟晚舟事件還沒有了結，中美貿易摩擦仍然是懸在全球供應鏈頭頂上的達摩克利斯之劍。（編註：2021 年 9 月 25 日，孟晚舟乘坐中國政府包機返回祖國。）巴西

熱帶雨林的一隻蝴蝶扇動翅膀，最終可能引發美國得克薩斯州的龍捲風。那麼，孟晚舟事件，會是導致全球供應鏈走向崩潰的那只蝴蝶嗎？

媒體是恐慌的導體。你在網絡上看到的大多數關於中美貿易摩擦的報道，都會誇大其詞。真實的世界裏，風平浪靜得多。在華為事件之後，有一張截圖在微信朋友圈裏流傳。這張圖據說是一個在硅谷公司工作的華人發的。他說自己從來沒有見過公司裏的美國同事工作這麼勤奮，加班加點趕訂單，而且不僅是他們企業如此，他們在歐洲的分公司、他們周圍的其他公司，只要是手上有華為訂單的，都在開足馬力備貨。

我曾經去查詢過這張圖的來源，但很難找到確切的信息源，不過，這一番探尋把我帶進了一群華為供貨商的朋友圈。我特意調研了幾家華為的供貨商，了解到的情況跟這位硅谷的網友說的差不多。你在媒體上看到的是中國的企業和美國的企業互相對壘叫陣，而在真實的世界裏，全世界的企業都想安安心心地賺錢。要是讓他們站隊，他們都要站在全球供應鏈這一邊，沒有人願意站在特朗普那一邊。跟各位供應商聊完，我看到的真相是：中國的企業、美國的企業，甚至開曼群島的企業，中國的律師、美國的律師，甚至開曼群島的律師，在一起熱熱鬧鬧地商量，如何才能規避貿易摩擦帶來的衝擊。

在分析貿易摩擦的時候，你要記住這一點：千萬不要低估全世界的企業家聯合起來一起賺錢的決心和智慧。

　　為什麼會出現這樣一種情況呢？為什麼美國就是搞不定中國呢？這是因為，美國在挑起貿易摩擦的時候，它想像中的對手是中國，結果卻遇到了一個比中國更為強大的對手。哪個對手會比中國還要強大呢？這就是全球供應鏈。

　　什麼是全球供應鏈？其實就是全球的生產、流通和消費已經連接在一起，形成了一個全球分工體系，形成了一個全球市場。這個鏈條不僅連成了一體，還越拉越長，把生產的各個環節都串在一起，「你中有我，我中有你」，形成了一個「命運共同體」。這就是為什麼美國企業很難離開中國。如果蘋果離開了中國，價格會大幅度上漲。同樣的道理，如果中國離開了美國，也會出現各種生產和貿易上的困難。全球供應鏈不會被貿易摩擦打斷的真正原因是，大家都已經上船了，都坐在一艘巨輪上。

　　那麼，中國是怎麼坐上這艘船的？這就要回顧一下全球供應鏈的起源。導致全球供應鏈出現的主要原因有三個。

　　第一個是互聯網技術的出現。互聯網技術的出現帶來了全球分工的新形態，也就是說，這才有了船，船來了。《紐約時報》專欄作家托馬斯‧弗里德曼寫過一本書叫《世界是平的》。當年，這本書是很多中國企業家了解全球化的參考書。托馬斯‧弗里德曼講過，互聯網技術帶來的一系列變化就像是一個推土機方陣，上來就把這個世界推平了。無論你身在哪裏，無論你是大企業還是小企業，只要能搭上全球化這趟列車，就能在全世界的舞台上展示風采。[2]用經濟學的術語來說，原來的貿易是產業間的

貿易，最典型的例子就是中國生產鞋子，美國生產飛機，我們用鞋子去換人家的飛機。後來的貿易變成了產業內的貿易，也就是說，任何一個產品，任何一個行業，不管是生產鞋子也好，生產飛機也罷，在生產的過程中都會有勞動力密集型的環節，這些生產環節就可以被外包到像中國這樣的勞動力相對便宜的國家，這樣一來，中國參與國際分工的機會就變得無窮無盡。只要先給一塊墊腳的磚頭，讓我們能夠站穩腳跟，我們就會迅速地向產業鏈的兩端擴張。於是，中國很快就變成了「世界工廠」。

　　第二個是地緣政治因素。當時，柏林牆倒塌，冷戰結束，美蘇兩大陣營的對抗不再存在。那個時候美國對中國的態度是以拉攏為主。客觀地說，這個地緣政治因素在中國發展的過程中起到了重要的作用。船來了還不行，還得有人給你一張船票。這是一種「邀請的發展」。最典型的「邀請的發展」是冷戰時期的「亞洲四小龍」，也就是韓國、新加坡和中國的台灣地區、香港地區。「亞洲四小龍」為什麼在那個時期能夠發展得最快呢？一個原因是美國給它們發了邀請券。美國的市場是全世界最大的，要是美國邀請你去他們那裏賣東西，你當然更容易發財。「亞洲四小龍」的確很勤奮、很努力，但沒有這張入場券，恐怕再努力也沒用。當然，話又說回來，接到了邀請券就一定能發展嗎？不一定，當時，菲律賓手上也有這樣一張邀請券，可是菲律賓就沒有發展起來。那麼，有沒有沒收到邀請券，但一樣實現了經濟發展的國家呢？似乎很難找到。中東有些國家挖到了油田，一下子

發財了。可是，我們能説它們實現了經濟現代化嗎？恐怕不好這麼説。畢竟，不是每個人家裏都有礦。要是家裏沒礦，又想發展，第一桶金很可能是要在海外市場賺到的，這就是美國市場對發展中國家的重要性。你能出口什麼到美國不重要，美國從你這裏進口什麼、進口多少才重要。中國的情況更特殊，中國獲得的不僅僅是進入美國市場的邀請券，中國想要的是登上全球經濟這艘巨輪的船票。而國際政治的現實是，在當時的情況下，中國想要上船，是繞不過美國這一關的。中國經濟增長速度最快的時候就是加入 WTO（世界貿易組織）之後那幾年，而在入世談判的時候，中國談得最為辛苦、付出代價最大的也莫過於跟美國的談判。

第三個是美國製造業的空心化。上了船，並不意味着就能實現經濟騰飛，畢竟，能夠上船的乘客很多，有的坐一等艙，有的坐二等艙，有的只能到甲板下面坐三等艙。美國製造業的空心化意味着美國把自己的船艙讓了出來，中國才能有升艙的機會。細説起來，美國製造業空心化的趨勢始於 20 世紀 80 年代經濟自由主義的興起。經濟自由主義思潮影響了西方國家的經濟政策，所以在英國有撒切爾主義，在美國有列根革命。這種思潮也給企業的管理帶來了衝擊。經濟自由主義告訴企業家們，企業的目標就是讓股東利益最大化。可是，員工的利益、供應商的利益、消費者的利益、社區的利益呢？對不起，那都得靠邊站了。這其實是在用做金融的思路做企業。什麼意思呢？如果想讓股東利益最大

化，那很簡單，製造業企業就得剝離「非核心資產」。說白了，就是把能賣的都賣掉，把能外包的都外包。為什麼要這樣做呢？因為這樣一來，企業就變得「輕資產」了。也就是說，我同樣還是賺這麼多錢，但用的資產少了，財務報表就好看多了，公司的股票價格就會漲，股東們當然高興了。[3]

舉個例子，當年被商界奉為神明的 GE（通用電氣）CEO 傑克‧韋爾奇就是這麼幹的。從 1981 年到 2001 年，韋爾奇擔任 GE 的 CEO，他一方面出售跟製造業相關的業務，什麼小型家電、半導體、移動通信，都賣了，另一方面他積極收購金融公司。事實上，韋爾奇已經把 GE 變身為一家金融企業了。等他卸任的時候，GE 的股票比他剛上任的時候翻了 40 多倍。大家都說韋爾奇是個傳奇。後來，人們才醒悟過來：偉創力、捷普、台積電、廣達、富士康，都是在這個時候興起的。

這樣做的結果就是，美國的製造業外流了。1960 年，美國的製造業達到巔峰，29% 的美國工人受僱於製造業。如今，製造業只僱用了 10% 的美國工人。那麼，製造業外流這件事到底嚴重不嚴重呢？在很多經濟學家看來，製造業的衰落是很正常的。芝加哥大學經濟學家加里‧貝克爾說：製造業以後會跟農業一樣，美國的農業人口只佔 2%，但沒關係，這 2% 的人口就足以養活 3 億美國人，還能出口農產品呢。

其實，加里‧貝克爾說得並不對。製造業和農業不一樣。最簡單地說，美國的農產品確實是出口比進口多，但美國的製造業

是貿易逆差，也就是説，美國的農業已過剩、工業尚不足。再者
説，是不是發達國家的製造業就一定會衰落呢？那也不一定，德
國有 20% 的就業人口在製造業，日本是 17%，美國只有 10%。
經濟學家諾德豪斯曾經提出過一個假説。他發現，製造業裏那
些生產率提高最快的行業，也是就業崗位增長最快的行業。[4] 還
有，最重要的是，製造業空心化最終損害了美國的技術創新。一
個國家的真正實力來自其創新能力，那麼，創新又是從哪裏來
的？很多人以為創新是一個高高在上的東西，是天才人物靈光一
現想出來的，其實不是的，創新是最「接地氣」的東西，創新是
在實踐中踩出來的一條路。

　　大部分創新都跟生產有關。從創新到生產，大概要經歷實
驗室研發、原型機、小規模量產和大規模量產 4 個步驟。實驗
室研發是把道理想清楚，原型機是把想清楚的道理變成一個看
得見的實物，小規模量產是測試一下這東西能不能被造出來，
大規模量產才是要見真章，要經受市場的考驗。由於美國的大
企業熱衷於剝離自己的核心資產、兼併收購別人的資產，天天
玩「乾坤大挪移」的遊戲，最後，雖然美國企業在研發方面還有
優勢，但缺乏了製造商，美國的發明創新很難在本國實現大規模
量產。

　　我們來總結一下，中國是怎麼登上全球經濟這艘巨輪的。先
是船來了。互聯網技術的發展帶來了全新的國際分工模式，全球
供應鏈才有了存在的可能性。接着，中國拿到了船票。經過艱苦

卓絕的談判，中國終於加入了 WTO，正式獲得了參與全球經濟分工的機會。最後，在機緣巧合下，有人放棄自己的艙位，中國才獲得了升艙的機會。美國自己的失策導致製造業流出美國，而中國藉着這個機會，實現了製造業的升級。

從鏈條到網絡

當然，我們除了關心全球供應鏈是如何形成的，也關心它現在的狀況。我們想知道：中國在全球供應鏈中的地位是上升了還是下降了？如果上升了，今後還有多大的上升空間？如果下降了，那是什麼時候發生的？為什麼會出現下降？

直覺告訴我們，中國在有些行業的出口地位上升了，但在另外一些行業，中國的出口地位可能下降了。比如，過去中國沒辦法出口手機，現在卻變成了手機出口大國；過去在美國，進到 GAP（蓋璞）這樣的服裝店裏，拿起一件衣服，看看標籤，很可能是「Made in China」（中國製造），這幾年，這樣的標籤明顯少了。所以，我們需要把中國的各個行業分門別類，去看它們在全球市場上的地位變化。

我們也知道，有的行業技術水平高，有的行業技術水平低，比如，造飛機的肯定比造鞋子的技術水平更高。但是，如果單從外表來看，有的時候很難區分兩個不同行業或是兩種不同產品的

技術水平。比如，手機和手錶，誰的技術水平更高？飛機和火箭，誰的技術水平更高？衡量不同行業的技術水平，這看起來是個簡單的問題，卻一直困擾着經濟學家。

如果我們沒有辦法找到直接的答案，那麼可以通過迂迴的方法，看看能不能找到「代理變量」。哈佛大學有三位經濟學家，分別是豪斯曼、黃和羅德里克，他們提出：能不能用收入水平作為產品技術水平的代理變量？

為什麼要這麼考慮呢？這是因為，雖然很難説清楚產品的技術水平，但我們比較容易看出來哪個國家更先進。用人均 GDP 就可以猜得八九不離十。根據我的經驗，當你在世界各地旅行的時候，在大街上走一走，大體就能判斷出來這個國家或城市的人均 GDP 水平。比如，馬來西亞的人均 GDP 比泰國略高，而班加羅爾的人均 GDP 不如成都。受到這種思路的啟發，豪斯曼、黃和羅德里克提出的思路是：高收入國家傾向於出口技術含量更高的產品，所以如果一種產品的世界出口份額更多是由高收入國家貢獻的，那就有理由認為這種產品的技術含量更高。[5] 舉例來説，假設有甲和乙兩個國家，A 和 B 兩種產品，甲國更富裕，乙國更落後，如果甲國更多地出口產品 A，乙國更多地出口產品 B，那我們就認定，產品 A 的技術水平高於 B。必須説明的是，這種方法並非十全十美，對於單個產品而言，或者只做兩種產品之間的比較，這種方法很可能會存在偏差。但如果將這種方法用於更多的產品上，那麼即使少數產品之間的比較會存在偏差，

從整體來看，收入水平與產品技術水平的排序也應該是大致相同的。在這種情況下，用收入水平觀察產品技術水平就有其合理性。這也是當前學術界廣泛應用該方法的主要原因。

接下來介紹一下我們的初步研究結論。我們一共觀察了163個樣本國家，考察的時間跨度為2000年到2017年。[6]

第一步是用貿易數據和人均GDP數據計算出產品的技術密集度。我們一共考察了5 057種產品。[7]然後，我們又將5 057種產品按照技術密集度從低到高排序，分為4組。也就是說，排名最低的25%的產品組記為第一類產品，即技術密集度最低的產品。第二類產品是技術水平中下等的，第三類產品是技術水平中上等的，第四類產品是技術密集度最高的。

中國出口的都是哪一類產品呢？如果觀察從2000年到2017年中國4類產品的出口佔比變化趨勢，我們會發現其重要性依次是「三二四一」：第三類產品是當前的出口主力，佔中國出口總額的38%；其次是第二類和第四類，目前分別佔25%和24%；第一類產品的佔比已經很低，僅僅徘徊在10%左右。我們還能看到，第三類和第四類產品在中國出口中的佔比提升最明顯，每類產品都有8%左右的提升；第二類產品佔比相對穩定，2010年以來略有下降；第一類產品佔比顯著下降，從2000年超過25%的份額下降到10%左右，且這一過程主要發生在2008年金融危機之前。

中國出口的各類產品，在全球市場上各佔多大比例呢？第

二、第三、第四類產品佔比在 2000 年到 2015 年間一直穩步提升，2015 年之後趨於穩定。這一趨勢與中國出口佔全球出口的比重變化趨勢保持一致。2015 年，中國出口佔全球出口比重達到歷史最高值——13.8%。第一類產品在 2000 年到 2008 年間佔比有所增加，2008 年之後基本保持穩定。這説明，2000 年至今，中國出口結構在優化，國際競爭力在增強，同時，這種結構優化並不必然導致低端產品的國際競爭力下降。一個基本的證據是第一類產品在全球市場上的出口佔比沒有出現顯著的下降，而是依然相當穩定。中國低端製造品的出口比例下降早在 2008 年前後就已經出現，這説明大約在那個時間點，中國就已經初步完成了出口結構的優化。第一類產品在全球市場上已經沒有更多的擴張空間了，未來中國第一類產品的出口很可能還會維持在現有的水平。

第二步，我們要看看中國和其他新興經濟體之間的競爭關係。我們想知道：其他新興經濟體是否能替代中國的製造業？

最近幾年，我們聽到了很多關於新興經濟體的傳説。「金磚國家」（BRICS）、「展望國家」（VISTA）等概念相繼提出。[8]東南亞國家聯盟（ASEAN）中的馬來西亞、菲律賓、泰國也被普遍看好。參考這些概念，我們從新興經濟體中選了 10 個代表性的國家，分別是：南非、墨西哥、巴西、土耳其、泰國、越南、印度、印度尼西亞、馬來西亞、菲律賓，我們稱之為「EM10 國」（EM 是 Emerging Market 的簡稱），也就是新興市

場 10 國。[9]

我們將 EM10 國的第二類和第三類產品的出口規模加總，然後跟中國同類產品的出口規模進行對比。結果發現，在 2005 年之前，中國第二類產品的出口規模一直低於 EM10 國，隨後開始增長，並最終超過 EM10 國的總和；2008 年金融危機之後，兩者之間的差距越來越大；在 2015 年之前，EM10 國第三類產品的出口規模之和高於中國，但隨後被中國超越，中國至今仍處於領先地位。也就是說，中國在第二類和第三類產品的出口上具有規模優勢，即使我們把 EM10 國作為一個整體來考察，它們也很難在可預見的未來替代中國。

為什麼其他新興經濟體和中國的差距在拉大？因為不是每一個新興經濟體都有中國這樣的好基礎和好運氣。我們的基礎好，因為我們在改革開放政策實施之前，就已經建成了相對完整的工業體系。這最終帶來一種很奇特的現象：即使日本和韓國在經濟起飛的時候，也只能傾全國之力集中在幾個關鍵的產業實現突破，而中國是全球市場上唯一一個既能和美國競爭，又能和非洲國家競爭的國家。中國無論是高新產品，還是低檔產品，全部建立了相對完備的供應體系。新中國成立以來，我們的義務教育、公共衛生做得比大多數發展中國家都要好。中國不僅有廉價勞動力，而且有廉價且質量相對好的勞動力，尤其是女工。中國的女工基本上都是初中畢業生，甚至高考落榜生，而在其他發展中國家，農村婦女的文盲率可能高達 90%。除了基礎好，中國的運氣

也好。我們講過中國在後冷戰時期遇到了相對適宜的國際環境，經過努力，加入了 WTO，這其實是享受到了「後冷戰紅利」。從現在往後看，由於全球範圍內貿易保護主義抬頭，這樣的機會窗口已經關上，不再「賣票」了。

那麼，中國和發達國家的差距還有多大？我們也觀察了 OECD 國家在 4 類產品方面的出口結構。OECD 就是經濟合作與發展組織（Organization for Economic Cooperation and Development），是由 36 個發達國家組成的國際經濟組織，加入 OECD 一般會被認為是加入了發達國家具樂部。我們發現，OECD 國家的出口結構相當穩定，第三類和第四類產品的出口佔比最高，且佔比相當，約為 37%。第二類和第一類產品的出口佔比相對較低，分別在 16% 和 10% 左右。當前，中國第一類和第三類產品的出口佔比已經與發達國家基本一致，但第二類產品的佔比偏高，第四類產品的佔比偏低。所以，中國未來的出口結構很可能會出現兩個變化：第二類產品出口佔比繼續下降，降幅為 8%～10%；第四類產品出口佔比繼續上升，上升空間與第二類產品的降幅相當，約為 10%。

這就帶來一個嚴峻的挑戰。如果比較美、日、德、中四國第四類產品的出口規模，中國第四類產品的出口規模已經與美國和德國相當。那就意味着，如果中國想繼續提高第四類產品的出口佔比，就必然要擠佔美、日、德等發達國家的份額。這是一場硬碰硬的角逐，中國製造業出口升級會面臨越來越大的阻力。這又

一次提醒我們，國內市場很重要。用高水平的產品跟發達國家搶奪國際市場，這條路會越走越難，但用高水平的產品滿足國內需求，對中國製造業來說是一條康莊大道。苟且紅利是中國經濟中最大的紅利。

到這裏為止，我給你看的還是「航拍圖」。我們從宏觀的角度分析，得出的結論是：在出口競爭力方面，中國和其他新興經濟體拉開了差距，和發達國家縮小了差距。

接下來，我們要從微觀的層面去看看中國的企業做得怎麼樣。我們要換一種分析方法，這次要用社會網絡分析。

社會網絡分析很像是分析我們的朋友圈。我們每個人都是一個節點（node），如果兩個人之間有往來，那麼這兩個節點就通過一條邊（edge）相互聯繫。在我們的分析中，每一個節點就是一家企業，每條邊對應的則是它們之間的合同金額。[10]

我們選擇了汽車行業，因為汽車行業是製造業中集成程度最高的行業之一。我們先選了美國通用、韓國現代、上海上汽、日本豐田和德國大眾這 5 家企業。給定這 5 家企業，我們又按照合同金額，找到了它們的 5 個最大的供應商和 5 個消費者，然後調查這些供應商和消費者，去找 5 家車企的夥伴的夥伴，以及它們的夥伴的夥伴的夥伴。如此順藤摸瓜，我們給以上 5 家汽車企業的每一家都找到了大約 200 個「小夥伴」。

在下面的圖 5-1 中，你能看到這 5 家企業的「社交網絡」，其中空心圓圈表示本國企業。

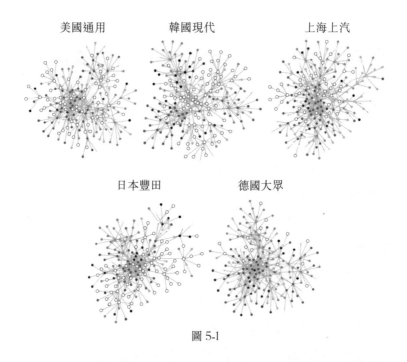

圖 5-1

　　從本國企業在供應網絡中的佔比來看，日本豐田和韓國現代
的本國企業佔比明顯高於通用、上汽和大眾。日本豐田的供應網
絡中本國企業佔比為 40.33%，韓國現代的供應網絡中本國企業
佔比為 37.56%，美國通用的這一比例為 31.19%，上汽的這一比
例為 20% 左右，而德國大眾的供應網絡中本國企業佔比僅為 8%
左右。這 5 家汽車企業都依賴於美國企業，比如現代和豐田的網
絡中美國企業的佔比為 20% 左右，上汽的這一比例約為 30%，
而德國大眾的供應網絡中美國企業的佔比高達 35%，甚至高於美
國通用。或許這可以說明，為什麼在歐美貿易摩擦中，歐盟總是

及時並主動地選擇退讓。

　　值得關注的是，上汽集團的供應網絡中，美國企業佔比接近30%，顯著高於中國企業的佔比。這是否説明上汽對美國的依賴程度更強？我們分別對照了上汽在 2015 年 8 月 21 日和 2019 年 8 月 21 日的數據，結果發現，在 2015 年，上汽供應網絡中的中國企業大多分佈在中游，而美國企業大多分佈在上下游，可謂涇渭分明，幾乎沒有重疊的地方。但到了 2019 年，上汽供應網絡中的中國企業和美國企業出現了融合和交叉，這説明能夠參與上汽供應網絡的中國企業，其行業分佈更加廣泛，參與分工的機會更多了。

　　如果我們把 5 家汽車企業的供應網絡全放在一起，大致就能模擬出一個汽車行業的供應網絡。如果這 5 家企業的供應網絡相互獨立，那麼合併後的網絡應該包含 1 014 個節點。但這 5 家企業的網絡關係中共有 504 個重複節點，接近一半都是重複節點。剔除重複節點後，汽車行業的供應網絡由 510 個節點組成。

　　在這個汽車行業的供應網絡中，美國企業共 123 家，韓國 94 家，日本 88 家，中國 64 家，德國只有 24 家。如果僅看數量，美國在汽車行業的供應網絡中依然佔據優勢。再來看看有沒有同時出現在 5 家車企的供應網絡中的企業，結果我們找到了 46 家。其中，美國企業最多，共 17 家，接下來依次是日本 6 家、德國 5 家、法國 4 家、韓國和英國各 3 家。中國只有一家企業同時出現在 5 家車企的供應網絡中，這家企業叫：中國正通汽車服

務控股有限公司。我真是孤陋寡聞了，趕緊去搜索這家企業。它的官網上對主營業務的介紹是：「中國領先的 4S 經銷店集團，致力於經銷豪華及超豪華品牌汽車，如保時捷、奔馳、寶馬、奧迪、捷豹路虎、沃爾沃、英菲尼迪、凱迪拉克。本集團亦經營一汽大眾、別克、日產、豐田、本田、現代等中檔市場品牌的經銷店。」原來如此。

當然，同時出現在上述 5 家公司的供應網絡中，不能說明一家企業就是最關鍵的。你在每一個宴會上都能遇見的那些人，未必是最重要的嘉賓。在社會網絡分析中，有一個概念叫中介中心度。中介中心度衡量的是一個節點能夠為其他節點提供便捷聯絡的能力。某個節點的中介中心度越高，說明它在整個網絡中能越多地參與其他點之間的聯繫，該點的重要性也就越大。

我們計算出了中介中心度最高的 10 家企業，它們依次是：

1. 日本豐田（Toyota Motor Corp.）

2. 三星電子（Samsung Electronics Co.）

3. 起亞汽車（Kia Motors Corp.）

4. 采埃孚（ZF Friedrichshafen AG）

5. 巴斯夫（BASF SE）

6. 韓華集團（Hanwha Corp.）

7. 安飛士（Avis Budget Group, Inc.）

8. 現代汽車（Hyundai Motor Co.）

9. 通用汽車（General Motors Co.）

10. 印尼大型綜合企業集團（Astra International Tbk PT）

排名最高的是日本豐田。4 家韓國企業 —— 三星電子、起亞汽車、韓華集團和現代汽車，分別名列第 2、3、6、8 位。在整個網絡中，韓國企業的整體重要性比美國企業還高。有意思的是，大眾和上汽並不在這前 10 名裏。它們是初始節點，但不是最重要的節點。它們就像是召集朋友們聚會的主人，卻在宴會上被別人搶了風頭。最令人遺憾的是，在整個汽車行業的供應網絡中，雖然中國有 64 家企業，但沒有一家出現在這前 10 名中。

從宏觀到微觀，我們可以看到，整體來看，中國在全球供應鏈中的地位不僅沒有下降，反而還在提高，但從企業的角度來看，中國還沒有培養出一批能夠在全球供應網絡中紮根深、覆蓋廣的「核心節點企業」。因此，未來要想提升中國在全球供應網絡中的地位，最重要的任務是培育一批真正的國際化大企業。

互信網

這真是一個變幻莫測的時代。讓我們再回顧一下導致全球供應鏈出現的三個因素：第一，互聯網技術把世界推平了；第二，後冷戰時期出現了「中美合作紅利」；第三，美國在 20 世紀 80 年代犯錯了，導致其製造業空心化。這三個因素並不是一成不變的。如今，這三個因素都在發生變化，我們不得不重估原有的全

球經濟體系。

世界變平了嗎？沒有，世界還是崎嶇不平的。互聯網技術曾經使得製造業的分工鏈條越來越長，但現在這種趨勢放緩了。分工更細，效率會提高，這沒錯，但分工過細也會導致管理成本提升。兩相權衡，全球供應鏈有一個最優規模。最近 10 多年，尤其是全球金融危機爆發之後，全球供應鏈的擴張速度已經大大放緩。這或許意味着，全球供應鏈的擴張已經快到頭了。

後冷戰時期出現的「中美合作紅利」也在消退。美國覺得中國崛起的速度太快，不再把中國當成隊友，而是把中國當成對手。中美關係已經進入了一個轉折點，中美「脫鈎」的速度比我們想像的更快。

美國已經意識到製造業空心化帶來的弊端，但如何才能扭轉頹勢，他們並沒有考慮清楚。特朗普想出來的對策是另起爐灶、重新定規則，把原來的記錄都清零。這是一種非常愚蠢的做法。全球供應鏈更像是一種自然力量，像季風，也像洋流，它不會乖乖地聽一個美國總統的命令。全球供應鏈又像「變形金剛」，它會改變自己的形態。

那我們該怎麼辦？我們最佳的策略是跟着它一起變，幫着它一起變。所以，最重要的是了解全球供應鏈今後會出現什麼樣的變化。能夠影響到全球供應鏈變化的三種新的力量是：需求、技術和信任。

先說需求。你曾經讚歎過的全球化，很快就要過時了。比

如，我們曾經讚歎，一件襯衫，從棉花、棉布到最終成衣，在被郵寄到消費者家裏之前，它很可能已經環遊世界了。這其實是一種很怪異的全球化。這是因為消費者對價格更敏感、對產品的個性不敏感，消費者都像扎克伯格一樣，同樣顏色、同樣型號的 T 恤衫，一買買一打，這才有了按照哪裏成本低就在哪裏生產，再運到消費者手裏這種生產模式。可是，要是消費者更在意個性和品質呢？如果消費者不是想一次性買一打襯衫，而是想買一件時尚潮品呢？或者，每一個消費者都不一樣，他們想要的是為自己量身定做的衣服呢？如果服裝商都像 ZARA（颯拉）一樣，每周都出幾種新款設計，這些服裝怎麼可能慢悠悠地環遊地球呢？隨着需求的變化，未來的全球供應鏈會變得離消費者更近。

這對中國企業來說，當然是一件好事。未來的需求會來自哪裏？一個最大的變化當然是中國消費者的崛起。我們曾經講過，不同的市場有不同的性格，市場的性格會影響到生產的佈局。美國市場的特點是同質化程度很高，麥當勞和漢堡王可以開到任何一個小鎮，美國人買衣服都去 GAP，買電器都去 Best Buy（百思買），這樣的市場非常適合連鎖店模式和大批量生產。日本的市場走的是另一個極端，產品追求極端精細化，有很多細分市場、小眾產品，日本消費者對完全雷同的產品不感興趣。中國市場很可能在這兩個極端的中間，一方面，中國的市場規模足夠大，絕大部分產品都能夠達到量產的規模，另一方面，中國的市場區域化色彩濃厚，呈現出梯度分佈的特點，這給很多特色產品提供了

生存空間。要說起中國市場最鮮明的特點，可能還得算是「快」。中國的消費者願意嘗試新生事物，口味變換更快，這對創新企業來講是最大的福音。

於是，中國創新企業的最佳策略將是：首先，迅速捕獲一個瞬間出現的需求變化；然後，把這個需求變化放在一個小趨勢裏觀察和培養；接着，把這個小趨勢轉化為一個有穩定需求的小市場，事實上，需求大一點或是小一點並不重要，重要的是，如果能夠找到穩定的需求，就能建立起供應鏈；再進一步，考慮把這個供應鏈對接到一個更大的市場中，比如，可以是從非主流市場進軍主流市場，也可以是從一二線城市下沉到三四線城市，也可以是從國內市場擴散到國際市場；最後，你就既能充分地發揮貼身快攻的優勢，又能紮穩陣營，建立自己的根據地，並不斷地對外開疆拓土了。

這和過去我們熟悉的打法有什麼不一樣呢？不一樣在於，你不能還是從一開始就寄希望於依附一個強大的跨國公司，你也不能再把外銷和內銷分開來做。哪裏有消費需求，你就要跟隨到哪裏。

再說技術。過去的生產過程是從一塊礦石開始，到一件產品終止。未來的技術會從頭到尾改變生產過程。先看生產的源頭。材料科學的發展很快，這會使得原來的某些生產工序，比如塗層，從此消失。塗層的目的是防水、防鏽、防腐蝕，而人工合成材料能夠一一按照你的要求定製。再看生產的中途。智能生產會

讓生產中的某些環節連在一起。我們在調研的時候參觀了一些生產車間，它們雖然不能説是完全智能化了，但其自動化的程度大大提高。從進料到加工成型，可以在一台數控機床裏完成，更適應複雜、精密、小批量、多品種的零件加工。再看生產的終點。未來製造業最終的產品並不是一件產品，而是一組產品，而且是一組相互協作的產品形成的解決方案。舉一個例子，不知不覺，我們的生活中多了很多小米產品。這些產品的性價比很高，設計得也很漂亮，不過，如果拿出一件小米產品，總能在市場上找到比它更好的單品，那小米的策略是什麼？小米是把這些家用產品連接起來，讓你的體驗更好，用起來更省心、更舒適。所以，「產品＋服務」才是未來製造業的出路。最後，還要再説一下，未來的製造業可能是沒有終點的。這是什麼意思呢？我們地球上的資源是稀缺的，人們的環保意識越來越強，所以未來的製造業會更注重資源的循環利用。於是，你可能看到的就不是從起點到終點這一條線，而是一個循環往復的圓圈。

這會給中國的企業帶來什麼挑戰呢？過去，我們學習的是如何發揮自己的比較優勢，加入一個分工體系，專注於做自己最擅長的事情。現在，我們要明白過來，製造和研發之間是互補的。沒有研發，就沒有先進製造，同樣，沒有製造，也沒有先進技術。美國的企業，吃虧就吃虧在只做研發，沒有配套的供應商。中國的很多製造商越做越難，一個重要的原因是，它們過去只做貼牌生產。這些只會做外銷的企業，是最難實現轉型的，反

而是那些一開始就要自己一邊生產一邊賣貨，既要搞研發又要舖渠道，狼狽得很，結果咬緊牙關挺過來的企業，現在成了全能冠軍。就像一架鋼琴的鍵，一個都不能少，我們也應該儘可能地把行業的生態做全，把企業的產品做全。

需求和技術帶來的衝擊再大，中國的企業也有足夠的能力應對，但說到信任對全球供應鏈的衝擊，我們就不能不提高警惕了。

2019年9月6日，《紐約時報》專欄作家托馬斯·弗里德曼在「2019中國發展高層論壇專題研討會」上做了一個午餐演講。[11] 弗里德曼講道，過去10多年來，世界經濟發生的一個重要變化是：世界變「深」了。萬物可以互聯，彼此可以互探。你的手機能連上你的鬧鐘，也能控制你的空調，還能跟你的汽車對話。每一件事物都在變「深」。這種變化趨勢正在成為全球化，尤其是中美貿易和技術關係中最大的挑戰。

過去，中美之間的貿易是「淺層」的貿易。中國購買美國的大豆和飛機，美國購買中國的鞋子和玩具。大豆和鞋子之間不會互相溝通，飛機和玩具之間也不會互相對話，所以，這樣的貿易是可控的。如今，中美貿易開始進入一個我們從未到過的領域，雙方交易的商品和服務開始涉及智能手機、人工智能系統、5G（第五代移動通信技術）基礎設施、量子計算、電動汽車和機器人。這當然是一件好事，但也會帶來一種內心深處的不安。美國人會想，假如我買了一部中國的智能手機，可能意味着我的個

人資料會被一家中國公司獲取嗎？那麼，它會用這部手機監控我嗎？它會把我的信息交到中國政府手裏嗎？當然，按照這個思路去反推，中國人也有可能會對美國技術提出同樣的疑問。

於是，我們看到，全球化和中美關係正處於一個關鍵的十字路口。中美兩國都在銷售能夠深入對方社會的技術，但雙方還沒有發展起足夠的信任，無法放心地購買並安裝使用這些重要的技術。弗里德曼說：「如果能彼此信任，我們可以走得遠、走得快。但如果沒有信任，走遠、走快也就無從實現。」

在需求、技術和信任這三個影響全球供應鏈變化的因素中，信任顯然是最為重要的。信任甚至已經改變了全球生產網絡的本質。

回顧全球化的發展，我們能夠看到，最早的全球生產網絡是「互聯網」。這時候，全球化是一個技術問題：用什麼樣的方式把國家、企業和個人連接起來？怎麼把數據用最快、最可靠的方式傳輸過去？怎麼建立自己的數據庫，發現新的算法？

之後，全球生產網絡進入了第二個階段，我們可以稱之為「互利網」。這時候，全球化是個經濟問題：有哪些機會可以讓我和世界上其他地方的企業和人合作？我能不能把生產環節外包出去？我能不能把服務外包出去？我能把產品和服務賣給外國人嗎？我能收外國企業的專利費和版權費嗎？雖然存在着體制的差異、觀點的分歧，但政治和經濟問題是可以分割的，連接在全球生產網絡上的每一個企業關心的只是賺錢，只要有互利的機會，

雙方就能達成合作。

　　如今，全球生產網絡進入了第三個階段，正式演變為「互信網」。這時候，全球化會牽扯到政治、文化，甚至是心理問題。經濟利益無法獨自發言，房間裏的聲音變得更加嘈雜。你會不會偷走我的技術，搶走我的工作機會？你的生產過程中有沒有讓我不舒服的地方，比如，你有沒有關心環保和氣候變化？你是哪個國家的企業？你有沒有尊重我的價值觀，甚至你有沒有認同我的價值觀？你有沒有講我不喜歡的話？

　　技術一旦實現了突破，就不會再出現倒退。經濟一旦建立在利益的基礎上，就會把根紮得很深。唯獨信任是反覆變化、隨風搖擺、境由心生的。信任是這個世界上最脆弱的東西，我們又該怎樣把全球生產網絡建立在如此脆弱的基礎上呢？

萬里長城建造時

　　假如你是一個國家，你一直懷有要強大起來的夢想。

　　剛跟大家見面的時候，你就像一個剛轉學過來的孩子，生澀、孤單、自卑。你向班上學習成績最好的孩子學習，不，你如饑似渴地學習班上所有孩子的優點。你覺得在成績提高了之後，其他孩子就會喜歡你。你以自己的方式努力想做到以誠待人，希望別人也能夠這樣對待你。

　　但是，在別人眼裏，你就是和他們不一樣。你講話的口音跟他們不一樣，你的家庭出身跟他們不一樣。在他們看來，你舉手投足間總帶着一種笨拙。到最後，孩子們發現，你是班上那個從來不聽講，也不按老師的規定做作業，但每次考試都考第一的孩子。這太奇怪了。別人都用狐疑的眼神看你。你想向別人解釋，卻沒有人願意聽。偏偏你又是一個敏感、倔強的孩子。你心裏想：這些人怎麼這麼蠻橫！

　　天下事不如意者十有八九。有些事情你是改變不了的，但你必須做出重大的抉擇。

　　決策就是選擇。決策者要權衡各種不同方案的利弊得失。我們經常會遇到兩難選擇，你不能既要提高儲蓄又要擴大消費，你不能既要高收益又要低風險，你必須做出艱難的取捨。

　　那麼，國際目標和國內目標，究竟哪個更重要呢？

　　中國一向相信對外開放。改革開放，其實應該叫開放改革。在沒有對外開放之前，改革並沒有明晰的方向感，而且時常會掉轉方向。實行對外開放政策之後，中國不僅能享受商品和資本跨越國界、自由流動帶來的好處，而且會有一種外在的約束，迫使我們只能朝着市場化改革的方向前進，這就是人們常說的「以開放促改革」。

　　但是，在全球市場的競爭壓力下，一個國家並沒有太大的政策選擇空間。或者借用托馬斯・弗里德曼的說法，在經濟全球化時代，國家好像穿上了瘋人院裏的緊身衣，只不過在經濟全球

化的光芒下，這身緊身衣折射出美麗的光彩，是一件「金色緊身衣」。

　　托馬斯・弗里德曼寫道：「當你的國家穿上了金色緊身衣，它的政策選擇範圍就縮小到：要麼可口可樂，要麼百事可樂。」[12] 穿上「金色緊身衣」的國家，其實只有一個選擇，那就是「跟國際慣例接軌」。但隨着對外開放，各國的政策會越來越趨同，比如都會力爭實行小政府、低稅率、放鬆市場管制、私有化、降低關稅、資本項目自由化、更靈活的勞工福利條例等政策。只要別的國家這樣做，你就不得不跟着別的國家一起這樣做，哪怕可能會對國內經濟帶來一定的衝擊。

　　另一種選擇是暫時或部分地放棄經濟全球化。這看起來匪夷所思，因為我們無法設想，如果退回到閉關自守的狀態，還怎麼推動經濟和社會的發展。但事實上，在全球經濟史上，不時會出現這樣的退守。比如，在第二次世界大戰之後的幾十年裏，國際經濟制度基本上就是這種模式。

　　第二次世界大戰之後，在美國的帶領下，各國政府建立了以布雷頓森林體系、關稅及貿易總協定為基礎的國際經濟制度。關稅及貿易總協定後來變成了 WTO，負責給國際貿易定規矩，而布雷頓森林體系管的是貨幣政策和金融政策。這套體系強調的是促進國際貿易，各國承諾降低關稅壁壘和不互相實行貿易歧視。但很多人忽視了，在布雷頓森林體系中，全球化是受到限制的。比如，當時國際貿易越來越暢通，資本的自由流動卻受到嚴格管

制。即使在貿易領域也是如此，儘管通過歷次關稅談判，世界關稅水平有了顯著的下降，但仍然允許存在例外，比如農業、紡織品等一直沒有納入談判日程。關稅及貿易總協定也允許各國通過反傾銷政策等手段，在面臨嚴峻的進口競爭時對國內產業加以保護。

全球生產網絡已經變成了「互信網」，只有保持一定的信任，才能保證經濟全球化不至於倒退。但是，由於各國內部的社會矛盾更加複雜，國與國之間的關係更加複雜，一味地強調對外開放反而有可能進一步激化矛盾。越是在經濟低迷時期，各國間的政策協調就越是困難，能守住底線不出問題就已經很好了。沒有壞消息就是好消息。經濟全球化也需要一段時間「休養生息」。

未來，政府應該做的不是更激進地對外開放，相反，國內政策的重要性高於國際政策。一個國家的政府總要更多地關注國內的和諧穩定，才能提高執政的合法性，而一個政府受民眾支持的程度越高，它越能更好地引領人們去適應全球化帶來的變化，不管是好的變化，還是壞的變化。

當別的國家都開始修牆的時候，我們應該做什麼？

我們也應該修牆。

什麼？修牆？那不是把我們排斥在世界之外了？

當然，修牆是一種極其愚蠢的做法，把自己和外部的世界隔離，最終只會讓自己受到更大的損失。但是，如果輕率地把所有障礙物都清除掉，沒有任何防護，你永遠不知道在邊界的另一邊

會出現什麼：蠻族？難民？侵略者大軍？

　　修牆最重要的目的不是畫地為牢。修牆是為了在牆上開一扇大門，修牆是為了保證這扇大門每天都敞開。[13]

　　這扇門應該天天都開着，人們可以來來往往，進進出出。最好刷一下證件就能過去，不需要煩瑣、無聊、無效的安全檢查。這扇門應該開得足夠大，不行就多開幾扇門。不能讓所有人在門口排一條長隊。這扇門上裝有攝像頭，還有衛兵把守，但在正常情況下，你看不到衛兵，也沒有路障——你應該幾乎感覺不到門給你帶來的不便。

　　但是，如果你想越過邊界，只能從門這裏過。你不能爬牆，也不能跳窗戶。誰從這扇門進來了，應該是有監控的。如果一切正常，那就沒有問題。假如出現了異常，監控系統應該能夠迅速地感知並做出分析和預判。比如，進來的人突然比正常情況下少了，出去的人突然比正常情況下多了，那背後是什麼原因，就應該有人調查。

　　在極端的情況下，門是能夠被關上的。在門被關上之後，應該有鎖和門閂，保證外邊的入侵無法進入牆的這一邊。如果只是在特殊的情況下關門，應該告訴大家，這只是暫時的，警報解除之後，門還會打開。

　　這就是修牆的精義所在。修牆之意不在牆，在乎開門不開門也。為什麼要有門？因為我們必須保持對外開放，要有人的流動、商品的流動、思想的流動，這個世界才會有生機和活力。為

什麼要有牆？因為牆給我們帶來安全感。正是因為有了牆，我們才能更放心地把門打開，否則，我們會一直處於惶恐不安的狀態。牆越是結實、高大，我們就會越安心。

有了牆之後，我們才能更放心地關注牆內的和諧和穩定。在牆的這一邊，應該是充分開放的。如果在牆的這一邊還有牆，一層一層全是牆和障礙物，那麼牆的這一邊也會變得更加不安。牆總是要把人分開的，我們把人群分得越細，各個階層之間就會越固化，群體之間的矛盾也會越發激化。牆使得我們可以集中力量搞好內部的團結，聽取大家的意見，營造一個更為和諧的共同體。

在牆的這一邊，迫切需要解決的問題太多了：怎麼應對即將到來的老齡化社會？怎麼解決「上學難、看病難」的問題？怎麼提高基礎研究的水平？怎麼縮小貧富差距？怎麼提高社會流動性？怎麼跟年輕人對話？怎麼形成新的凝聚力？怎麼建立一種對話的機制、交流的機制、制衡的機制？牆內的問題，只能在牆內解決。看看別的國家，它們一樣是這樣走過來的。美國在 20 世紀 50 年代和 60 年代經歷了經濟增長的黃金時代，也承受了社會變革帶來的巨大挑戰，之所以能夠承受這樣的巨變，主要就是因為當時美國的經濟政策相對封閉。

秋風漸起，在寒冬到來之前，正是萬里長城建造時。儘管，你心裏清楚，多年之後，這道牆只會變成一個懷舊思古的風景點。

全球化綠洲

假如你是一個全球主義者。你心地善良、眼界開闊、受過良好的教育，你也可能在海外留過學，你有外國的老師和同學，跟他們相處得還不錯。你出過國，見過世面，你愛讀書、愛思考，你跟所有人打交道時都不卑不亢，你相信人與人之間可以平等、理性地交流，而這樣的交流能讓人類社會變得更加美好。你的企業不僅在中國做生意，在海外也有合作夥伴，你們就是全球生產網絡上的一個節點。你學過經濟學，你支持自由貿易。你關心氣候變化，你相信很多問題需要人類齊心協力才能解決。

突然，你發現原來讓你很熟悉、很放心的世界變得日益扭曲，不可理喻。飯桌上父子之間會因為意識形態的分歧吵得不歡而散。你喜歡的明星，甚至你敬重的學者、作家會在看起來他並不了解的話題上大放厥詞，而不知怎的，你覺得自己受到了冒犯。這個世界上的政客們發表的言論讓你大跌眼鏡，這跟你原來想的完全不一樣。巴黎會有暴亂，美國頻發槍擊，這個世界似乎沒有一塊地方是平靜的。一個美國籃球隊的經理發了一條推特，結果導致中美兩個國家的網民義憤填膺，NBA（美國職業籃球聯賽）苦心經營 30 多年，在中國打開了一個巨大的市場，而這一切瞬間可能煙消雲散。

你該怎麼辦？這是個難題。這不是一個你能不能升職、能不能多賺錢的「升級問題」，這是一個「生存級問題」：你和這個世

界該如何相處？

　　人和這個世界相處的規則多種多樣。有的人處世規則是開誠佈公，有的人處世規則是老謀深算；有人願意合作，有人喜歡欺騙；有人簡單，有人複雜。哪一種規則是最好的？

　　社會科學家還真研究過這個問題。國際政治學家阿克塞爾羅德曾經做過一個實驗，他邀請了各路「大神」，有數學家、計算機科學家，也有心理學家、經濟學家和政治學家。阿克塞爾羅德請他們分別提出自己的規則，然後將這些規則編成程序，放入計算機中，讓這些程序互動，以此模擬人與人之間的交往，觀察哪一個規則能最終勝出。最終勝出的規則叫「一報還一報」，這是所有規則中最簡單的一個。「一報還一報」的規則是：(1) 我不會先背叛；(2) 別人背叛，我會反擊；(3) 如果對方悔過，我會繼續跟他合作。[14] 這個實驗的結果告訴你，你要做個有原則的老實人。

　　阿克塞爾羅德的實驗還有一點很有啟發。他發現，如果這個世界上絕大多數人都選擇背叛，那麼選擇合作的人會吃虧。但是，如果這些想要合作的人都選擇「一報還一報」策略，團結在一起，在這群人的數量超過一個最低門檻之後，這個小群體之間產生的收益就足以抵消他們被外人欺騙的成本。也就是説，只要抱團取暖，就能度過寒冬。[15]

　　尋找和你志同道合的人變得越來越重要了。全球化要建立在信任的基礎上，而信任是最脆弱的，你只能先找到「小部落」中

達到最低門檻的信任。增長停滯、貧富分化、階層固化，這些社會問題撕裂了全球經濟，民粹主義泛濫的速度遠比荒漠化的速度更快。但是，在一片民粹主義的沙漠之中，依然存在着全球化的綠洲，而這些綠洲連點成線，就是新的絲綢之路。我在這兩年的調研中，隱約看到了一個新物種的出現。這是一群特立獨行的人，我們可以把他們叫作「全球遊民」。他們關心的是技術和創新會把人類帶到什麼樣的未來，他們從來沒有想過怎樣回到過去的假想的「黃金時代」。他們好奇、樂觀、朝氣蓬勃，他們經常跳出常規的思維框架，有各種各樣的奇思妙想。他們不受地理的限制，無論是在硅谷的帕洛阿爾托，還是在深圳的南山，無論是在倫敦，還是在上海，他們正在做的事情都一樣。他們的團隊往往是跨文化、跨學科的。他們身上有某種特質，你可以在萬人叢中一眼識別出來。我有時候想，如果我們注定會經歷一次社會經濟環境的巨變，那麼，「全球遊民」會不會是第一批上岸的魚？

　　當然，抱團取暖並不能解決你的所有困惑。有時候，抱團取暖會讓你更焦慮。一群相似程度很高的人在一起，哪怕他們都是很優秀的人，也有可能會團結起來犯最愚蠢的錯誤。如果一個社會網絡中同質性程度更高，也就是説，大家的三觀完全一樣，那麼，他們很可能會過濾掉跟自己不一樣的觀點，結果就會陷入更極端的觀點，而無法形成對整個世界的真實認知。在互聯網時代，我們不僅沒有看到偏見的減少，相反，我們遇到越來越多的

偏見。於是，你還需要跳出自己熟悉的圈子，走異路，去異地，尋求別樣的人們。

這一定是一個充滿了挫敗感的過程。

不信可以去問問曹德旺。2019 年 8 月，一部名為《美國工廠》的紀錄片在美國上映，這是一部少有的能夠同時引起中美觀眾共鳴的影片，因為它刻畫了中國企業和美國工人之間的文化碰撞。該片講述了美國俄亥俄州一家通用汽車工廠倒閉之後，曹德旺的福耀集團在原址投資建設一座玻璃工廠的故事。當地勞工組織極力鼓動工人成立工會，福耀則堅決抵制。一開始，福耀處於非常不利的局面。美國工人起來抵制中國式的管理，拿着時薪 12.84 美元的工人追憶着在通用時薪 29 美元的幸福。國外的工會是每一個「走出去」的中國企業都不得不面對的陌生勢力。福耀不得不從頭學習如何跟工會組織打交道。2017 年 11 月，美國勞資委準備組織一場官方投票，決定是否在福耀成立工會組織。福耀一方面給積極工作的員工加薪，另一方面給反勞工組織 100 萬美元，讓他們出面，引導工人投反對票。最終，在 1 500 多名工人中，868 人投票反對，444 人投票贊同。福耀看起來贏得了勝利，但這場勝利殊無歡悅。

這是中國企業不得不經歷的一個過程。過去，中國的企業自以為在國內做得很成功，就能把中國的經驗照搬到國外。中國的企業習慣了在國內賺快錢，到了國外也希望迅速發財。最早「出海」的中國企業遭遇了各種挫折，每一家都有自己的血淚史。然

而，如果你不想被困在岸上，就要學會到大海中游泳。雖然全球化會經歷一次退潮，但恰恰是這次退潮，才有可能逼着一批中國企業演化成真正的跨國企業。

反全球化浪潮在短期內是無法逆轉的。正如印度裔經濟學家阿馬蒂亞·森所說的，反全球化可能是當今世界最具有全球性的事件。如果你跟着這股力量隨波逐流，最後就會被帶入一片黑暗森林。國家與國家之間無法合作，企業與企業之間無法交易，文明與文明之間無法對話，族群與族群之間無法和解。你可能會越來越多地被迫要選邊站隊，而每一次選邊站隊，都會把你原本豐富的人性切掉一小塊，也會把你原本豐富的生活切掉一小塊。阿馬蒂亞·森說，我們必須用相互競爭的多元身份挑戰單一的好戰的身份認同觀。[16] 這是維持和重建信任的必由之路。

在全球供應網絡從互聯網變成互利網，又從互利網變成互信網之後，你才發現，其實，全球供應網絡的背後不過是人類的社交網絡。人類網絡製造的麻煩，最終也只能由人類網絡來修復。耶魯大學歷史學家提摩希·史奈德告誡我們：「老朋友是你能依賴的最後依靠，而結交新朋友則是改變現狀的第一步。」[17] 這句看似平淡無奇的勸告，在這個非常時刻，像一道黑暗中的無聲閃電，讓人觸目驚心。

註　釋

1　施展：《樞紐》，廣西師範大學出版社 2018 年版。

2　〔美〕托馬斯·弗里德曼：《世界是平的：21 世紀簡史》，何帆、肖瑩瑩、郝正非譯，湖南科學技術出版社 2006 年版。

3　〔美〕蘇姍娜·伯傑：《重塑製造業：從創新到市場》，廖麗華著，浙江教育出版社 2018 年版。

4　同上。

5　Hausmann R, Hwang J, Rodrik D, What you export matters, *Journal of Economic Growth*, 2007, Vol.12 (1).

6　我們的數據來自聯合國的 UN Comtrade（聯合國商品貿易統計）數據庫。數據維度如下：（1）HS 六位代碼下共 5 057 種產品的進出口信息，HS 代碼版本為 1996 年版；（2）時間跨度為 2000—2017 年，共 18 年；（3）樣本國家涉及 163 個。我們用「經過 PPP 調整後的人均 GDP」作為衡量一個國家收入水平的變量，數據來自 IMF（國際貨幣基金組織）數據庫。更詳細的分析參見何帆、朱鶴：《中國的全球製造地位會被新興經濟體取代嗎？基於 163 個國家貿易產品數據的分析》，上海交通大學安泰經濟與管理學院中國發展研究院工作論文，2019 年。

7　我們用 2009—2011 年這 3 年的數據來計算技術密集度。之所以用這 3 年的數據，是因為這 3 年在整個樣本期的最中央，可以相對公平地反映整個樣本期的收入水平分佈，避免樣本期前後階段因為發展帶來的收入水平分佈的巨大變化。我們分別計算了這 3 年裏 5 057 種產品的技術密集度，然後取 3 年的平均數，得到每種產品的技術密集度。具體方法參見 Hausmann R, Hwang J, Rodrik D(2007)。

8　「金磚國家」（BRICS）包括巴西、俄羅斯、印度、中國和南非。「展望國家」（VISTA）包括越南、印度尼西亞、南非、土耳其和阿根廷。

9　我們還可以繼續增加新興經濟體的數量，但並不會改變基本結論。

10　在我們的研究中，每個節點（node）對應的是具體公司，每條邊（edge）對應的是一組合同金額，是當季累計值。數據來源是 Bloomberg（彭博）的 SPLC 數據庫，主要數據的時間更新節點為 2019 年 8 月 21 日。更詳細的分析參見何帆、朱鶴、梁晨：《微觀視角下的汽車產業全球格局：基於供應鏈數據的社會網絡分析》，上海交通大學安泰經濟與管理學院中國發展研究院工作論文，2019 年。

11　托馬斯・弗里德曼在「2019 中國發展高層論壇專題研討會」上的演講──《世界是「深」的》，https://www.guancha.cn/TuoMaSi-FuLiDeMan/2019_09_10_517197.shtml。

12　Friedman, *The Lexus and Olive Tree*, Farrar, Straus and Giroux, 1999.

13　〔美〕喬舒亞・庫珀・雷默：《第七感：權力、財富與這個世界的生存法則》，羅康琳譯，中信出版社 2017 年版。

14　〔美〕羅伯特・阿克塞爾羅德：《合作的進化》，吳堅忠譯，上海人民出版社 2007 年版。

15　同上。

16　〔印〕阿馬蒂亞・森：《身份與暴力：命運的幻象》，李風華譯，中國人民大學出版社 2009 年版。

17　Timothy Snyder, *On Tyranny: Twenty Lessons from the Twentieth Century*, Bodley Head, 2017.

第六章

混搭時代

新技術革命
風俗
例俗
機物
顛覆
權威
例俗
生物
混搭人工
蕩磨合
所技術革
機物聯網
器人
生物科技
人工智能
混搭人
衝突震蕩

九又四分之三車站

　　在深圳梅觀高速上朝北開,從第六個出口出去,會有一個十字路口。兩個綠底白字的路標:向左走是富士康,向右走是華為。

　　雖然只是早上 7 點左右,燥熱的太陽已經把人烤出一身汗。朝左走的是去富士康上班的人,就像密集而迅疾的沙丁魚群,挨挨碰碰,行色匆匆,圓領 T 恤衫牛仔褲運動鞋,也有人穿着工裝,不少人掛着工卡,戴着耳機,有的把手機拿在手裏。有的人拎着早餐,一個薄薄的塑料袋裏裝着豆漿、包子和茶葉蛋。朝右走的是去華為上班的人,看起來人略少一些,或許是因為開車上班的更多。從外表來看,也是清一色的年輕人,也是 T 恤衫牛仔褲運動鞋和耳機,但有的 T 恤衫是始祖鳥,大部分運動鞋是阿迪達斯和耐克,不少人背着雙肩包。街邊排了一隊年輕人,他們一邊等開往松山湖的班車,一邊低頭爭分奪秒地看手機。班車到了,一車人全部拉走。班車剛剛開走,隊伍又排上了,很快就排得很長。

　　一邊是中國的農民工紅利，一邊是中國的工程師紅利。

　　而這些朝左走和朝右走的年輕人，生活得竟是如此驚人地相似。

　　這裏是深圳龍華區，距離市中心大約 20 公里，大致相當於北京的西三旗到天安門廣場的距離。以梅觀高速為直徑，方圓 2 公里範圍內，都是富士康和華為的世界。清湖村與富士康廠區只有一河之隔，這裏住着大批在富士康上班的工人。服裝店、小旅館、網吧、快遞，基礎生活設施一應俱全，燒烤、雞煲、烤魚等小飯店鱗次櫛比，諸多商舖通宵營業。在華為坂田基地周圍的馬蹄山村、崗頭村，則聚居着眾多華為員工。據說，馬蹄山村 70% 以上的租客都是華為人。一樣都是城中村，差別也有：大概是因為馬蹄山村的村民覺得華為員工更有錢一些，這裏賣的盒飯和水果都比隔壁村貴一些。

　　每天，從這些「握手樓」中湧出來一群群年輕人，急匆匆地朝他們上班的地方走去。華為坂田基地佔地 1.3 平方公里，A 區是行政中心，黑天鵝在湖裏平靜地游弋，B 區是財務辦公的地方，C 區是原來的數據中心，F 區的大樓曾是研發部。富士康龍華園區佔地面積更大，有 2.3 平方公里，健身房、游泳池、籃球場、24 小時圖書館應有盡有，儼然一個自給自足的小型社區。但是，上班的地方只是上班的地方，很多人身處其中，最大的感受依舊是無聊。於是，這些年輕人每天就像穿越小說裏的主人公一樣，在城中村和大企業之間往返。

富士康和華為的差別又有多大呢？

富士康是一家製造企業，但在製造的過程中摸索出了不少技術創新。郭台銘總是不忘提醒人們，富士康其實是有很多高科技的。單是電腦的連接器，富士康就有 8 000 多個專利；在光通信領域，一個「梯度折射率透鏡」的專利報告疊起來有一米高。華為是一家高科技企業，但在技術研發的過程中始終沒有忘記製造。對任正非來說，賣不出去的技術就不叫技術。華為自己的員工也承認，他們擅長的是產品力，不擅長營銷，營銷還比不過三星和小米。華為不是那種浮在雲端、高高在上的互聯網企業，華為人時刻準備着動手去幹，從不在乎把手弄髒。

在普通人眼裏，從梅觀高速下來的這個十字路口，只有東、西、南、北 4 條通道，但對華為和富士康來說，這是一個神奇的九又四分之三車站，從這裏能登上通向魔法世界的列車。

這兩家企業走的發展路徑並不一樣，一個朝左，一個朝右，但居然能登上同一輛列車。它們都是藉着中國的人口紅利、市場規模紅利以及曾經的全球化紅利，在一個難得的適宜的環境下突然發展起來，變成了像恐龍一樣龐大而強悍的超級物種。難能可貴的是，它們同時把規模做到了極致、效率做到了極致、技術創新也做到了極致。

於是，它們重新定義了製造。它們建造了一條從低端到高端、覆蓋「研發—製造—品牌」的完整產業鏈，這是只有在中國才能出現的奇跡。

　　華為和富士康還代表了中國經濟奇跡中最令人困惑的成就：技術創新。中國的基礎研究相對落後，一直被詬病剽竊和抄襲別人的東西，但仿佛突然之間，中國在各個方面的技術創新都有了井噴式的發展。即使是親眼看見了這些令人震撼的成就，仍然會有很多人疑竇叢生：這怎麼可能是中國搞出來的呢？

　　這是因為，九又四分之三車站在別人的眼裏是根本不存在的。什麼？你要去九又四分之三車站？只有九車站，或是十車站，請你再好好看一下自己的車票吧。大部分人只會去看貼在牆上的、紙張已經泛黃的列車時間表，但開往霍格沃茨魔法學校的5972號魔法專列根本就不會出現在上面。

　　想要找到九又四分之三車站，你首先要相信它是存在的，而且它就藏在一面看起來無法穿越的牆後面。前面還有一道鐵欄杆，那欄杆看起來還很結實。在別人看不到出路的地方看到出路，在別人不敢嘗試的時候嘗試，在光天化日的十字路口找到祕密通道，這才是成功的祕訣。

　　想要找到九又四分之三車站，你還要學會掌握微妙的平衡，不是九又四分之一，也不是九又五分之四。你需要把九車站和十車站的方位都計算清楚。你需要知道，九車站和十車站其實只是刻板的邊界，而你需要的是在現實中求解出最為恰當的分寸感。這是在我們身處的這個「混搭時代」最有用的數學。

　　當你在無路可走的時候閉上眼，心一橫，猛地推着行李車朝前衝過去，你會突然發現，自己置身於一個從未來過的地方：九

又四分之三車站。

粗黑鋥亮的鐵軌上，一輛深紅色蒸汽機車停靠在擠滿旅客的站台旁。

坐上這趟列車的並非只有華為和富士康這兩個乘客，還有很多幸運的乘客也在這趟車上。接下來，我向你介紹一下其他幾位乘客。

有一位乘客來得晚了，他沉默寡言，雖然做事認真，但看起來又慢又笨拙。其實，他始終在為這一天做準備。他就是中國的航天業。最近兩年，一個引人注目的現象就是商業航天在中國突然浮出水面。我要帶你去看這個領域裏頗具代表性的兩個創新企業。

另一位乘客本來早早就上了車，想想不對，又下車了。幸好，他下車之後想想還是覺得不對，又上車了。這一番折騰，反而讓他積累了寶貴的經驗和教訓。他是中國的航空業。我要帶你去看中國大飛機製造的浮沉。

還有一位乘客是上車之後才補票的。這麼做的理由太充足了。就像谷歌前任 CEO 施密特說的那樣：「如果你在火箭上有一個位置，別計較坐在哪兒，先上去再說。」他是一家生產機器人的企業，叫優必選。我會帶你去看看，為什麼優必選能夠抓住稍縱即逝的機會，實現快速的增長。

他們來時的路各不相同，他們沿途的經歷各有特色。他們中每一個的故事都有獨特的啟示。

當然，最重要的是，他們都找到了九又四分之三車站。

衛星和火箭

2019 年 8 月 31 日，北京海淀公園，一輛白色小皮卡的上面架着信號鍋，這是一台移動的衛星信號測控站。當天上午 10 點 50 分，「千乘一號 01 星」會從地平線升起。這是一家民營創業公司北京千乘探索科技有限公司發射的第一顆衛星。它重達 65 公斤，是世界上第一顆用 3D 打印主體結構的衛星，8 月 17 日剛剛在酒泉發射成功，今天要完成第一次地面移動測控站的測試。把這顆衛星送上天的運載火箭是「捷龍一號」，這是中國航天科技集團有限公司一院下屬的中國長征火箭有限公司自 2018 年 2 月啟動研製，專門為了商業發射開發的火箭。

一套軍方的移動信號測控站至少要幾百萬元：漂亮的方艙車，上面可以自動打開蓋，防雨防水。單是一套自動調平的水平器就要上百萬元。千乘用的這輛白色皮卡是國產車，10 萬元。因為自動擋貴 3 萬元，所以千乘買了手動擋。千乘用了 4 個千斤頂代替水平器，幾百元搞定；防水是用一個玻璃缸罩住關鍵部位。整輛車加上地面系統，只需要 100 多萬元。

上午 10 點 50 分，信號鍋開始緩緩移動，定位衛星的方向。此刻，衛星正運行在距離地表 540 公里的高空。天上的衛星和地上的車隔着大氣層竊竊私語。10 分鐘後，第一次測試完成。

這只是中國商業航天初試啼聲。千乘探索的計劃是：「千乘一號」星座將有 6 顆衛星，「千乘二號」星座將有 14 顆衛星。據

預測，到 2025 年，中國將發射約 3 100 顆商業衛星，商業衛星製造產業的年均市場規模將達到 136 億元，商業衛星發射年均市場規模將達到 170 億元。[1]

千乘探索的創始人苗建全已經有 10 多天沒睡好覺了。他最長一晚睡了 5 個小時，最短只睡了 2 個小時。苗建全說：「我真受不了啦，腦袋疼啊！」說這話的時候，他神采飛揚，得意得不得了。

苗建全 2008 年進入航天體制，做的是衛星研發設計。他經歷了一個項目從立項到發射成功的完整過程。2016 年的發射當天，苗建全感到了一種前所未有的成就感。「看到那麼大的火箭飛起來，飛到那麼遠的地方，然後從 3 萬多公里外的地方發回信號，怎麼能不激動？」衛星發射完畢，按說人應該感到輕鬆，苗建全卻躁動不安，他萌生了離開體制的想法。

2017 年春節後，苗建全拉上 11 個人，除了 1 個財務、1 個行政，其他的人都來自航天體制，一起離職創業。雖說直到 2019 年衛星發射成功，初創團隊沒有一個離開的，但想起剛出來創業的時候，苗建全還是感到後怕。他記得見到第一個投資人時，那人跟他說：「你可想好了，從體制出去後可是連呼吸都要花錢的。」

苗建全出來創業，是受到埃隆・馬斯克的 SpaceX（太空探索技術公司）影響。2002 年，美國 SpaceX 公司成立，2008 年獲得 NASA（美國國家航空航天局）正式合同。2012 年 10 月，

SpaceX 的「龍飛船」(Dragon) 發射升空，將 455 公斤貨物送到國際空間站，開啟民營航天的新時代。2015 年 3 月 1 日，SpaceX 公司的「獵鷹 9 號」(Falcon 9) 火箭從卡納維拉爾角空軍基地發射升空，將世界上第一批全電動通信衛星送入預定軌道。

SpaceX 的發展，離不開 NASA 的扶持，而 NASA 扶持 SpaceX 的主要原因是為了降低發射成本。此前 NASA 發射火箭嚴重依賴美國的「聯合發射聯盟」，這是個壟斷性的同盟，不是市場化的產業，所以成本一直無法大幅度降低。小布什、奧巴馬任期內，美國政府開始轉變想法，希望航天走向產業化，能夠量產並降低成本。

中國不甘落後。2014 年，國務院 60 號文件鼓勵民營資本進入航天領域。2015 年被稱為中國商業航天元年，國內首顆商業衛星「吉林一號」成功發射，長光衛星、藍箭航天、天儀研究院、零壹空間等企業先後成立並獲得融資。隨後，中國的商業航天事業進入噴發期。2005—2008 年，國內曾招聘大量航天體制人員。經過一段時間的鍛煉，這些人才已經成長起來。體制內的研發任務又沒有那麼多了，大量體制內的人開始進入創業公司，技術也從體制內向外擴散。

程翔也是在 2017 年離開體制的。雖然當時他只有 35 歲左右，但已經在體制內待了 10 年，先是在北京，後來到西安。2017 年底，程翔和同在航天推進技術研究院的幾名同事離職創業，他們創辦的公司叫西安慣性飛越航天科技有限公司，專門造

火箭發動機。程翔離職的時候，也是航天體制離職的高峰期。2018 年上半年，他曾供職的研究院已經陸續有 40 名左右的技術人員離職。

一個造衛星，一個造火箭，苗建全和程翔不約而同選擇了創業，他們聽到了同樣的召喚：海上起風了，正是順流而下、跨越重洋的時候。這個時代，不幹點大事不痛快。

2017 年，當苗建全和程翔剛剛「下海」的時候，備受關注的中美貿易摩擦還沒開始，2019 年，貿易摩擦卻已經擴大到技術領域。美國不願意看到中國的技術進步，一定會通過各種辦法企圖限制中國。那麼，如果別人封鎖我們，我們的技術是能夠被逼出來的嗎？

苗建全說：「沒多大事情，你看航天這個行業，一直都是被封鎖，都沒有什麼再可以被封鎖的了，不是也發展起來了？」

中國的航天科技最早是跟蘇聯學的，蘇聯的技術又是從德國那裏來的。錢學森回國，加上蘇聯的援助，中國開始走上航天發展道路。最早是仿製，之後就開始自力更生。航天的思路跟民用工業的思路不一樣。民用工業可以直接模仿國外的先進技術，看誰家先進，買回來，拆開來，直接照着做就行。航天不行，我們要學點東西，只能看國外發表的一些論文和圖片，去猜，去琢磨。沒人會賣給你。中美關係最好的時候，人家也不賣。老航天人都說，20 世紀 90 年代是出東西的時候。那時候，中國終於摸清了液氧煤油發動機的設計。2000 年後，中國開始自己生產。

　　航天不是真正的工業化批量生產，更像是作坊，但航天工序複雜，需要反覆研製，不斷地改，不斷地調。北京是中國航天業的發源地，但西安、酒泉這些二三線城市也都有航天業的傳統。當地工人仍然喜歡進航天系統。很多工人是航二代、航三代，從小受到熏陶，自然有優勢。正是因為沒有太多的人關注航天，這個行業反倒能從容不迫地發展。

　　從 20 世紀 90 年代開始，中國開始強調國產化水平，尤其是武器的元器件，要百分之百自主可控。經過長時間的精雕細琢，中國的航天工業培養出了一個完整的供應鏈。殼段有殼段的加工廠，閥門有閥門的加工廠，發動機有發動機的加工廠。造一枚火箭，配套單位可能有幾千家。這個龐大的供應鏈雖說比較封閉，但是國家花了大力氣才建成的。中國的航天自成體制。

　　在跟苗建全和程翔交流的過程中，體制內和體制外是一個經常被提到的話題。我問他們，為甚麼要從體制內轉到體制外呢？

　　最重要的不是為了錢。現在並不是航天業的低谷。航天業也曾有揭不開鍋的時候，當時走了很多人，不少人去的是外資企業。苗建全聽歲數大一些的同事說，那時候，大巴車直接開到他們研究院的門口，人下了班直接上車就走，被拉到亦莊，愛立信、諾基亞，到那裏入職。

　　在苗建全看來，很多體制內的優勢到了體制外才能釋放出來。在體制內的時候，人總覺得體制僵化，到了外邊，才能感受到有沒有在大院裏待過就是不一樣。大院裏培養出來的人更有榮

譽感，心氣足，有責任心，平時也罵娘，但需要加班的時候，隨叫隨到。

到了體制外，要學會更接地氣。苗建全指着幾個穿着工作服來回搬箱子的同事說：「你看這幾個人，都是我們的技術人員，平時敲代碼寫報告，現在還得幹這活。」在體制內，設計人員就是設計人員，工人就是工人，分工明確，這是為了出問題時能釐清責任。但在創業公司，技術人員只有到了一線，才能找到好的解決方案。

他輕輕踢了踢千斤頂，說：「就說這個千斤頂吧，我都沒顧上問是誰想出來的這個好主意。」

程翔說，在體制內做事情的時候對成本考慮不多，到了體制外，首先要學會的是控制成本，從設計上控制成本，也要學會捨棄。

捨棄什麼呢？

程翔舉了一個例子。以往火箭發動機會選用大量的特種鋼，現在他們設計的發動機，產品承受的壓力沒有那麼大，從成本的角度考慮，他們大量選用的是最常見的 304 不鏽鋼和高溫合金，材料成本能夠降低很多。

還有，渦輪泵是發動機上的重要部件，原來為了節約泵殼體上的空間，設計上大多習慣選用平底螺紋孔，加工時需要在三軸加工中心上先鑽孔，再銑平底，然後挑螺紋。然而不是所有位置的螺紋孔都必須選用平底的，大多數時候普通尖底的就足夠用

了，加工時能節省掉銑這個工序。這樣的螺紋孔少說也有幾十個，從設計源頭就能減少不必要的工序。三軸加工中心的工時費用在 150 元左右，減少了 1/3 的工序，也能省下不少錢。

從體制內到體制外，勢能轉化成了動能。

在體制外，還要學習跟別人合作。原來是體制內各個單位之間的協作，現在是五湖四海找合作方。程翔講道，液體火箭發動機的大部分零件都是機械加工零件，在南方也好，在西安當地也好，都能找到一些可以生產這種產品的供應商。現在幫他們做閥門的，原本是給石化行業的外企做 OEM 生產（俗稱代工生產）的。無錫一家上市公司的子公司做 3D 打印，原來是幫汽車行業做加工的，現在也成了他們的供應商。中國製造業的整體水平上去了，反過來又推動了航天業的發展。

那這些企業的工人知道他們是在造火箭嗎？

程翔說：「我們會把零件拆開，比如閥門，有的企業做殼體，有的做閥芯，每一個企業手上只有部分零部件，不一定知道是用在哪裏，可能就是看圖紙的時候會覺得，這個東西跟以前做的有點不一樣。」

在過去半年，程翔團隊已經把生產的流程走了一遍，心裏有了數。閥門、渦輪泵、燃氣發生器這幾個部件，靠民營企業完全沒問題。推力室需要特殊的真空釺焊，一般的民營企業幹起來有點困難。點火實驗和渦輪泵的水力實驗，可能還得回到體制內去做。

從體制外到體制內，鯰魚激活了沙丁魚。

程翔說：「現在，一個火箭發動機的部件，可能有 70% 都潛伏在長三角、珠三角的民營工廠裏面，只是他們自己沒有意識到而已。」

一條長長的跑道

2019 年 10 月 10 日，北京航空航天大學的一間教室裏，張馳在給學生們上課。他中等身材，方臉短髮，體型壯碩，穿一條靛藍色的牛仔褲，一件黑白相間的橫條紋 T 恤衫。張馳這節課主要講的是「變穩機」的發展歷史，全英文 PPT，從 20 世紀初開始講，每一頁他都能講出一個小故事。其中提到了一款 1952 年的 Lockheed F-94A，這款飛機所使用的控制系統，至今仍被多個大飛機項目——包括空客 A320、波音 787 等——沿用。破舊的教室，五六個學生，聽得都很認真，不停地記筆記，唯一打瞌睡的是張馳自己帶來的同事。

張馳是商飛北研中心夢幻工作室的負責人，中國大飛機 C919 項目參與者。他高中、大學、研究生都是在海外讀的，2011 年回國。張馳以前學過開飛機，後來改學設計飛機。雖然開飛機很好玩兒，但設計飛機更有意思：一個是掌控飛機，一個是定義飛機。在 2011 年回國之前，張馳手邊有兩個選擇，一個是去空

客、波音工作,另一個是回國。張馳最終選擇回國,是因為聽到新加坡同學的一句話。那位同學説:「新加坡永遠不會有自己的大飛機了,中國還有機會。」

中國大飛機項目的發展,經歷了幾次浮沉。

最早是運-10。1970年7月,毛澤東視察上海時表示,上海工業基礎好,可以造飛機。當年,8月21日,國家計委、中央軍委國防工業領導小組原則批准了航空工業領導小組提出的《關於上海試製生產運輸機的報告》,任務定名為「708工程」,飛機代號「運-10」。歐洲的空中客車公司也是在這一年12月成立的。

運-10的研發花了10年時間,1980年9月26日在上海北郊大場機場首飛。那天,機場播放的是貝多芬的《英雄交響曲》。運-10的02號飛機隆重登場:飛機總長42.93米,總高13.42米,客艙長度30.40米,共有178個客座。不妨對比一下。我們熟悉的空中客車A320飛機總長37.57米,總高11.76米,載客150人左右。

遺憾的是,運-10首飛不久,研製資金就沒有着落了。1982年後基本處於擱置狀態。1986年,在財政部否決3 000萬元的研製費用預算後,運-10項目最終實質性下馬。

關於運-10的爭議非常大。一派觀點認為運-10項目下馬是重大決策失誤,另一派則認為運-10技術水平落後,沒有市場價值,下馬是經過通盤考慮的合理決策。那麼,運-10的技術到底先進不先進呢?當時,同樣剛剛起步的空中客車採用的是新的技

術，而運-10 採用的技術仍然基於波音公司在 20 世紀 50 年代開發的 707 客機。這意味着，運-10 的產品開發出來，就將面臨被淘汰的命運。如果總結運-10 項目的失敗教訓，一是過分強調舉國體制、自力更生。事實證明，閉門造飛機比閉門造車更難。另一個失敗教訓則是，運-10 項目下馬操之過急。張馳說：「我們在做的過程中獲得了很多能力，一下馬，存下來的技術就沒了。」

中國的航空業隨後出現了一次大轉彎，從自主研發轉為技術引進。1979 年，上海航空工業公司就開始與美國麥克唐納—道格拉斯公司（簡稱「麥道」）商討合作方案。這一談判從 1979 年談到 1983 年，最終，上海航空工業公司下決心引進麥道的技術。1985 年，上海航空工業公司和美國麥道公司簽訂合作生產 MD-82 的協議，麥道指導，中國組裝。上海航空工業公司共組裝了 35 架 MD-82 飛機，其中 5 架返銷美國。1992 年，上海飛機製造廠與麥道簽訂合作生產 40 架 MD-90 飛機的合同。但由於麥道 1997 年被波音收購，最終只生產了 2 架 MD-90。之後，中國還嘗試和波音、空客談過合作，都沒有談成。引進技術這條路也沒成功。

關於麥道的爭議同樣非常大。一派觀點認為這一決策就是個錯誤，引進麥道導致運-10 下馬。但在引進的過程中，中國又沒有學到什麼高精尖技術。另一派觀點則認為，麥道的很多技術資料都進入中國各家飛機製造商，我們到現在還有一些流程是沿用麥道的做法。

如果總結引進麥道的失敗教訓，你會發現，只靠引進國外的技術是走不遠的。如果你只是給別人貼牌生產，沒有自己的產品，就會失去靈魂。張馳說，你就想：「你是美國，我是中國，你可以教會我怎麼去犁地，但是不會教給我怎麼育種，核心技術是引進不來的。」

2002 年之後，中國航空業的發展走出了第三條道路。2002 年立項了一個支線飛機項目 ARJ21。業內普遍認為，就是從這款飛機開始，中國放棄了純粹引進的思路，開始用新的思路做飛機。2008 年 ARJ21-700 首飛成功。2007 年大飛機項目 C919 立項，2008 年專門成立了中國商用飛機有限責任公司。ARJ21 隨後被納入中國商飛。10 年之後，C919 於 2017 年在上海浦東機場完成首飛。

這條新的思路就是自主創新加國際合作。和運-10 不同，ARJ 和 C919 更強調國際合作。和引進麥道不同，ARJ21 和 C919 更強調自主創新。

為什麼要強調國際合作呢？

從生產的角度來看，航空業是一個基於全球供應鏈才能生產的典型案例。沒有一家航空企業在造飛機的時候，每一顆螺絲釘都要自己做。通行的做法是主製造商掌握核心技術，並選取整個行業最優質的資源進行合作。空中客車是一家歐洲公司，它的客機是由德、法等國聯合研製的。但空中客車的供應商有 1 500 多家，分佈在 27 個國家，有 30% 的製造是在美國進行的。波音

是一家美國公司，但其 60% 以上的零部件也都轉包給其他供應商，其中有 35% 的製造是在日本完成的。

從銷售的角度來看，航空業是一個依賴全球市場才能生存的典型案例。如果只靠中國市場，中國的航空業可以起步，但無法起飛。張馳說：「中國的大飛機不只是給中國人做的，我們只靠國內市場不一定能養得下所有的產品。」

為什麼要強調自主創新呢？

張馳說：「這就像蘋果手機一樣。蘋果手機裏有多少元器件是它自己的呢？很少，但是核心的專利和設計能力還在蘋果手上。即使你拿一樣的元器件攢出一部蘋果手機，你會發現，還會有很多專利讓這個手機賣不掉。」

這其中的核心能力就是設計、系統集成和驗證。這些能力是中國一點一點培養出來的。張馳說：「我們拿 ARJ21 積累經驗，還引進了空客 A320 生產線，建立了空中客車研發中心，幹什麼用的？就是要培養這些能力。通過引進，能夠培養一部分能力，剩下的就是自己探索，逐漸摸出來的。」

回顧中國航空業經歷的浮沉，我們會發現，所有犯過的錯其實都是寶貴的經驗。我們通過試錯，終於認識到最重要的東西，那就是：開發平台。

「開發平台」這個概念是北京大學路風教授提出來的。[2] 路風教授講道，重要的不是你能生產出什麼產品，也不是你有什麼樣的技術，而是在生產一種產品的過程中，一個企業能夠獲得的

所有知識、經驗和技能。這些知識、經驗和技能不會自己離開企業，而是會跟隨連續的產品開發和改進不斷增長。這種無形而龐大的體系，就形成了企業技術能力賴以發展的「開發平台」。

ARJ21 和 C919 都沒有達到完美的水平，但它們已經提供了一個難得的開發平台，讓一幫人才聚集在一起，有事情做，慢慢摸索。

經過大約 10 年的時間，中國的大飛機也串起了一條覆蓋全球的完整的飛機製造產業鏈：200 多家企業、36 所高校、數十萬名產業人員參與研發，70 家企業成為 C919 的供應商或潛在供應商，其中包括中航工業、寶鋼等國字頭的央企，專注於裝備製造的民企，還有美國通用電氣、霍尼韋爾等國際巨頭的身影。

有自己的平台和沒有自己的平台，到底有什麼差別呢？

張馳講了一個他聽來的故事。曾經有一家中國公司，生產的剎車片質量國際一流。他們想把這個剎車片用在飛機上，找到中國民航局。民航局說，我們用的都是美國和歐洲的飛機，我說的不算，你得去找美國和歐洲。他們去找美國和歐洲，美國和歐洲說，你是一家中國企業，要賣給中國的航空公司，你得找中國人商量。這家公司差點垮掉。中國當時沒有自己的飛機，就沒有能使用自己的技術和產品的平台。當然，這個故事的結局是圓滿的，這家公司沒有垮掉，因為中國有了自己的飛機。

張馳說，同樣一個螺絲釘，給桌子用，幾分錢一個，給飛機用就要幾十美元。如果你失去了設計的主導權，即使你能造出幾

十美元的螺絲釘，也只能去給桌子用。

有沒有哪個國家走的路和中國的大飛機項目是一樣的？

張馳想了想，說：「沒有。」

日本也想搞大飛機，但美國不會買日本的飛機，它造出來了也沒用。英國想搞大飛機，但同樣賣不出去，賠錢。俄羅斯想搞大飛機，但飛機總是掉下來，摔死的人太多了。新加坡之所以永遠不可能有自己的大飛機，是因為沒有完備的研發和工業體系，要做飛機，連個工業標準都沒有。菲律賓曾經想發展自己的航空業，在 20 世紀七八十年代做了好幾次嘗試，也幾近舉國動員，依然因種種因素未能成功。一旦你停了下來，廠子關了，人都散了，配套企業都沒有了，整個航空工業就廢掉了。即使你有一天發現有市場了，原來的基礎也都不存在了。曾有一些具備完整航空工業體系的國家，比如英國，在經歷衰退後，僅能保有一些部件的製造能力。

只有中國能有這麼長一條跑道。

張馳說：「中國的飛機先是要賣到國內市場，如果美國不和我們合作，我們可以去和歐洲合作，或者我們也可以自己搞。如果你和我合作，那我還可以在供應鏈上向你傾斜，等於我用中國的市場換來了對飛機的主導權和集成平台。」

可是，也有不少業內人士覺得，中國的飛機製造企業跟國外的大企業相比，在供應鏈管理方面還是有很大缺陷。

張馳說：「你看看高鐵，我們現在都說高鐵是個市場換技術

的成功案例。『復興號』之前的高鐵，你拆開看看裏面的設備，還有很多用的是西方的技術。這不是壞事。我們在選擇供應商的時候，只看實力，不分國內企業還是國外企業，但是，我們也會有意識地補齊短板。說白了，你是第一，我就用你的，但我要保證自己有第二和第三，找好備胎，做好讓每一個鏈條都不卡脖子的準備就行了。關鍵是，有了這個平台，才能掌握主動權，慢慢去提升技術，本國的企業才有機會慢慢參與其中。」

張弛盯着我的眼睛說：「你要記住一句話，未來不是被看清的，而是被創造出來的。」

我和 2035 年有個約會

每一個地方都有市場，但只有在中國，你才能有更多的機會去體驗那種突然漲潮式的市場擴張。如果抓住了一次機會，市場漲潮就可能把你推到另一個不一樣的境界：從溪流到江河，從江河到海洋。

對優必選來說，這次潮汛是在 2015 年 11 月出現的。這一年的 8 月，優必選剛剛搬進深圳市南山區的一個創新基地孵化園。在這之前，優必選的創始人周劍最早是在香港理工大學的一個辦公室裏創業的，後來沒錢了，周劍把自己的房子和車都賣掉，搬到了深圳龍崗區。龍崗區離市中心很遠，但是沒辦法，他實在是

沒錢了。南山區搞的孵化園可以讓創業者用比較低的成本租金租房。於是，他們就搬了過來。

2015年11月，中央電視台找到優必選。2016年春晚有個分會場放在廣東，最初選的城市是深圳，所以春晚節目組希望深圳的高新企業能在晚會上展示一下實力，他們選了大疆和優必選。

表演什麼呢？春晚節目組並沒有說得很明白，只是說讓機器人上台，具體節目內容保密。實情是，當時春晚的導演也沒有最終方案。他看了優必選研製的阿爾法小機器人，一開始說要上80台，想想不過癮，改為120台，又說要240台，後來變成540台，需求越來越大。

那時，優必選的阿爾法機器人剛剛開始生產，500多台機器人上台表演，他們從來沒有遇到過這種情況。500多台機器人站在同一個舞台上，好像擺都擺不開。機器人湊在一起，會有信號干擾。一個機器人出了問題，就像多米諾骨牌一樣，會影響到其他機器人。春晚的要求又非常高，一個差錯都不能有，動作要求還不斷地改來改去。在導演看來，不過是調整一下舞蹈動作，對優必選來說，這就是一個工程項目。

春晚廣東分會場最終選址在廣州。優必選派出了40多人的春晚突擊團隊，有硬件測試、軟件測試、開發部的研發工程師，還有工廠工人，他們都沒日沒夜地奮戰。節目臨近，這支突擊團隊跟到了廣州，春晚節目組專門給他們準備了一間地下室。那年冬天，廣州特別冷。一屋子程序員，穿着軍大衣，對着電腦編

程，不斷調整機器人的動作，實在累了，就在冰冷的地下室裏和衣而眠。

春晚之後，市場漲潮了，訂單漲了 30 多倍。優必選根本就沒有這樣的準備，怎麼辦？

當然是先上車，再補票。春節過年，好賴有個緩衝期。優必選一分鐘都不敢耽擱，緊趕慢趕，上了新的生產線。從 1 個月 1 000 台，到 1 個月 3 萬台，優必選大概用了 3 個多月時間。

怎麼做到的呢？因為優必選是在深圳。深圳有各種各樣的供應商，也有各種各樣的人才儲備。備料、模具、生產、檢測，一步一步，很快就湊起了一支機器人生產大軍。說起來容易，做起來難。剛剛量產的時候，各種問題都來了。阿爾法機器人上帶了 16 台伺服舵機（相當於機器人的關節）。最開始，伺服舵機會有卡頓，齒輪常常崩掉，甚至出現電路板燒壞的事故。優必選原來訂單小，找不到大的供應商，臨時要去找供應商。有了供應商，就得有做供應鏈的負責人。沒有，就要現找。所有人都手忙腳亂。

好不容易把生產穩住，又遇到了新的問題。深圳這個城市還有個獨特之處：這裏的高科技企業非常多，但沒有幾所能稱得上研究型大學的高校。去哪裏找一流的科學家呢？

為了吸引技術，優必選必須做一個主動、大膽的追求者。

2018 年，優必選的高級副總裁鍾永到日本出差，偶然有個機會能見到日本機器人科學家高橋智隆。他給周劍打電話，周劍

說：「你一定要把他搞定。」事情比他們想像的順利多了。高橋智隆和優必選團隊見面的第三天，就決定加入優必選。9 月 27日，高橋智隆正式就任優必選首席產品官，負責機器人視覺設計、提供機器人規格及參數的技術諮詢服務、機器人整體解決方案等工作。

高橋智隆 1975 年出生於京都，2003 年畢業於京都大學。從 6 歲看《鐵臂阿童木》開始，他就已經決定成為一名機器人科學家。現在，高橋智隆大約 1/3 時間在深圳，2/3 時間在日本。除了在東京大學做研究外，高橋智隆還運營着自己的公司 Robo-Garage（機器人車庫）。

既然有自己的機器人公司，日本又是個機器人大國，技術先進、市場成熟，高橋智隆為什麼這麼痛快就答應要加盟優必選呢？

因為高橋智隆只是一名大學教授，他在日本的研究主要靠企業或社會的贊助，但哪裏有那麼多的資金支持他做研發呢？高橋智隆是位一絲不苟的日本學者，Robo-Garage 的官網掛出來的28 個類型的機器人產品，都是他一個人開發出來的。機器人樣機的所有工序 —— 設計、切割、噴塗、編程、組裝 —— 都由他一個人手工完成。這是他擅長的，但他還有更大的夢想，他想讓每一個人都有一個機器人。如何在一個廣闊的市場上推出自己的產品，那只有中國的企業才懂，只有優必選才懂。高橋智隆告訴我：「我會在個人技術上再精益求精，在量產和銷售方面則希望

能藉助優必選的能力。」

中國和日本是兩個最大的機器人市場，這兩個市場各有各的特色。

高橋智隆曾說，日本人有歐美人所沒有的細膩的感性。史蒂夫‧喬布斯就是憧憬日本人的細膩而創造出了蘋果手機，結果大為火爆。但日本人也有做不出來的東西，比如波士頓動力開發的Atlas人形機器人，它即使被踢一腳也不會摔倒，可以繼續走，而且還會後空翻。這是高橋智隆想不到的地方：好好的，幹嗎要踹機器人一腳呢？與美國Atlas那種充滿力量和威懾性的機器人不同，日本的機器人外形更溫和、更可愛。高橋智隆開發的Robi小巧玲瓏，被稱為「迄今為止最可愛的機器人」。

但是，日本人做機器人主要以興趣為主，能夠做出一個很好的東西，就心滿意足了，他們沒有野心一定要把產品賣到全世界。日本的企業更像是做私房菜的，每天招待50個老顧客，保本就行，所以日本的很多產品都非常小眾。做小眾產品，成本就不可能降下來，價格太高，銷路自然受影響。

周劍舉了個例子。日本的機器人公司一上來就要做最好的，伺服舵機要求壽命達到1 000小時以上，成本居高不下。優必選則首先追求量產，伺服舵機的產量到了百萬台之後才能把成本大幅度降低。優必選現在每個月要用的伺服舵機就有上百萬台。

這就是中國市場的特點。中國企業的思路更開闊敏捷，更善於快速迭代。在珠三角、長三角，你一天不學習，工藝不優

化，就可能被無情淘汰。市場，而不是技術，在推動中國企業的
演化。

　　市場是速度。周劍講到日本本田研製的人形機器人 Asimo。
Asimo 長得很像一個背着背包的宇航員，它彬彬有禮，周到細
心，會走路也會跳舞，會端茶也會指揮交響樂。2018 年，本田宣
佈停止對 Asimo 的研發。周劍說，Asimo 雖然先進，但很快就會
被超越。Asimo 機器人的機械傳動還是靠皮帶，它裏面有 20 多
種皮帶，每一次表演完了，都要退到後台調鬆緊，而優必選現在
的架構是模塊化的疊加。為什麼本田還在用舊技術呢？因為它是
先行者，不願意放棄已有的傳統結構。優必選是後來者，能站在
巨人的肩膀上看得更遠。

　　市場也是門檻。周劍說，走到今天這一步，優必選已經不怕
核心技術被別人抄走了。一方面，機器人是個集成系統，涉及很
多不同的技術，你沒有規模，就無法有效地集成；另一方面，在
產量的規模上去之後，成本優勢就凸顯出來。即使競爭對手拿走
了技術，也還是沒有辦法量產，沒有辦法把成本降下來。

　　市場還是生態。人工智能不可能單打獨鬥，必須在生態中
協作。眾多供應商會幫助你一起演化。優必選的首席品牌官譚旻
說，這就像蘋果電腦整塊鋁片的切割方案不是蘋果想出來的，而
是台灣在珠三角的一個模具生產商搞出來的。這就是生產鏈反
向提供解決方案。像優必選這樣的高科技企業，不能只從消費者
那裏獲得反饋，那會太晚。在中國的市場上，有上下游的合作夥

伴，有發燒友組成的機器人俱樂部，有各種各樣的行業媒體、自媒體，都是生態系統中的合作方。

市場迭代的速度這麼快，會帶來一個問題：是不是技術研發一定要跟着市場的指揮棒轉動呢？

答案是：Yes and No（是，也不是）。優必選善於向市場妥協。在現在的市場條件下，很多人對機器人的認知還停留在智能玩具的水平，優必選索性就先做玩具機器人。阿爾法機器人的升級版叫「悟空」，悟空就是個孩子的玩具，可以跟孩子對話，能跳舞，每個關節都很靈活，摔倒了能自己爬起來。優必選還和漫威合作，推出一款鋼鐵俠機器人。優必選跟其他機器人公司一樣，非常重視編程教育。鍾永介紹，他女兒做了個機器人，監控爸爸抽煙。鍾永躲到陽台抽煙，小機器人就會跟過去，還會告狀：爸爸又抽煙了！爸爸又抽煙了！

但周劍的夢想並非如此。他最執拗的地方就是堅持要做人形機器人，要讓優必選成為一家硬核科技公司。這是個蠻讓人糾結的事情，站在 2019 年，這個夢想看起來仍然很遙遠。為什麼要走這條最難走的路呢？周劍說，最艱難的路上風景最美。

正是由於人人都在學習唯快不破的打法，所以，保持定力，反而成了最為稀缺的能力。周劍坦言，實現自己的那個終極夢想，可能需要上百年的時間，絕對不是 50 年的時間。

我怎麼才能相信優必選會堅持到底呢？

周劍說：「就拿我們的養老服務機器人來說吧，我們的規劃

已經做到 2035 年了。」

2035 年。這已經超出了日常生活的尺度所能測度的範圍，你只能換一把歷史的尺子。在 2019 年這個飛馳如電的年代，去想像自己在 2035 年的生活，是一件很怪異也很奢侈的事情。不妨讓我們安靜下來想一想。

2035 年，我已經退休了。我希望在 2035 年，能有一台優必選的養老機器人陪伴身邊。我希望我的養老機器人真的能夠跟我交流。我希望它能夠提醒我，30 年報告寫到 2035 年，已經完成了一半的工作量。我希望它會對我說：「我們都是走長路的人。你選擇的路已經走完了一半，我們的路，才剛剛開始。」

華為狼

很多華為新入職的員工都是這樣來到公司的。2001 年，Z 拎着自己的行李，從武漢坐火車來到深圳，一到車站，就有人來接。公司派了一輛大卡車，Z 站在卡車後面的車鬥裏，風呼呼地吹，來到了公司。Z 畢業於武漢理工大學，讀的是系統工程碩士。W 也來自武漢，他上的是武漢大學。畢業那年，他們班上 20 多名學生，8 個進了華為。2001 年經濟形勢並不好，華為招人招多了。那一年，華為招了 6 000 多名應屆生。後來才聽說，任正非告訴人力資源部，不怕招多，哪怕進來鑱沙子，也要把人

給我招進來。當然,華為沒有讓他們去鏟沙子,不過,本來說招他們來做研發,來了之後,都放到了測試部。華為從武漢招的學生最多,這是他們的傳統。武漢的高校多,當地的好企業不多。烽火通信還行,但大多數畢業生當時都願意去所謂的「巨大中華」,即巨龍通信、大唐電信、中興通訊、華為技術。來華為多好啊!那時,華為的月薪是 7 000 元,深圳房價只有每平方米 3 000 元。

Z 和 W,都是華為最喜歡招的員工:應屆生、貧寒人家的孩子、理工男。一開始,華為愛招學生幹部,後來反而不招了,不好用。對了,來了都要培訓,能不能留下,還要看你是不是認同華為信奉的奮鬥者理念。

Z 和 W 在華為工作多年,做過研發,也幹過銷售,最後都離開了華為。

離開了華為的員工,就像住在海外的中國人。提起華為,他可以抱怨,但你不能批評;如果你讚美,他又會直搖頭:不,不是的,你們不懂⋯⋯

那些在華為的日日夜夜啊!

一個工程師在華為一天的生活大致是這樣的:早上坐班車到辦公地點,班車要繳費。到了公司吃早餐。公司的食堂很大,各種特色,隨你點。上午往往要先開會,開完會各自回去幹活。開會的時候,每個人都要做「膠片」(PPT),每一次會議要從回顧上一次會議開始。會議是要落實的,開到最後,每個部門、每

個人都要提出問題，向別人求助，最後落實責任。Z說，基層開
會氣氛較好，扯淡的會都在總部。中午吃飯，吃完飯可以在園區
裏走10分鐘。回到辦公室，大家都拉毯子睡午覺。桌子上趴着
的，桌子下躺着的，都是睡午覺的，煞是壯觀。下午接着幹活，
一直幹到吃晚飯。晚飯之後，接着加班。有時候要一直加班到9
點之後。9點之後坐車吃飯就可以免費，牛奶雞腿，趕緊多拿。
研發人員彼此之間的感情較好，畢竟生活圈子就這麼大。下了
班，生活也很單調。有很多程序員不會投資，攢下來錢，只知道
拿去買房，反而賺了更多的錢。

　　我問他們：「都說華為人有狼性，你們當時工作的時候都很
兇猛嗎？」

　　「有時候會的，要是有了大的項目，那就跟打仗一樣。用會
議室需要預約，程序員們為了周六搶會議室，專門編了個程序。
不過，大部分時間都過得像在衡水中學一樣，緊張也緊張，但習
慣了只覺得單調。」

　　這看起來更像是一個螞蟻社會、蜜蜂王國，那為什麼大家都
說華為人有狼性呢？

　　說法不一。如果按照Z的說法，所謂狼性說的是華為的三個
獨特風格：團隊作戰、盯住不放、嗅覺靈敏。

　　華為是個不歡迎個人英雄主義的公司，從招人的時候就有這
樣的偏好。華為喜歡像裝土豆一樣挑應屆生，一撮一堆。同一個
學校、同一個班級的學生更容易形成團隊。可是，應屆生沒有工

作經驗怎麼辦呢？華為看得很明白，在學校裏再怎麼學，也學不到什麼東西。學校裏哪裏有那麼多的設備讓你練手？進來之後，都是師傅帶徒弟，工作一年比大學四年學到的還多。

華為的激勵機制也有點像大鍋飯。華為沒有提成機制，不會出現一拿幾千萬元甚至上億元的銷售冠軍。這是因為，華為一開始就做系統產品，有可能幾年做下一個一億元的單子，那你說該給誰發錢呢？華為的激勵機制還有一點很有意思。比較一下高管和員工，華為高管的收入比騰訊同級高管的收入低，但員工的平均工資比騰訊高。這是華為刻意在抑制收入差距，不允許出現暴富。

華為是一個典型的強目標導向的企業，能幹就上，不行就撤。「只賽馬，不相馬。」這樣做也會有讓人很鬱悶的時候。有時候明知道上級的決策是拍腦袋，也要堅決執行。

那麼，這樣的團隊作戰是華為成功的祕訣嗎？

華為的這種模式，能夠讓 60 分的人很容易做到 80 分，但不適合考 90 分的天才。這就會帶來一個問題。如今，華為已經成為行業先驅，進入「無人區」之後，前面沒有可以對標的企業了。往後，創造力的重要性可能會超過執行力。任正非也意識到這一點，他希望華為能夠變得更開放，多學習。他經常說，要多出去跟人交流，「一杯咖啡吸收宇宙能量」。話說得不錯，可是，人都忙成這樣了，哪裏有時間去喝一杯咖啡？

什麼叫盯住不放呢？華為在做項目的時候，敢於投入，敢於

堅持。5G 研發就是最為人稱道的案例。華為 2009 年就開始投
入 5G 研發，當時 4G（第四代移動通信）剛剛出現，愛立信老
總說 4G 足夠了。那個時候，華為投入巨資研發 5G，是冒很大風
險的。

　　追根溯源，在很大程度上，華為進入的行業決定了其做事
的風格。華為最早是做用戶交換機的，這個市場和大眾消費品市
場不一樣。在這個市場上，你要麼佔領整片市場，要麼失去整片
市場，所以，華為從一開始就養成了寸土必爭的彪悍風格。從交
換機進入通信業，越往前走，華為發現自己進入的這個市場水越
深。水深才能做大魚。這或許能解釋，為什麼華為看起來比別的
企業更有遠見和定力。

　　可是，華為的每一次戰略決策都是對的嗎？如果做出了錯誤
的戰略決策，那越是盯住不放，豈非損失越大？

　　事實上，華為並非每一次都能做出高瞻遠矚的戰略選擇。
早期做研發的時候，華為曾經採取了非常保守的策略。比如，
1990 年，在做運營商網絡設備的研發方向選擇的時候，在模擬技
術和數字化技術之間，華為選擇了前者。當時任正非判斷，中國
通信的發展速度不會那麼快。那時候華為預估，一個縣級市場有
2 000 門交換機就夠用了。在 2 000 門以下，數字技術相對於模
擬技術是沒有優勢的。出乎意料的是，中國的數字技術發展非常
快，華為的模擬技術還沒完全開發出來就過時了。

　　所以，從事後來判斷，盯住不放當然是值得欽佩的。但如果

從事前來看，未來是不確定的，我們怎麼知道自己堅持的方向是對還是錯呢？

這就要說到華為的第三個特點：嗅覺靈敏。華為的市場嗅覺非常靈敏，比國外競爭對手還靈敏。比如，原來行業內公認愛立信對產業的理解力更強，現在華為絕對不遜於愛立信。

為什麼華為的嗅覺如此靈敏呢？一是華為總是為客戶提供貼身的服務，早年曾有直接睡在客戶機房的地板上加班加點幹的美談。貼身服務，自然能得到更多信息。二是華為一直和頂級的運營商合作，高度決定視野。三是中國的市場環境迭代速度快，這磨煉出了華為快速反應的打法。

可是，我還是想不明白。一般來說，企業規模大了，就會帶來組織僵化問題。為什麼華為的規模越大，嗅覺越靈敏呢？

Z告訴我，這裏還有一個不能忽視的環節，就是華為曾經花了很大精力完成流程重建。大約在 2000 年，華為的營業規模達到 200 億元時，任正非就覺得企業內部管理太亂。華為請來了 IBM（國際商業機器公司）做顧問。華為在向別人學習方面總是不計成本的。當年，華為是 IBM 的十大客戶之一。外國專家是按小時收費的，1 小時 1 000 美元。這些外國專家來了，住在蛇口五星級酒店，周末要去香港，過節要回歐美。看着這些燒錢毫不心疼的外國教頭，華為員工恨得咬牙。

華為不僅認真地向 IBM 學習，還根據自己的情況加以改進，終於打造出一套既統一又分散的新流程。華為的這套流程在管理

上被稱為 IPD（集成產品開發）。你可以把它想像成一個喇叭口，所有來自外部的信息，無論是客戶的、專家的、合作者和競爭對手的，都匯總到一起，由產品線負責組織統籌，確定產品，定義規格，並協調各個部門。Z 講道，這套產品線流程本來是用於系統設備，後來也要在他們部門實行，他們是造手機的。系統設備更新相對慢，手機則是海鮮產品，賣不動就臭了，必須反應快。當公司把 IPD 用於手機製造的時候，整個部門都覺得非常痛苦。但是，任正非堅持要從僵化起步，然後固化，最後才能談得上優化。

　　華為到底為什麼成功？這個問題可以有 1 000 種答案。外部的環境在發生劇烈的變化，華為也會隨之演進。每一年，甚至每一個月，華為都會有新的變化。華為是最值得關注的中國企業之一，我會在未來的年度報告中繼續跟蹤這家企業。我們不求對華為有詳盡的分析，只求每一次研究華為，都能發現它的一點獨特之處，最好是能對我們自己也有用的獨特經驗。

　　2019 年，如果從演化算法的角度去看，你會發現，決定華為成功的祕訣不是英明的戰略，而是其強悍的組織能力和快速的反應能力。如果再總結一下，我們可以把華為的經驗概括為：規模決定觸角，觸角決定反應速度。也就是說，在規模變得更大之後，華為的觸角變得更多，所有這些觸角都在探索市場上出現的各種微妙變化。一旦發現變化，華為就會迅速行動。這套打法能夠克服很多大企業都有的僵化症。

　　於是，即使華為犯過很多錯誤，甚至是戰略錯誤，也仍然是

打不倒的。舉個例子。華為手機今天賣得好，這是他們自己都沒有想到的。任正非一直不覺得手機會賣得好，曾經幾度想賣掉手機部門，合同都快要簽了。也有人說，華為手機賣得好是因為技術水平提高了，很多用戶的體驗是，華為手機的質量可以擊敗蘋果手機。其實並非如此。你要注意到，華為手機研發最密集的時候，並不是其銷量增長最快的時候。

那華為手機為什麼賣得好呢？事後來看，華為的 Mate7 手機是一個突破點。2014 年 9 月上市之後，它半年之內就發貨超過 400 萬部。但在當時，華為自己都沒有想到能賣這麼好。以前華為沒有賣過單價高於 2 500 元的手機。一開始，華為自己的銷售團隊提出，國內市場只要 2 萬部。華為的 Mate 7 能賣得好，一個「引爆點」是 2014 年蘋果手機爆出「隱私門」事件。央視報道稱，蘋果手機詳細記錄了用戶位置和移動軌跡，並將其記錄在未加密數據庫中。這使得很多用戶，尤其是公務員棄用蘋果手機，轉為選用國產手機。而其他國產手機要麼過於年輕時尚，要麼過於廉價低端，能拿得出手的就是這款 Mate 7 了。

那麼，如果 Mate 7 賣得不好呢？很可能，華為的觸角會碰到另一個市場熱點，並迅速地發回信息。華為會同時佈局多種產品，東邊不亮西邊亮，總有一款能走紅。如果市場上出現了革命性的變化，比如，手機過時了，消費者都改用機器人了，每人都在口袋裏揣一個小機器人，或者，消費者都改用可穿戴設備了，人人戴個智能頭盔呢？沒關係，華為的觸角會以最快速度把消息

發回來，隨後，華為會把自己的開發製造流程搬過來，把自己訓練有素的員工搬過來，迅速投入這種新產品的設計和製造。

華為畢竟是個大企業，它的很多東西我們學不來：華為的先進技術、華為的嚴格管理、華為的團隊精神……但是，面對華為的這個獨特經驗，我們每個人都可以受到啟發。

在面對未來的不確定性時，最好的辦法不是妄加猜測，也不是坐等最終的結局，而是把你所有的雷達都打開，把你所有的觸角都伸出去，把你所有能夠想到的準備工作都做好，然後，等待未來的檢驗。假如你的運氣還不算差，你會發現，總有一種努力，能讓你抓住未來的機會。

再把這種思路提煉一下，其實只有 8 個字：

批量上傳，等待爆款。

混搭時代

2019 年，各種關於新技術的預言鋪天蓋地，我們似乎正處於一場新技術革命的前夜。往後看 30 年，我們一定會遇到一次規模浩大的新技術革命。這場技術革命的主導力量，可能會包括人工智能、機器人、物聯網、生物科技，也可能會包括一些我們還沒有看到的、未來會橫空出世的新技術。這場技術革命對人類社會的影響程度，很可能在量級上是和工業革命等量齊觀的。

　　但是站在 2019 年，我們能夠用肉眼看到新技術革命嗎？不見得。

　　2019 年 1 月，我到美國的拉斯韋加斯專門去看國際消費類電子產品展覽會（CES）。這個展覽匯集了全球最新的電子消費產品，按說應該有很多讓人大開眼界的新鮮東西，但真正讓我感到震驚的東西並不多。我看到了電動車、智能家電、摺疊屏，其實這些我早就在別的地方見過了。我也見到了貓臉識別、會飛的車，這些東西真的有市場需求嗎？我是表示懷疑的。

　　或許是我去錯了地方呢？回國之後，我又專門跑到深圳，拜訪了華為。大家都在說，5G 會帶來一場革命，華為在 5G 領域絕對是全球第一梯隊的。我跟華為的工程師們聊，去他們的展廳參觀，但遺憾的是，沒有被震撼。那麼，為什麼我們真的到了新技術的最前沿，還是感受不到驚喜呢？

　　答案是，雖然技術都已經開發好了，但應用場景還遙遙無期。華為是負責搭戲台子的，可是誰要上去唱戲，他們也不知道。像我這樣一個普通觀眾，是不可能只看到一個空蕩蕩的戲台子，就能自己「嗨」起來的。

　　我第一次看到活生生的 5G，是在山東濟寧，也就是我們在第三章裏採訪過的司傳煜的企業。傳煜這家企業專門負責在當地裝 5G 基站。到這裏，你就能真正看到 5G 是怎麼落地的了。其實並不神祕，安裝工人告訴我，這個工作就跟裝電熱水器差不多。站在新落成的 5G 塔站面前，我的心情是非常複雜的。一方

面，我真的看到了 5G，甚至摸到了 5G。可是，同樣遺憾的是，我們也還是只能看，不能用，因為 5G 的手機還沒有出來，5G 的應用標準還沒有完全確定，5G 的應用場景更是遙遙無期。

如果沒有辦法直觀地感知技術變革，那我們又該如何去預測技術的未來發展呢？我們怎麼才能知道，現在正處在技術革命的哪個階段，技術會怎麼顛覆我們的生活？

著名經濟學家克魯格曼曾經說過，經濟學家其實只有一個樣本，那就是歷史。為了理解未來 30 年，我們要先往回看過去 300 年，也就是說，我們要回過頭去看近 300 年來工業革命的歷史。為什麼呢？因為和新技術革命最為相似的，莫過於工業革命。工業革命的歷史會透露出未來新一輪技術革命的若干線索。

讓我先簡單地為你概括工業革命的三個特徵。第一個特徵是，技術是個慢變量，所以，不要着急，要學會耐心等待。第二個特徵是，技術是個革命者，所以，不要大意，你所熟悉的一切最終都會被技術改變。第三個特徵是，技術是個插線板，所以，不要害羞，你要趕緊把自己的充電器插上去。

先看第一個特徵：技術是個慢變量。我們習慣認為，新技術的擴散非常迅速，尤其是革命性的技術變革，將會迅速地顛覆舊有的技術。這種觀點是錯誤的。事實上，越是革命性的技術變革，到其充分發揮潛力，需要的時間越長。經濟史學家保羅・戴維對工業革命的研究表明，一項技術從研製出來，到開始量產，平均需要 25～30 年的時間，從量產到生產能力的高峰，又需要

$25 \sim 30$ 年的時間。[3]

　　這背後的原因其實很簡單，越是重大的技術進步，需要改變的配套系統越多。舉個例子，電是一種革命性的技術，但電氣化生產醞釀了至少 50 年時間。這個過程中需要修建新的廠房，把電線拉進車間，上新的流水線，培訓流水線上的工人，培訓能修理機器的工人，培訓能管理這些工人的經理，這都是要花時間的。重大技術進步的傳播，至少需要兩代人的時間。

　　這段歷史告訴我們，在新技術革命到來之前，你有充分的時間去理解它。所以，不要害怕自己錯過了什麼新技術，你需要擔心的是自己是不是真的看懂了新技術。要想看懂這種新技術，你要跳出技術的小圈子，從更廣闊的應用場景看技術的滲透。很可能，工程師是看不懂技術的，但歷史學家能看懂。

　　再看第二個特徵：技術是個革命者。如果我們去看工業革命，就會發現一個現象：越是早期，越多動盪，到了後來，稀鬆平常。也就是說，在工業革命爆發初期，人們對新技術充滿了恐懼和排斥。要破壞機器的盧德派就是出現在 19 世紀早期，更不用說隨後出現的第一次世界大戰、大蕭條和第二次世界大戰。到了 20 世紀中葉，當工業革命的所有成果都已經進入尋常百姓家，創造出我們現在已經習以為常的現代生活，人們早已忘記以前的不滿，開始安心享受技術進步帶來的便利了。可是，你不能因為 20 世紀的富裕和安定就忘記了 19 世紀的喧鬧和不滿。在 19 世紀，技術進步帶來的貧富分化始終是工業化國家最關注的社會

問題之一。19世紀，那是一個什麼樣的年代？那是一個工人運動風起雲湧的時代，是一個紅旗飄飄的時代。

我們來看看背後的原因是什麼。這是因為，工業革命摧毀了傳統社會的生活方式。農民本來在地裏幹活，幾點到地裏，自己說了算，現在要進工廠打工，幾點鐘上班、幾點鐘下班，資本家說了算。孩子們原來滿地跑，現在統統要背上書包，被送到學校學習。這都是非常令人不適的變化。假如你是最早掌握技術的工人，你的命運反而是最悲慘的。在19世紀中葉之前，熟練技工的工資水平並沒有提高。如果你是最早能操作紡織機器的熟練工人，你就會發現，只有在工廠裏才有紡織機器，只有資本家才有工廠，所以，你必須依附於資本，沒什麼好談的。只有當紡織廠都用了機器，你的技能才能找到一個更廣闊的市場，你在跟資本家談判的時候才更有底氣，而這已經過去了一代人的時間。

這段歷史告訴我們，在新技術革命到來的過程中，很多舊有的體制一定會被摧毀。你想過沒有，我們現在的工作、教育，甚至家庭、休閒，都會隨着新技術的到來而改變。不管你是在哪個行業，哪個城市，都會受到衝擊。你做好準備了嗎？

再看第三個特徵：技術是個插線板。不要去找看起來最酷最炫的技術，要找那些最終會變得很平庸、很無聊的技術。真正帶來革命的技術最後都會變得很平庸。

我還是拿電來舉例。改進了電燈的愛迪生，最喜歡的把戲是把很多達官貴人都請到他的工廠，那裏裝了幾千盞燈。愛迪生一

拉電閘，嘩，所有電燈一下子全亮了，這讓人們驚呆了。你可要知道，那時候的煤油燈是要一盞燈一盞燈點亮的——現在還有人為電燈吃驚嗎？再舉一個例子，火車剛出現的時候，無數人興奮不已。在遼闊的田野上，突然開過來一頭呼嘯而來的「鋼鐵怪獸」，速度比馬還快，還冒着白煙，真是太拉風了——現在還有人為坐火車激動不已嗎？

這些最終變得很無聊、很平庸的技術，都變成了什麼？它們變成了基礎設施。電燈、電網、鐵路、公路，都變成了基礎設施。所以，不要當那個為電燈點亮一驚一乍的人，而要看得更遠，看到電變成了基礎設施之後，會發生什麼變化。現在的新技術，以後也會成為新的基礎設施。阿里巴巴和騰訊以後會變得更像自來水公司或電力公司。

這對你有什麼啟示呢？對你的啟示是：你不必去琢磨自己的行業是不是新興行業，一旦新技術革命到來，不管是哪個行業，一定會感受到影響。不是新興行業反而更好，因為你面臨的決策是：別人已經替你修了路，你該怎麼利用這些道路？去哪裏？走幾天？運什麼貨？所以，請你把新技術革命想像成一個插線板，你要考慮的是，怎麼把自己的行業插到這個插線板上。

我們現在大概處在新技術革命的哪個時期？如果跟歷史對比，我們現在相當於工業革命初期，也就是說，大概是珍妮紡織機已經出現，但火車和汽車還沒有出現的那個時候。真正激動人心的變革還在後面，放心吧，你不會錯過的。

　　技術會怎樣顛覆我們的生活？技術會帶來巨變，但人性是不變的。曾經新奇古怪的東西，最終都會變得稀鬆平常。從最後的結局來看，技術不會顛覆我們的生活。人們最終會適應所有激進的技術變化，我們的生活會在一個新的場景中穩定下來。到那時候，我們就不會覺得激動，只會覺得無聊。但關鍵不在於這個最終的場景是什麼，而在於經歷技術變革的過程中，會出現哪些衝突、震盪和磨合。技術不會顛覆我們的生活，卻會通過一次次的衝擊，把我們帶到另一條道路上去。

　　總體來看，我們現在正處在兩次技術革命中間的高原區，而在這個時期，技術創新的主題仍然是混搭。這是一個混搭時代。

　　我在去年的《變量》中講過，從來就沒什麼新技術，新的技術都是舊的技術組合出來的。混搭就是創新。所謂的混搭，就是把已經存在的事物用一種別人沒有想到的方式重新組合起來。汽車就是「內燃機＋馬車的車廂＋輪子」，無人機就是「飛行器系統＋地面保障系統＋通信鏈路系統＋載荷系統」。看似複雜的技術創新，都是以這樣的方式，像孩子們玩的樂高玩具一樣拼插起來的。

　　2019 年，我們看到，可以混搭的東西遠不止技術模塊。天風來自四面八方。推動中國技術創新的力量，來自體制內和體制外的混搭，國內技術和國外技術的混搭，市場和科研的混搭。

　　苗建全和程翔的故事告訴我們，體制內和體制外是可以混搭的。體制內提供了積累的過程、磨煉的平台。體制的根紮得更

深，想得更遠。體制使人周密、謹慎、上進、堅毅。體制外提供了表演的舞台、整合的機會。體制外的生活教會人勇敢、自立和靈活。我們目睹了體制的溢出效應，從體制內到體制外，勢能更容易轉化成動能。我們也看到了體制的嬗變能力，從體制外到體制內，鯰魚激活了沙丁魚。航天的故事，講的是我在第一章裏講過的「東派」打法。「東派」的技術創新來自我們過去沉澱的工業基礎、技術基礎、人才基礎和體制基礎逐漸對外溢出。

大飛機的故事告訴我們，國內技術和國際技術是可以混搭的。我們終於擺脫了對到底是自力更生還是全面引進的糾結。我們終於認識到開發平台的重要性。在未來的全球供應鏈中，中國的企業將越來越多地發揮核心節點的作用。這個演進中的新的全球供應網絡將把最有遠見、最務實、最有開放心胸的力量吸引過來，未來不是能看清的，而是我們這樣一步步創造出來的。大飛機的故事，講的是我在第一章裏講過的「西派」打法，「西派」的技術創新來自首先吸收國外先進技術，然後把這些先進技術迅速融化在中國經濟的血脈之中，並激發本土創新和中國獨有的工程優勢。

優必選的故事告訴我們，市場和科研是可以混搭的。市場能夠激發科研，而科研的夢想會一直照亮市場。讓市場和科研更好地融合在一起，需要的不是所謂的成果轉換機制，那跟創新一點關係都沒有。市場和科研的結合，關鍵在於，如何用一種激情去點燃另外一種激情。優必選的故事，講的是我在第一章裏講過的

「南派」打法,「南派」的技術創新來自用廣闊的市場應用場景、密集的生產網絡吸引國內外最先進的技術,先讓技術落地應用,然後在應用的過程中倒逼核心技術的發展。

華為的故事告訴我們,原來不同的力量是可以糅合在一起的。華為擅長利用市場化的激勵,也敢於堅持思想教育。華為是一家本土得不能再本土的企業,同時又能成為國際化程度最高的中國企業之一。華為的眼睛時刻盯着先進技術,但腳始終不離開市場的大地。華為就是一家典型的,把東、西、南、北 4 種流派的打法集於一身的企業。華為的經驗告訴我們,規模決定觸角,觸角決定反應速度。原來大企業的演化速度反而可能更快。

如果你看得更深,就會發現,正是中國這棵大樹的歷史教我們學會混搭。正如歷史學家許倬雲所說的:「每一個階段,『中國』都要面對別的人群及其締造的文化,經過不斷接觸與交換,或迎或拒,終於改變了自己,也改變了那些鄰居族群的文化,甚至『自己』和『別人』融合為一個新的『自己』。」[4]

原來我們早就會混搭。原來我們自己就是混搭的結果。

豐田的故事

我在 2018 年講了流水線的故事。

在 20 世紀初,美國汽車行業後來居上,美國變成「車輪上

的國家」。但是，這裏的制勝祕訣，並不是美國汽車企業在像發動機這樣的核心技術方面超過了歐洲，而是福特汽車發明了流水線這種應用技術。流水線這樣的應用技術只能出現在美國。不同的市場有不同的性格，不同的技術也有不同的性格。只有能夠和市場的性格相匹配的技術才能被發揚光大。美國國土遼闊，最偏僻的人家也需要買車。美國沒有像歐洲那樣壁壘森嚴的社會等級，美國人不注重外表，只注重實用，要的是便宜又好用的汽車。汽車的大規模批量化生產最早出現在美國，這種突然爆發的市場需求，逼迫福特汽車公司找到一種提高產能的辦法，於是，出現了流水線。流水線並不是一種高深的技術，最早的流水線就是一個木頭盤子下面裝了一個萬向輪，可以讓工人推來推去。事後去看，整個工業革命時代效率的提高，竟然大多都是遵循流水線的思路：把能夠流程化的儘可能流程化，把能夠標準化的儘可能標準化，在每一個生產工序上儘可能地提高生產效率。

但是，流水線的故事並沒有講完。

流水線出現之後，大概有四五十年的時間沒有發生太大的變化。第二次世界大戰之後，日本的汽車產業開始興起，效率比美國的汽車產業還要高。一開始，美國的企業很不服氣，認為這是因為日本工人的工資更低。後來，隨着日本經濟復興，員工工資不斷提高，日本汽車行業工人的工資已經和美國汽車行業工人的工資大體相當。美國汽車企業又說，這是由於體制上的差別。日本是一個集體主義國家，沒有工會，工人更聽話，日本人更勤

勞。後來，日本的汽車企業把廠子開到了美國國內，用的是美國工人，在同樣的市場經濟制度下，日本汽車企業還是比美國汽車企業的效率高。這才迫使美國的汽車企業去反思，到底是為什麼。最後，他們發現，原來日本的企業重新定義了流水線。[5]

重新定義流水線的是豐田的大野耐一。大野耐一1912年出生於中國的大連。1932年，他從名古屋高等工業學校機械系畢業，畢業就趕上了世界經濟大蕭條。由於他父親和豐田喜一郎是朋友關係，他才進了豐田紡織公司。1942年，豐田紡織解散了。1943年，大野耐一轉入豐田汽車工業公司。第二次世界大戰之後，日本汽車工業的先驅豐田喜一郎提出「三年趕上美國」的目標。他的膽子真大。要知道，1949年，日本每年生產的卡車只有3萬多輛，轎車更是少得可憐，也就1 000多輛。

日本的汽車行業之所以落後，主要是由於沒有先進的機器設備。批量生產的前提是必須有沖壓機，日本沒有，生產汽車車身的時候，是靠工人手工敲打出來的。劣勢也能轉化成優勢。大野耐一注意到，美國的流水線是從前往後的，也就是說，是一道一道工序輪着來的。這跟人的因素有關。在美國的工廠裏，車工只管開車床，焊工只管焊接。在車工工序中會遇到需要焊接的時候，車工不能幹，一定要送到焊接工序去。於是，美國的工廠是把所有車床集中在一起，把所有銑床集中在一起，把所有鑽床集中在一起的。心靈手巧是日本工人最大的優點。大野耐一做了一個實驗，他把機器排成「二」字形或者「L」字形，這樣一來，

一名操作工可以管兩台機器，後來發展到一名操作工可以看管不同工序的三台機器，甚至四台機器。日本工人既能操縱車床，也能操縱銑床，還可以操縱鑽床，而且能焊接。

大野耐一並不滿足於這種局部的調整。他把福特生產方式完全顛倒了個兒。福特生產方式的想法是集中生產同一款車，這樣就能降低成本，降低成本就能提高銷量。大野耐一的想法是，每個顧客都想買一輛與眾不同的汽車，所以生產汽車的時候要一輛一輛地製造，在生產零部件的階段也要一件一件地製造。於是，他想，能不能改變由前一道工序向後一道工序提供零部件的做法，改為由後一道工序在需要的時刻去向前一道工序領取需要的零部件？這樣做的好處是可以做到以需定產，把庫存壓縮到最低，甚至實現「無庫存生產」。[6]

流水線是美國土生土長的技術創新，而豐田則重新定義了流水線。豐田生產方式被美國麻省理工學院的研究人員總結為「精益生產理念」。後來，美國通用公司利用美國加州與豐田公司的合資公司，間接地學習豐田生產方式。美國福特公司則把豐田（美國）公司的員工招進來，打造豐田生產方式的「福特版」。美國克萊斯勒公司則向已經採用豐田生產方式的福特公司取經學習。

大野耐一回顧自己的思想發展歷程時講道，他提出把人和機器的優勢充分結合起來的思路，是受到豐田佐吉發明的自動織布機的啟發。貫穿豐田生產方式的看板制度，最早是源自觀察美國

自選超市得到的靈感。第二次世界大戰之後，美國自選超市進入日本，成了好奇心強烈、喜歡模仿的日本人感興趣的東西。大野耐一想到，超市不就是前一道工序，顧客不就是後一道工序嗎？超市的做法就是，後一道工序拿走自己想要的商品，再由前一道工序立刻補充後一道工序取走的部分。

　　說到底，豐田生產方式還是一種「混搭」的創新。豐田生產方式繼承了福特公司徹底的合理化和成本降低的思想，借鑒了通用公司多品種少批量生產的理念，並充分考慮到日本的市場性格，利用了日本的要素稟賦優勢，從而實現了一次革命性的本土創新。

　　如果你問我，中國企業做出的對世界經濟影響最大的技術創新是什麼？坦率地講，我不知道，但或許，中國企業做出的重大技術創新已經存在了，只是我們還沒有認識到它的重要性。

　　1950年，大野耐一擔任豐田總公司工廠第二製造部部長。第一製造部負責毛坯的鍛造和鑄造，第二製造部負責機械加工和裝配。大野耐一只能先在第二製造部嘗試看板制度。1959年，豐田汽車建立了元町工廠，大野耐一擔任廠長，他開始在一個工廠裏完全採用看板制度。1962年，大野耐一調回總部，擔任總公司工廠廠長，鍛造和鑄造兩個車間才開始實行看板制度，從此整個豐田公司的所有工廠才真正實行了看板制度。十年磨一劍，一個看板制度的實行，在豐田公司內部也用了10年的時間。在1960年之前，大野耐一只敢把自己悄悄的嘗試稱為「大野方式」。從

1960 年到 1970 年，在豐田公司內部反覆試行、修改之後，這種創新才有了自己的正式名字：豐田生產方式。

在今天的中國，又有多少悄悄嘗試的「大野方式」還沒有被命名為「豐田生產方式」，還沒有被整個世界了解呢？

如果縮小包圍圈，我們很可能會發現，中國企業做出的最重大的技術創新也會像豐田生產方式一樣，引進自西方，生長於中國，最終反哺整個世界。我們以前講中國歷史的時候常常浩歎：中國發明了火藥，但只會拿火藥做鞭炮，歐洲拿火藥做成了火炮。或許，以後會有更多的故事要倒過來寫。中國會吸收各種外來的新鮮思想，再把它們重新改寫。

未來的歷史學家或許會這樣寫：美國發明了互聯網，但中國重新定義了互聯網；歐美科學家發明了人工智能，但中國重新定義了人工智能；國外的科學家發明了基因工程，但中國重新定義了基因工程。

未來已來，但我們很難意識到它們的存在。這是因為，我們跟在別人後面的時間太長了，而且我們做出的重大創新，又很可能是在學習和模仿的過程中實現的。哪些是他們的創新？哪些是我們的創新？這很難分辨。

年輕的時候，我欣賞不了沃爾特・惠特曼。我不理解為什麼他能在一個仍然很粗糙，甚至有點野蠻的國家裏看出詩意。現在，我才明白過來，在別人沒有理解一個偉大的事物之前就看出它的偉大之處，這就是偉大。

　　惠特曼寫道，美國是一個兼容並包的國家，其他國家對它來說都是投稿，美國來決定是否採納。「英雄人物可以從容地擺脫那些不適合他的風俗、慣例和權威。在作家、學者、音樂家、發明家和藝術家這些同道中，最好的品質是以新的自由形式進行默默挑戰。在需要詩歌、哲學、政見、技術、科學、工藝、一部適合本國的大歌劇、造船或是別的工藝時，他永遠是最偉大的，永遠能貢獻出最偉大的原創而實際的範例。最純粹的表達是他找不到與他相稱的領域，於是他自創一個。」

　　最後，惠特曼告訴我們：「對於要成為最偉大詩人的人，直接的考驗就在今天。」[7]

註　釋

1　北京未來宇航空間技術研究院發佈的《2018 中國商業航天產業投資報告》。

2　路風 :《中國大型飛機發展戰略研究報告》,載《商務周刊》2005 年 06 期。

3　David P A, The Dynamo and the Computer: An Historical Perspective on the Modern Productivity Paradox, *American Economic Review*, 1990, 80(2).

4　許倬雲 :《萬古江河:中國歷史文化的轉折與開展》,湖南人民出版社 2017 年版。

5　〔美〕加里·哈默爾等 :《管理的未來》,陳勁譯,中信出版社 2012 年版。

6　〔日〕大野耐一 :《豐田生產方式》,謝克儉、李穎秋譯,中國鐵道出版社 2016 年版。

7　〔美〕沃爾特·惠特曼 :《草葉集》,鄒仲之譯,上海譯文出版社 2015 年版。

第七章

結局就是開始

水泥
沉朋人海

每一條地鐵線都有自
己的擁擠故事要吐槽
每一條地鐵線都充滿
人生的隱喻

城市
不只有

鋼筋
人泥

這裏匯入主流
一家人黏在一起的

北漂一是安北京能
每個每家京在

時間像一條支流
生活像強力膠把

北京
這個龐大城市

撫育一個孩子想找

就像每顆蒲公
英的種子想找
到最好的土壤

這一代人

落地

像聖者克利斯

成本
垃圾

負重

水泥
沉朋人海

每一條地鐵線都
己的擁擠故事要
每一條地鐵線

人生的

這裏匯入主流
一家人黏在一起

北漂一是安家
一個每家

北漂的夢想

一邊消費一邊

北
太高了這一代

撫育一個這一代

生產垃圾

根

朵夫一樣選擇

渡河

奮力游泳

我又見到增永了。

他找到了新的工作。他中間已經換了兩家企業。有一家企業在石景山，西五環外，增永家住在順義，靠近東六環。他買了一輛二手車，沒有北京牌照，外地車不好上五環路，增永每天要繞着路，從北京的東邊開到北京的西邊，再從北京的西邊開回北京的東邊。花在路上的通勤時間，少則 4 個小時，多則 6 個小時。這麼折騰了一個多月，增永發現，實在是受不了。

他現在就職的是一家做醫療的公司。老闆對他很好，也給他很多自主權，允許他做一些自己想做的研究。收入也不低，差不多相當於當年在華夏幸福的水平。他跟同事的關係也不錯。

找工作的時候一顆心提着，不敢想別的事情，找到了工作，忽然想休息一下，就覺得特別累。增永最近總在思考那個終極問題：人為什麼活着？有時候他會覺得，幹嗎這麼努力呢？好像挺沒勁的。增永說：「我不知道這是一種什麼樣的心態。」

跟情感有關係嗎？

沒有。增永現在已經走出了離婚的陰影。他有了新的女朋友。增永的前妻嫌棄他出身清貧，言語中總是帶着幾分輕蔑。新的女朋友跟他很投緣。她也是工科學生，生活儉樸，對金錢沒有看得那麼重。增永和女朋友從來不買名牌。他單筆最大的一次消費是給女朋友的禮物：一張價值 6 000 多元的瑜伽年卡。

有結婚的計劃嗎？

婚禮計劃在 2019 年底舉行。結婚其實就是個形式，領個證。但重要的是有了這張證，才能生孩子。增永希望結完婚就生孩子。他覺得生孩子是人生的必選項。「我覺得我們倆要是有一個孩子應該會更幸福。」增永甚至想過結婚之後帶妻子去哪裏旅遊。

「如果全世界讓你去選，你會帶她去哪裏？」

「西班牙或是葡萄牙吧。」

「為什麼呢？」

「聽人說那裏物價便宜，東西好吃。我也喜歡足球，想去西班牙看一場球賽。」

我問增永：「你想過自己創業嗎？」

「當然想了。」增永從 2014 年就和一群小夥伴搞了一個學習小組，每個周末都聚在一起討論量化投資模型，希望能夠通過深度學習算法，找到一些投資策略。這個小組現在有 7 位成員，大多是他原來在統計局的同事，但他們中只有 1 位還留在統計局。增永期待有一天，這個小組的成員能一起創業，成立一家公司，

最好自己能做數據分析總監。

突然，增永反問我一個問題：「何老師，你覺得重慶的房價會漲嗎？」

這個問題讓我猝不及防。我問他：「你為什麼關心重慶的房價呢？」

增永說，他女朋友是重慶人，還有一個在重慶的購房資格。我更糊塗了：「那你們是想回重慶嗎？」增永說，他們也不是沒有想過，但考慮來考慮去，還是決定留在北京。北京的就業機會多，回到重慶，未必能找到一份理想的工作。我問：「那你們為什麼不考慮在北京買房呢？」增永苦笑了一下：「北京的房子，我們哪裏買得起啊。」

增永的計劃是，不僅要在重慶買房，而且要從銀行貸款買房。好處是他們可以用這個購房資格，付三成首付，其餘的錢從銀行借，壞處是今後還貸的壓力更大。

增永說：「我非常關心宏觀經濟形勢。如果銀根寬鬆，經濟形勢好，房價繼續漲，那我們就有希望。要是經濟不好，房價跌了，那我們立馬完蛋。」

我很好奇：「那你是從什麼地方了解宏觀經濟形勢的？」

增永說：「我在網上看新聞，還訂閱了很多付費的報告。」增永對經濟前景依然憂心忡忡。他告訴我，就在過來的路上，他去了一家複印店，想印一盒名片，正好碰見一個國企的員工來複印。聊起來，那個人告訴他，已經很久沒來複印店了，如今項目

少了，不像原來總要複印招投標書、施工合同什麼的。

我有點替增永擔心，說：「你不擔心萬一經濟形勢不好，這麼高的債務會背不動？」

增永說：「我這就像是個賭徒。如果現在靠努力工作，不要說實現階層的躍升，也不要說實現財務自由，就是能讓手頭更寬鬆一點，都很難啊。我也知道這是一種不好的社會風氣，但是沒辦法啊。」

增永是一個地地道道的農村孩子。他的父母讀書不多，只會幹農活。他爸爸後來想了個門道，收購死豬，偷偷賣掉。如果村裏有人告，上面就會來查。增永很小的時候就隱約知道，爸爸在幹一件不光彩的事情。但他也知道，就是幹這種事情掙的錢，養活他們一家，供他上學。他感到非常屈辱。

增永在學校的日子過得懵懵懂懂。他在村裏的小學考第一，進了中學，開始迷戀打遊戲。高考成績不理想，他考進了一所普普通通的三本學校：德州學院。回想起那段時光，增永跟我說，他發現窮人家的孩子自控力往往更差。他說：「你去看那些球星，羅納爾多的自控力很差，像Ｃ羅那種家教好的孩子自控力更強。」像增永這樣出身社會底層的孩子，就像一葉小舟，沒有指南針，沒有帆，甚至沒有船槳，在水中漂搖，一任風把自己吹到不知名的地方。

上大學期間，增永明白過來，再不學習就沒有出路了，他開始發奮讀書。可是，人生究竟該怎麼走呢？像增永這樣的孩子，

能想到的無非兩條路：考研和考公務員。於是，他先是考研，到首都師範大學讀了個統計學碩士，然後考公務員，考進了北京市統計局。

然後，他就變成了一名調查過失業的失業者。再然後，他又找到了工作和女朋友。

在華夏幸福的時候，增永停止了鍛煉，體重一下子暴增。2019 年春節之後，他恢復了鍛煉。他想把體重從 90 公斤減到 80 公斤。更重要的是，增永知道，身體一旦出問題，一切都沒有了，全都沒有用了。增永說：「我是必須要健身的，保證身體是好的。」

跑步、去健身房，每天一個小時。有時候他也去游泳。增永小時候在村子的河裏遊了好多年，從小學遊到高中，有時會遊到很晚，天黑了也不回家。

我仿佛看到，黑暗的夜裏，遠處的岸邊點點燈火。增永在水裏奮力游泳，衝着那點燈火遊過去。不時，會有一個浪頭撲過來，把增永向後推。增永把頭低下去，又用力地抬起頭。能夠保持着頭比浪高，這是他唯一的希望。

十四億分之一

2019 年 6 月 11 日，登登出生了。

　　立婉舒了一口氣。她的第一個念頭是：我的天，小孩子竟然真的生出來了。

　　這是一種很不可思議的感覺。立婉選擇了私立產科醫院美中宜和婦兒醫院，購買了一套 6.4 萬元的無痛順產分娩套餐。整個過程根本就沒有傳說中的分娩的痛苦，反而更像是做了個小手術。

　　閆數一直在旁邊陪伴着立婉，在產牀邊緊緊握着她的手，頭卻一直扭過去追着登登看。登登被護士抱着去洗身體，閆數貪婪地看着，轉過頭，激動地跟立婉説：「登登好白啊，你看，真的好白，好漂亮。」

　　時間像一條河的支流，在這裏匯入主流。生活像強力膠，把一家人黏在一起。

　　立婉的爸爸媽媽放下了在福建的工作，來到北京幫忙帶寶寶。人多了，家也從原本在太陽宮公寓住的一室一廳，搬到了安貞門地鐵站附近的一套小兩居。這套房的房租更貴、面積更小、房子更老。房間裏擺滿了登登的東西：嬰兒牀、嬰兒車、嶄新的衣服、一摞摞紙尿褲、各式各樣的嬰兒玩具。人在房間裏走動，都要側着身子過。

　　立婉原本最喜歡買包：路易·威登、聖羅蘭、迪奧、古馳，一年至少要入手一個。閆數答應生完寶寶，給她買個香奈兒。孩子出生後，兩人一合計，算了，錢還是留着給寶寶用吧，不能再放飛自我了。閆數原本喜歡買各種電子產品，有了最新款的手機

一定要更換，索尼耳機、任天堂遊戲機、各種遊戲卡，現在也不買了。省下錢來，趕緊買套房吧。他們的計劃是 2020 年在北三環附近買一套二手房。

在北京安家，這是每一個北漂的夢想，就像每一顆蒲公英的種子都想找到最好的土壤落地生根。在閆數和立婉的年代，戶口制度依然是控制人口流動的閘門。北京有 2 000 多萬人，其中將近 800 萬是常住外來人口，1 300 多萬人有北京戶口。從 2017 年開始，北京戶籍人口和外來人口都出現了下降。有人逃離北京。當然，這只是很少的一部分人。北京仍然是中國最為熱鬧、奔放的城市，而且它就是歷史和政治的中心。

北京。北京。來自五湖四海的人們聚集在這裏，激動、感恩、挫敗、艱辛、灑脫、麻木、輕狂、成熟，都市故事，永不謝幕。

從立婉家的窗口望出去，只能看到院子裏的幾株柿子樹。院子裏很安靜，到了傍晚，能聽到孩子們的嬉笑聲。從這裏步行 10 分鐘，就到了安貞門地鐵站。安貞門站在北京地鐵 10 號線上。10 號線是北京的第二條環形地鐵線路，也是北京最繁忙的地鐵線路，每天有大約 160 萬人乘坐 10 號線。另外兩條地鐵線，4 號線和 1 號線的日均客流量也超過了 100 萬。每一條地鐵線都有自己的擁擠故事要吐槽。每一條地鐵線都充滿了人生的隱喻。

在地鐵的上面，是北京的馬路。北京的私家車大約有 480 萬輛，活躍在北京的機動車保有量已經超過 600 萬輛。這些車輛

每天奔波在北京 6 000 多公里的道路上，穿梭在 2 000 多座高架橋上，盤旋在 400 多座立交橋上。對很多北京人來說，每天開車兩三個小時上班下班，是一件很正常的事情。更多的北京人眼巴巴地等着搖號買車。2019 年，北京小客車指標年度配額為 10 萬個，其中普通燃油車的指標額度 4 萬個，新能源車指標額度 6 萬個。2011 年，也就是實施搖號政策的第一年，大致 10 個人搖號，會有 1 個人中籤。如今，據說搖上 24 次，中籤的概率也只有千分之一。

橋上和橋下，仿佛兩個世界。橋上車水馬龍，橋下停滿了汽車、電動車和自行車。貨運司機在小郊亭橋下睡覺。南二環護城河一側的百米芳華園建在鐵道橋下，很多居民在橋下健身。來自山西長治的一名保安在廣渠門橋下看管停放的公交車輛。他到北京兩年了，還沒有見過橋上面是啥樣子。一個快遞小哥在東五環的高架橋下分揀快件。[1]北京每天要處理 1 000 萬件快遞包裹，每個人在北京平均每年會收到 100 多個快遞包裹。在北京，有 3 000 多個快遞站點，11 萬餘名快遞小哥。很多物流公司取消了快遞小哥的底薪，為了掙更多的錢，他們必須出去攬件。有 38.4% 的快遞小哥，每天派件量在 50～100 件之間，有 11.8% 的快遞小哥，每天派件量在 100～150 件之間，還有 19.2% 的快遞小哥，每天要送 150 件以上。[2]

這個龐大的城市，一邊消費，一邊生產垃圾。北京市每年要清理運輸的生活垃圾超過 800 萬噸。以蔬菜為例，每斤蔬菜，

大約會有 3 兩被扔進垃圾桶。北京人口每年製造的蔬菜垃圾就有 230 萬噸，需要載重 3 噸的卡車往復運輸約 150 萬車次。在城市的周邊，仍然能找到一片一片的垃圾堆。南五環外，有一個碩大的垃圾堆已經堆到 4 米高，幾百米之外就能聞到刺鼻的氣味。[3]

這個城市不是只有鋼筋水泥和人潮人海。百度的員工晚夕和夥伴們一起，建造了一個流浪貓收容所。這個收容所看起來很簡陋，也用上了「貓臉識別」技術，能識別出 170 多種貓的模樣，自動地把其他動物擋在外邊。其他動物有什麼呢？除了貓，還有狗。小刺蝟也喜歡吃貓糧。如果運氣好，你會在晚上遇到黃鼠狼。老北京人管它們叫「黃大仙」。過去，胡同裏能見到它們捉耗子。雨燕也是老北京人熟悉的，往往就在屋簷下築巢。現在，全北京的雨燕只剩下 3 000 多只了。有時你能見到戴勝和紅隼。2018 年冬天，奧森公園的湖面上，一隻綠頭鴨被凍在了冰上。因為冰層太薄，營救人員特意穿上了潛水服。救出來之後，小鴨子拍拍翅膀，飛走了。2019 年 3 月，101 中學養的三隻孔雀飛走了，一隻去中關村遛彎兒，一隻飛到了北京大學。後來，三隻孔雀都平安回家了。[4]

這裏將是登登長大的地方。

她是祖國的十四億分之一。2019 年，中國的人口終於達到了 14 億。這一天本來應該到得更早。2016 年中國的計劃生育政策出現鬆動，開始實行「全面二孩」政策。2016 年中國的出生人口為 1 786 萬人，2017 年下降為 1 723 萬人，2018 年繼續下跌至 1 523

萬人——這是新中國成立以來人口出生率最低的一年。

其實，立婉這些新晉媽媽已經很努力了。我在 2019 年調研了很多要生孩子的家庭，最後發現，敢在北京生孩子，要麼有錢，要麼膽大。撫育一個孩子的成本太高了。這一代人，像聖者克利斯朵夫一樣，選擇了負重渡河。

有人告訴克利斯朵夫，背負人們過河，就能找到主。一天晚上，有個孩子到河邊過河，克利斯朵夫將孩子扛在肩上。走到河中時，他感覺肩上的負荷越來越重。孩子用小手抓住克利斯朵夫額上的一縷頭髮，嘴裏不停地喊道：「走吧！走吧！」

早禱的鐘聲突然響了，無數的鐘聲一下子都驚醒了。黎明來了。快要倒下來的克利斯朵夫終於到了彼岸。他對孩子說：「咱們到了。哎，你多重啊！孩子，你究竟是誰呢？」

孩子說：「我是即將來到的日子。」5

這裏是 2019 年的北京。這裏有生於 2019 年的登登。剛剛出生的時候，她渾身蒼白發青，因驚訝和恐懼而齜牙咧嘴。如今，她已經習慣了這個新家。她盯着立婉和閆數，眸子像是晴朗的天空，眼神清澈。

她生活在一個偉大的國家。這個偉大的國家正在張燈結彩，準備慶祝 70 周年國慶。她出生於一個榮耀之城。擁有北京戶口的人數佔不到全中國人口的 1%，這個比例比北京大學在京城的入學錄取率還低。如果你是一個中國人，那你拿到北京戶口的難度，比一個北京的學生考進北京大學更高。她有最愛她的爸爸媽

媽。有了孩子，立婉才感受到，原來愛比想像的更努力、更頑強、更受尊敬。

她剛剛學會走路的那一天，爸爸媽媽就已經在為她上幼兒園的事情奔波。她終於進了一所不錯的學校，而她童真的眼睛看到的一切，似乎都是那麼順利和自然。她在學校裏會有很多同齡朋友，他們在課間活動的短暫自由時間互相教給彼此的東西，是她受過的最重要的教育。她終有一天會青春綻放。她會遠走高飛，而有一天，當她遠在異鄉的街道上，看到雪花從昏黃的燈光下緩緩地飄落，整個世界都在寂靜之中，她會忽然想到：爸爸媽媽這時候不知道在幹啥？她的青春歲月像一條激盪的河流，到了山崖邊上，騰起水霧，朝下跌落，又變成碧藍的水，平緩地朝前流去，連她自己也會暗自一驚。回頭去望，原來生活可以有如此大的落差。她會出現在 100 周年國慶遊行的隊伍裏。她會不急不躁地度過自己的成熟歲月，不再抵抗，學會從容。在這本書的第一批讀者陸續凋零之後，她的生命依然繁茂旺盛。在這本書裏出場的人物中，她是唯一一個有資格把未來 30 年輕描淡寫地甩在身後，大步繼續朝前走的人。她跟我們不一樣，她能夠活到 22 世紀。

登登看了看她的周圍，想了一想，閉上眼，嘴一扁，開始放聲大哭。

註　釋

1　極畫：《大橋下的另一個北京：流浪漢無家可歸，有人打鼓跳水》，
　　https://mp.weixin.qq.com/s/29icIOMAqonl7srw_dJawQ。

2　團中央維護青少年權益部、國家郵政局機關黨委：《促進快遞配送從業青
　　年的職業發展和社會融入》。轉引自曲欣悅：《無底薪奔跑的快遞小哥生存
　　現狀》，https://mp.weixin.qq.com/s/CCunlIrOhVn16By_vYv5YA。

3　張彤：《北京的垃圾分類為什麼這麼難？》，https://mp.weixin.qq.com/s/
　　Qgsj9B280joDuwy 79x5YyA。

4　橘且，吳呈傑：《北京動物圖鑒》，https://mp.weixin.qq.com/s/
　　wxgS9bZhI0A_5ZHA4 RkM6A。

5　〔法〕羅曼・羅蘭：《約翰・克利斯朵夫》，傅雷譯，江蘇文藝出版社 2012
　　年版。

後　來

　　在去年的《變量》中，我寫道，經歷了高速經濟增長的這一代中國人是被擠上車的人，而且坐的還是快車。坐上快車的人對待技術進步的態度更為樂觀。無論是中國政府還是民眾，對技術創新的歡迎程度都遠超西方。他們會大膽地擁抱新技術，甚至多少有些魯莽。

　　後來，我的書稿剛剛寫完，就出現了賀建奎事件。2018 年 11 月 26 日，時任南方科技大學副教授的賀建奎在接受美聯社採訪時宣稱，他的實驗室利用一種基因編輯技術，在至少 7 對夫婦的受精卵上修改了一個名叫 CCR5 的基因，其中一對夫婦的雙胞胎女兒已經出生。這件事情引起軒然大波。基因編輯可能導致脫靶效應，也就是說，像打靶的時候子彈會打偏，這會導致人體當中原本正常的無關基因受到破壞。由此引起的潛在遺傳疾病風險是難以預測的，而且這種風險會影響到後代，並通過融入人類基因池影響到其他人。賀建奎的父母都是種水稻的農民。他在美國萊

斯大學讀博士，在斯坦福大學做過博士後。在賀建奎看來，他是在為國爭光。他曾經去過一個村子，看到 HIV（人類免疫缺陷病毒）陽性患者的孩子備受歧視，無法進入正規學校學習。所以，他覺得自己在用基因編輯的科學方法對抗社會不公正。2019 年 1月 21 日，廣東省「基因編輯嬰兒事件」調查組宣佈，賀建奎的基因編輯活動是國家明令禁止的。隨後，賀建奎被南方科技大學解聘。美國亞利桑那大學的赫爾伯特博士談起賀建奎時說：「這當然是他自己的選擇，但他的所作所為是受其環境影響的。有人將整件事描述為一位流氓科學家所為，而將餘下整個科學界置身事外。事實並非如此。」

2019 年 8 月 31 日，一款叫「ZAO」的 App 突然躥紅。利用人工智能技術，ZAO 可以將你的照片替換成影視劇的經典橋段，或是製作網絡熱門表情包。這樣一個有着明顯安全隱患的App，在蘋果應用商店內的下載量竟然超越愛奇藝、騰訊視頻兩大國民級應用，攀升至娛樂類第二位，僅次於榜首的西瓜視頻。但很快，用戶就開始質疑這款軟件中存在的個人隱私和版權侵權風險。用戶上傳的個人照片資料會被企業拿去做什麼用呢？如何防止利用這款軟件製作並上傳「不雅」照片？ZAO 如果被影視片版權方告侵權，會被要求賠償多少錢？2019 年 9 月 4 日，工信部就「ZAO」App 網絡數據安全問題問詢約談相關方。9 月 18日，國家網信辦會同其他有關部門出台了關於個人信息安全的法規標準，同時組織開展關於 App 違法收集個人信息的專項清理

行動。

在去年的《變量》中，我寫道，正如我們在科幻電影裏看到的，當外星人入侵地球的時候，地球人才會團結一致。同理，只有當中美兩國遇到一個共同的挑戰，這個挑戰必須來自人類之外，而且這個挑戰要大到中美兩國必須聯手應戰的時候，中美才有堅實的合作基礎。這個挑戰，在我看來，是人工智能社會的到來。

後來，我們在 2019 年美國總統競選過程中看到一匹黑馬。華裔民主黨候選人楊安澤已經獲得大約 3% 的民主黨支持率，躋身黨內第二陣營。楊安澤的父母均為台灣移民。他自己辦過公司，創辦了一家名為 Venture for America 的公益組織，在底特律等城市成功地訓練和扶持了很多年輕企業家。楊安澤一開始參加競選的時候提的口號很傻氣，叫：Google Andrew Yang（用谷歌搜索楊安澤）。後來，他改了一個非常有遠見的口號：Humanity First（人性至上）。楊安澤指出，美國遇到的最大挑戰是人工智能技術。人工智能、無人駕駛等技術將剝奪普通民眾的工作機會，降低他們的工資和購買力，拖累整個經濟發展。他提出了一個非常吸引眼球的施政建議：Freedom Dividend（自由津貼）。也就是說，每位年滿 18 歲的美國公民，每月可獲得 1 000 美元，每年總計 1.2 萬美元的無差別、無條件津貼。雖然楊安澤當選美國總統的機會仍然渺茫，但他是第一個把人工智能社會，而不是槍支管制、墮胎等老掉牙話題當作最大社會挑戰的美國總統候選

人。在可以預見的未來，全民分紅、全民醫保將一次又一次被提上政策議事日程，因為技術進步必然會對人類社會帶來巨大的衝擊。

在去年的《變量》中，我講了極飛的故事。極飛是一家廣州的無人機公司，卻在新疆開闢了廣闊的農業市場。極飛還有一個夢想，就是要到火星上種莊稼。

後來，我們在回訪極飛的時候，拜訪了他們在廣州的新大廈，名字就叫 X SPACE。如果你走進衛生間，會看到類似的標語：「潮濕會滋生外星生物，使用後請擦乾水台」，或是「在隕石坑周圍吐痰是對外星文明的蔑視」。極飛人在上廁所的時候都不忘登陸火星的計劃。2019 年底，極飛還將推出一款新型機器人，這個機器人能進行土壤改造、播種、施肥。這是為完成登陸火星的宏大計劃而邁出的又一步。

極飛不僅沒有受到中美貿易摩擦的影響，反而加快了和美國農業科技公司的合作。雖然美國的農業科技相對發達，但很少有精準的農業數據。美國的農業數據是從上至下的，也就是說，是從衛星雲圖上傳來的。中國的農業數據則是自下而上的，也就是說，是無人機在地面飛行測量出來的。想要實現農業的精細化生產，實現針對不同消費群體的「定製化」農業生產，美國的農業科技巨頭需要和中國的無人機公司合作。

2019 年，一種重大農業害蟲草地貪夜蛾飛入中國。這種害蟲2016 年從美洲入侵到非洲，2018 年傳入亞洲，在全球 100 多個

國家引發災情。草地貪夜蛾是因為美洲大面積噴灑農藥，最終產生的一種極具耐藥性的新物種。中國是它在全球範圍內的最後一站，也是最晚受到影響的國家。極飛無人機參與了對草地貪夜蛾的阻擊戰。無人機對幼蟲蟲卵的殺死率可以達到 98%，精準噴灑還可以減少農藥使用。

在去年的《變量》裏，我介紹了一家生產機器人的公司：雲跡。雲跡在通盤考慮各種應用場景之後，選擇首先進入酒店業務。

後來，我們在回訪這家公司的時候發現，他們的機器人已經進入全球上千家酒店，機器人服務員的隊伍擴張到了 7 000「人」。我在去年的《變量》中設想的酒店購物場景，在 2019 年變得更加清晰。雲跡的數據發現：像亞朵這樣的中高端酒店點外賣最頻繁，通過機器人送外賣的業務高峰期是在晚上 11 點之後。2019 年，上海出台了一項新的環保政策，很多酒店不再統一配洗漱用品。雲跡發現，很多酒店客人寧願讓機器人去給自己買質量更好的洗漱用品，也不願意打電話跟前台要。在北京的一個酒店，一個小孩退房之後，在房間裏放了一塊鳳梨酥，下面壓着一張紙條，是這個孩子寫給機器人的信。他說，這塊鳳梨酥是要留給機器人吃的。

我在去年的《變量》中講過新造車運動，我的判斷是，不出 3 年，90% 的造車新勢力會出局，留下來的也會經歷從頭到腳的改造。這是因為，我們無法用互聯網的思維去顛覆傳統的製

造業。我們可能高估了互聯網行業的力量，低估了傳統產業的力量。創新的前提是尊重傳統。

後來，我們看到，資本開始集體退出造車新勢力，投資更加謹慎，研發燒錢，融資遇冷。工信部數據顯示，2019年新能源汽車產銷量走出一條波浪式下滑的曲線，其中，7月、8月同比均出現負增長。

我在2018年提到的蔚來汽車，其2019年的股價已經低至1.7美元，而一年前的股價是13.8美元。也有增加的：蔚來在2019年第二季度淨虧損33億元，與上年同期相比增加了83.1%。壞消息的後面跟着壞消息：自2019年8月以來，蔚來不斷被曝出裁員的消息，估計至少有上千名員工被裁員。2019年上半年，蔚來汽車ES8相繼在西安、上海、武漢發生了三起自燃事故。隨後，蔚來主動發起召回。自2019年6月27日起，召回了4 803輛蔚來ES8電動汽車。此次召回共產生了3.391億元的費用。

2019年新造車運動中風頭最勁的是小鵬汽車，銷售量超過了蔚來汽車。但從6月開始，小鵬汽車的銷量急劇下滑。7月還出現了車主維權事件。新車型配置提高但售價下跌，老車主不幹了，要求要麼換電池，要麼置換新車，要麼退車。業內稱，小鵬汽車這是遭遇了「跨越式迭代引發的信任危機」。

新的競爭對手也現身了。這一次是恆大。恆大宣稱要同步研發15款新車型，10年內實現年產銷500萬輛。恆大給自己的新

能源汽車起的名字也很直率，就叫「恆馳」，雖然讀起來不順口，但看上去很霸氣。

10 年之後的事情，對新造車運動來說太遙遠了。他們真正要擔心的競爭對手，一是特斯拉，二是傳統車企。2019 年，特斯拉已經在上海建立了工廠。馬斯克要求上海工廠到 2019 年底每周產能達到 3 000 輛。寶馬的燃油車部門將在 2022 年前裁員 5 000 至 6 000 名，但在電動汽車和自動駕駛等領域，寶馬還要繼續招兵買馬。奔馳隨後對外宣佈，將停止內燃機的研發，專注做電動車。

或許，多年之後，歷史學家會把這些硝煙瀰漫的戰爭統統忘掉。2019 年在汽車行業出現的一件最有科幻色彩的事情是吉利打算造會飛的汽車。據吉利董事長李書福介紹，一款可以在跑道上起落的飛行汽車將在 2019 年面世，而另一款可以垂直起降的飛行汽車，將在 2023 年推出。據說，首批飛行汽車主要會賣給美國人。

在去年的《變量》裏，我吐槽了滴滴打車。我和朋友們做了一個實驗，我們都用滴滴打車軟件，同樣的時間，同樣的路程，我的車費總是比朋友們貴一些。

後來，滴滴打車的聯合創始人兼 CTO（首席技術官）張博親口告訴我，這是不可能的。據他說，他是負責程序開發的，絕不會允許員工利用數據對用戶「殺熟」。為什麼每一次顯示的車費不一樣呢？據他說，打車的時候顯示的車費只是預估，下車時

要交的車費是按照一套規則自動計算的。我採訪他的時候，他坦言，滴滴公司已經意識到擴張速度太快，更重要的是要沉下來。「再有一兩次惡性事件，滴滴就完了。」2019 年，如果你使用滴滴打車，會發現一些微妙的變化。比如，有一次我不小心點到了安全中心的圖標，很快，家裏人的電話就打過來了，滴滴已經自動幫我打了「報告」。2019 年，滴滴還邀請全民吐槽。滴滴 CEO 程維說：「我們是第一家花錢讓人來狠狠吐槽的公司。」這家創業 7 年的公司，一路走來，一路捱罵，慢慢才悟到：責任比成長更重要。

我在去年的《變量》裏感慨：老兵不死，他們只是穿上了新的軍裝，學會了新的打法，會從你意想不到的地方發起絕地反擊。

後來，在 2019 年 7 月，我們又看到一個「老兵不死」的故事。7 月 16 日，有個蔡徐坤的粉絲發了個帖子，説周杰倫的微博數據那麼差，為啥演唱會門票那麼難買呢？這個帖子無意中召喚出了一支大齡周杰倫粉絲大軍。他們本來不喜歡搞流量，可能也不會搞流量，他們從來沒有打過榜，但這次玩「嗨」了。他們自稱「被迫營業」，跟着 90 後、00 後的年輕人學習，放下奶瓶、放下孩子，去做數據。然後呢？奇跡發生了。在微博的超話社區，周杰倫本來連榜都沒上，居然在短短四五天的時間裏追了上來。準確的時間是 7 月 21 日 0 點 30 分，周杰倫衝到了榜首，隨後以一億影響力打破微博紀錄。寫到這裏，我停下來查了一下，

這一天是 2019 年 9 月 30 日，周杰倫的超話排名是第 90，蔡徐坤第 2，排在肖戰的後面。老兵不死，但他們知道贏了就撤退。

我在去年的《變量》裏講過，年輕人的消費習慣變了。他們不再逛街，而是在網上購物。下樓買棵葱，年輕人可能都懶得動，但他們會為了喝一杯從來沒有喝過的咖啡穿越整座城市。他們的消費是一種探索。網購我也會，但我大多是在淘寶和京東上買東西。年輕人不然，他們更多是在快手、抖音、小紅書上了解購物信息。

後來，我從朋友那裏聽到一個故事。如果我早一點知道，一定會寫進去年的《變量》裏。2018 年，馬應龍麝香痔瘡膏賣得非常好。當然，它原來就賣得好，但 2018 年好得詭異。很多妙齡女子，到了藥店，直奔主題，問：有沒有馬應龍麝香痔瘡膏？這就怪了。她們不應該是買這種玩意兒的人啊。到底發生了什麼事情呢？原來，這些小姑娘是用麝香痔瘡膏治黑眼圈的，據說非常有效。那麼，她們又是從哪裏知道這個偏方的呢？小紅書上。貨並不重要，貨會因人的體驗而變化。怎麼激活用戶需求呢？不是靠貨，是靠人，是靠人的體驗，人的全方位體驗。

我在去年的《變量》裏講了阿那亞的故事。阿那亞是在北戴河海邊的一個樓盤。我在 2018 年講了，在這個樓盤裏，人們如何學會重建社群，學習過公共生活的經驗。

後來，阿那亞變得越來越有文藝範兒了。UCCA 沙丘美術館和阿那亞藝術中心先後落成。UCCA 沙丘美術館好像是躲藏在沙

灘下面的洞穴，阿那亞藝術中心看起來像一個四四方方的盒子，走進去，能看見陽光透過混凝土砌塊，照射在地板上。一年到頭，阿那亞的演出和展覽是看不完的。比如，2019 年有一檔綜藝節目《樂隊的夏天》非常火爆，人們突然聽到了很多從來沒有聽過的各式各樣的青年樂隊：朋克、金屬、FUNK（驟停打擊樂）、民謠、雷鬼、電子⋯⋯2019 年夏天，這些樂隊真的到了阿那亞，新褲子樂隊、斯斯與帆、海龜先生、Mr.Miss 和 Click#15 都登台演出。後來，我們才知道，Click#15 的主唱 Ricky 本職工作就是阿那亞音樂總監。

咖啡店老闆娘最喜歡的樂隊是鄰居們自己組建的那片海樂隊。村民們眾籌給他們出了專輯。老闆娘的咖啡店專門為其出了一款拿鐵，就叫那片海樂隊拿鐵，銷量好得出奇。老闆娘在 2019 年最大的變化是生了寶寶。阿那亞的寶寶越來越多，這些寶寶被稱為「村二代」。老闆娘寶寶的名字是大家給取的，英文名叫 Mark，中文名叫開心。但誰一來，都會喊：「我兒子呢？」開心的乾爸乾媽一大把，家長們也很放心把自己家的二代們「相互寄養」。

2019 年 3 月 23 日，阿那亞來了兩個小客人。它們是一對斑海豹，不知從哪裏遊到了海邊圖書館外邊的沙灘上，在浪花中嬉戲打鬧，不肯離去。

我在去年的《變量》裏講過范家小學。在「時間的朋友」跨年演講的高潮時間，羅振宇講了范家小學的故事。

　　後來，范家小學張平原校長的電話被打爆了。他真沒有想到，一年以後，他被邀請到人民大會堂開會，接受國家領導人的接見。打車的時候，北京的出租車司機都聽說過范家小學。我還寫道，如果有一天阿那亞辦個學校，一定會很像范家小學。在阿那亞的波希米亞風格和范家小學的鄉土氣息之間，我總覺得有一種互相吸引的力量。後來，阿那亞的老闆馬寅聽說范家小學沒有錢修廁所，專程趕到四川廣元，還邀請了「孟姐姐」等阿村「村民」同去。他們考察了學校的情況，詳細問了老師和孩子們的需求，很細心地考慮到瓷磚拆除、鋁合金加工會帶來噪聲，可能影響孩子們上課，專門等到放暑假的時候才入場，並在新學年開學之前完成了工程。范家小學的淋浴房裝上了隔間，一樓是幼兒園小朋友的衛生間，安裝了幼兒專用的小便器，孩子們終於用上了蹲便器。

　　2019 年，范家小學多了 11 名外地學生，3 名來自寶輪鎮上，2 名來自廣元市區，遂寧 2 名，成都 2 名，最遠的是上海轉學來的 2 個孩子。這倆孩子的父親是河南人，母親是四川劍閣人，原來媽媽在上海一家貿易公司上班，爸爸經營自己的生意。為了孩子，他們放棄了上海的工作，到廣元安了新家，陪孩子讀書。他們特意選擇了一個吉利的日子，2019 年 8 月 8 日，帶着孩子一路來到范家小學。大女兒在上海上的是私立學校，一直沒有學籍，到了范家小學，才註冊上學籍。其實，爸爸媽媽覺得有沒有學籍

不重要，孩子開心就好。小女兒剛上一年級，來的時候不會認字、不會數數、不會拼音，但老師們都覺得沒關係，從零開始教唄。於是，周一和周五接送孩子的時候，在從廣元到范家小學的山路上，會有一輛蘇字頭車牌的別克昂科拉，盤旋駛過，車裏坐着兩個開開心心的小姑娘。

致　謝

　　國慶假期是我閉關寫作的時間。國慶前夕,我在得到 App 的知識城邦裏發了一張工作照。很多朋友很好奇,問我寫作的時候用的是什麼裝備。

　　跟各位匯報一下。筆記本電腦是 MacBook Pro,外接了一個 27 英吋的 LG4K 顯示屏。鍵盤也是外接的,櫻桃 MX8.0 茶軸,打字的時候,按鍵下面會有不同顏色的幻彩流光蕩漾,非常有電競感,非常酷。鼠標是羅技 MX Vertical,這個鼠標的樣子很怪,豎着長的,據説符合人體工程學。我更看重的是這樣的設計只能用來辦公,不能打遊戲,也算是一種對自我的約束。在大的顯示屏旁邊,還有一塊小的屏幕,是 12.9 英吋的 iPad Pro。我用它來搜索、整理資料。全都連接好之後,筆記本電腦可以合起來,放在一個鋁合金立式支架裏。為了節省空間,我還買了一個同樣是立式的擴展塢。桌子上有喝水的杯子,得到送的,金色的貓頭鷹圖案,金色的杯柄。得到的老師每人都收到了一個杯子,大家説,這是用杯子來催稿啦,簡稱「杯催」。這款杯子有兩種顏色,

一種黑色，一種白色。給我的是白色。白色的更好。白色的意思是說，催了也白催。我習慣的寫作軟件是 Ulysses。這是一款專門用來寫作的應用，自帶文檔庫、同步雲端並支持備份，頁面簡潔，還支持 Markdown，你可以隨心所欲地寫，不用考慮格式排版。哦，對了，要告訴你一個小祕密：除了筆記本電腦和寫作軟件，其他設備都是我開始這本書的寫作之後入手的 —— 人民群眾已經不滿意再消費五六十分的產品，人民群眾強烈要求消費八十分的產品。

我不算是設備黨，但在我寂寞而痛苦的寫作過程中，這些小物件給我帶來了不少精神上的愉悅和激勵。當然，最能激勵精神的還是家人和朋友們的支持。我要感謝在 2019 年接受我採訪的各位朋友，由於這樣或那樣的原因，我不能把所有的名字都列出來，但你們對我的支持讓我時刻銘記。我還要感謝我的團隊：張春宇、張向東、宋笛、朱鶴、李蕊。感謝我的研究助理：王芮、梁晨、韓壯、陶宏偉、王嵩、黎妍汐。感謝得到的團隊：羅振宇、脫不花、宣明棟、孫筱穎、白麗麗、吳博、牛子牛、陸音、丁叢叢、李岩。感謝我在深圳的學生們：嚴琛、陳玉波、黃詩鴻、歐陽巍、王祥、魏俊、魏巍、李超、黎建、劉震、江志勇、龐文博、楊浩賢、楊蓉、楊善、許椿和張雪蓓。

希望各位讀者能夠對我的調研和寫作提出寶貴的批評和建議，也希望你能向我提供更多的採訪線索。歡迎通過郵箱（hefan30years@163.com）與我聯繫。

變量 II：推演中國經濟基本盤

何　帆　著

責任編輯　李茜娜
裝幀設計　鄭喆儀
排　　版　賴艷萍
印　　務　劉漢舉

出版　開明書店
　　　香港北角英皇道 499 號北角工業大廈一樓 B
　　　電話：（852）2137 2338　傳真：（852）2713 8202
　　　電子郵件：info@chunghwabook.com.hk
　　　網址：http://www.chunghwabook.com.hk

發行　香港聯合書刊物流有限公司
　　　香港新界荃灣德士古道 220-248 號
　　　荃灣工業中心 16 樓
　　　電話：（852）2150 2100　傳真：（852）2407 3062
　　　電子郵件：info@suplogistics.com.hk

印刷　美雅印刷製本有限公司
　　　香港觀塘榮業街 6 號海濱工業大廈 4 樓 A 室

版次　2022 年 6 月初版
　　　© 2022 開明書店

規格　16 開（210mm×150mm）

ISBN　978-962-459-251-1